Armin Steinmeier

Bayern im Jahr 2040
– die Gallier Deutschlands?

D1727568

Armin Steinmeier

Bayern im Jahr 2040
– die Gallier Deutschlands?

Texte: © Copyright by Armin Steinmeier

Verlag: Armin Steinmeier, 82061 Neuried

E-Mail: buch@bayern-im-jahr-2040.de

Druck: epubli ein Service der neopubli GmbH, Berlin

Inhalt

- Die geistliche Elite
- Die Wirtschafts-Elite
- Bildung – Charakter – Manager
- Zweites Arbeitstreffen: Die EU
- Drittes Arbeitstreffen: Der Genderismus
Was war politisch sonst noch falsch gelaufen?
CfB-Parteiprogramm

Eine christlich orientierte Koalition

Muslimisch oder christlich?
Bayern als eigenständige Republik
Eine neue Flüchtlingswelle setzt ein
Bayerns Entwicklung zur Insel der Glückseligkeit
Entscheidendes für die Wende
Königreich oder sozialer Staat?
Fragen zum Etat
Ein Krisenmanagement muss her
Welches Ressort erhält wie viel Etat?
Gibt es Einsparmöglichkeiten?
- Die Rolle der Kirchen
- Die Großverdiener
Bayern startet durch
Entscheidendes für die Wende
Das Bildungssystem auf dem Prüfstand
Integration fremder Kulturen
Fördern und fordern
- Bildung und Disziplin ist kein Selbstläufer
- Die Kehrseite der Medaille – das konkurrenzfähige Kind
- Blick über die Landesgrenzen
- Die Evolution und der Gottesbeweis
- Der Genderismus
Anwerbung von dringend benötigten Fachkräften

Was mich bewegt hat

Bayern im Jahr 2040 – die Gallier Deutschlands?
In den Vorstellungen vieler Menschen werden die Gallier als streitsüchtig, reizbar, unorganisiert und undiszipliniert gesehen. Dabei zeichnen neueste archäologische Entdeckungen ein völlig anderes Bild. Ein Bild, mit dem sich Bayern durchaus identifizieren kann:
Eigenständig, durchsetzungsfähig, traditionsbewusst, erfolgreich!

Das Thema ist schwierig und eine Gratwanderung und manchmal kam ich mir vor, wie in einem Asterix-Comic. Umzingelt von Denktnix, Machtnix, Weissnix, Willnix, Polemix und Kannnnix, demotiviert zum Bringtnix. Trotzdem der Versuch eines realistischen Ausblicks auf Bayern im Jahr 2040. Ein Ausblick, geschürt von Unbehagen und Ängsten, die einem Bayern eigentlich gar nicht gut zu Gesicht stehen, weil sie gegen seine Natur sind.
Einerseits soll es ein lustiges Büchlein werden, aber natürlich mit ernstem Hintergrund, denn vieles ist einfach nur traurig, was da so abläuft. Deshalb auch gleichzeitig auf Dinge aufmerksam machen, die nicht so bekannt sind, nicht bekannt werden sollen oder wozu einfach der Mut fehlt, von verantwortlicher Seite ein offenes Wort zu sprechen. Je nach Thema sind dabei alle betroffen, Politiker, kirchliche Würdenträger, Medienvertreter und nicht

zuletzt die Bevölkerung, denn wir sind bunt, wie so schön plakatiert wird.

Um den Lesefluss nicht zu unterbrechen, sind bekräftigende Aussagen, für den, der mehr wissen will, als Anhang zusammengefasst. Dabei ist unverkennbar, dass ich besonders die Situation in Israel beleuchte, weil die allgemeinen Ver(w)irrungen sich geradezu anbieten, sich damit auseinander zu setzen, um mehr zur Aufklärung beizutragen.

Doch um was geht es. Es geht darum, dass es uns Bürgern eigentlich sehr leicht gemacht wird, denn die Welt ist voller »Experten« und von eigenen Gnaden ernannte Fachleute, die uns von der Weisheit ihrer persönlichen Meinung überzeugen wollen, Eine Meinungsvielfalt, die eine eigene Meinung erübrigt. Man kann sich wunderbar führen lassen, muss nur alles als wahr hinnehmen und glauben. Das bezieht sich nicht nur auf unsere Medien, sondern auch auf den Verfall des christlichen Glaubens, der immer mehr zugenommen und von absurden Gedankengängen überrollt wurde. Die Welt hat sich zum Negativen verändert. Manipulation und »Weg von Gott« – hin zu einer Gesellschaft, in der der geistliche und sittliche Verfall, inspiriert durch den Toleranzgedanken, immer mehr die Oberhand gewann. So, wie früher die Türken vor Wien und vielen europäischen Ländern, stehen heute die Muslime in Massen an der bayrischen Grenze, allerdings in friedlicher Absicht.

Wie es Bayern geschafft hat, sich abzusetzen, wieder zu sortieren und auf eine einheitliche Ausrichtung in vielen wichtigen Dingen zu einigen? Im Nachhinein fast nicht zu glauben, dass alles von einem Montagsstammtisch beeinflusst wurde. Von Menschen wie du und ich, die sich regelmäßig trafen.

Bayern im Jahr 2040, ein Ausblick, wie es tatsächlich gewesen sein kann und gleichzeitig ein Bewusstmachen – manchmal nicht ganz ernst gemeint, in der Sache aber trotzdem zum Nachdenken. Natürlich hat viel mehr zur Wandlung Bayerns beigetragen. Eingegangen wird aber nur auf einige wichtige Bereiche, in der politischen, schulischen und geistlichen (Fehl)Entwicklung der Resterepublik Deutschland, die es besonders verdienen, erwähnt zu werden.

»Sapere aude! Habe Mut, dich deines eigenen Verstandes zu bedienen«! Diese alte Losung kam beim Stammtisch zur Anwendung, sie sollte auch von Politikern beherzigt werden.

In diesem Sinne.

Vorgeschichte Bayerns

Eigentlich unterscheidet sich Bayern nicht viel von den Galliern der damaligen Zeit. Stark, flexibel, kann sich gut selbst ernähren und lebt gerne in Frieden mit seinen Nachbarn, wenn diese es zulassen und bayrische Lebensart akzeptieren. Das war nicht immer so, weshalb einige Kriege geführt werden mussten, die nicht immer siegreich endeten und Veränderungen von Staatsgrenzen zur Folge hatten. Ein Resultat, das bis in die heutige Zeit beobachtet werden kann.

Die konstante »Flexibilität« Bayerns, die unsere Regierenden auszeichnet, im Gegensatz zum »Wankelmut« der im Bund vorhandenen Resteparteien, stammt aus der frühen Geschichte, als es zur Zeit Napoleons anfangs auf der Seite Frankreichs stand, was große Gebietsgewinne zur Folge hatte, die es aufgrund des rechtzeitigen Wechsels auf die Seite der Gegner Napoleons zum großen Teil behalten konnte. Kommt daher der Begriff „Wendehals"? Hätte Bayern nicht im Jahr 1866 an der Seite Österreichs gegen die Preußen eine Niederlage erlitten, wären wir vielleicht alle Österreicher und könnten uns auch als Skiweltmacht feiern. Vor allem wären uns einige Politiker in der Folge erspart geblieben.

So aber wurde Bayern Anno 1871 Teil des neu gegründeten Deutschen Kaiserreiches und 1918 zum Freistaat, was ja auch nicht ganz schlecht war.

Die sprichwörtliche Flexibilität prägt Bayern bis in die Gegenwart. Man hat daraus gelernt und sucht bei Differenzen die flexible, friedliche Lösung. Soweit möglich!

Hätte nicht schon der römische Kaiser Augustus – wie für Römer in der damaligen Zeit üblich – auch unsere Vorfahren vereinnahmt und dem römischen Reich angeschlossen, würde die politisch geförderte Entwicklung Deutschlands zu einem islamischen Gottesstaat durch die EU vielleicht nicht so argwöhnisch, um nicht zu sagen misstrauisch, von Bayern beobachtet werden. Ein Warnsignal, das sich gentechnisch festgesetzt hatte und immer wieder an nachfolgende Generationen vererbt wurde.

Doch was war das verstörende, das Bayern dazu bewog, an alte Zeiten anzuknüpfen und wieder einen eigenständigen, unabhängigen Staat zu gründen?
Dafür gab es mehrere Gründe, die aber noch ausführlich gewürdigt werden. An erster Stelle stand verständlicherweise der Wunsch nach einer eigenen Fußballnationalmannschaft, da Bayern immer schon die meisten Spieler an Deutschland abstellte, das sich dann unverdienter Weise mit Titeln schmücken konnte. Hinzu kamen die Medienberichterstattung, politische oder geistliche Aktivitäten unserer »Eliten«, aber auch das ungebremste, selbstbestimmte Schülerverhalten, dem kein Einhalt geboten werden durfte (höchstens durch gutes Zureden) sowie das Abweichen von der christlichen Grundidee, um allen Wünschen und Strömungen gerecht zu werden. Nach dem Motto: Auch Minderheiten sind willkommene

Wählerstimmen, was letztlich zu einer eklatanten Veränderung der Nationalitätenlandschaft in der Bevölkerung und zum muslimischen Staat Deutschland führte. Eine Entwicklung, mit der sich Bayern so gar nicht anfreunden konnte. Auf den Punkt gebracht: Was in Bayern geschieht, bestimmt immer noch Bayern! Und so sollte es bleiben.

Doch langsam und alles der Reihe nach.

1. September 2040

Die Kosten für Stuttgart 21 haben sich noch einmal verdoppelt und der Flughafen Berlin steht kurz vor seiner Fertigstellung. Auslöser dafür war die Wahl des inzwischen fünften Nachfolgers von Mehdorn als Aufsichtsratsvorsitzendem, der die Weichen endlich richtig stellte. Ein junger Mensch, geboren in Bayern, in einer Zeit, wo die Ratlosigkeit in Berlin am größten war. Mit einem abgeschlossenen Studium im neu ausgerichteten, selbstständigen Bayern .

Bayern feiert sein 20-jähriges Bestehen

als eigenständige Republik seit der Staatsgründung am 1.September 2020. Ein historischer Tag, dessen Bedeutung mit einem gesetzlichen Feiertag gewürdigt wurde. Die Jubiläumsrede hielt Bayerns Alt-Ministerpräsident Söder, in der er den endgültigen Austritt - nach 5-jährigen Beratungen und Abwägungen - aus der Bundesrepublik Deutschland würdigte und als einzig richtigen Schritt bezeichnete, der ihn auch heute noch mit Stolz erfülle.

Es war ein Staatsakt, auf den die verbliebenen deutschen Ureinwohner der Resterampe Deutschland mit Neid blickten. Hinter vorgehaltener Hand wurde gemunkelt, dass der Beitritt von Baden-Württemberg kurz vor dem Abschluss stünde, nachdem die grün-rote Landesregierung vom Wähler abgewatscht und wieder in die Opposition strafversetzt wurde, weil sie das Land abgewirtschaftet hatte, was den Weg für christliche Gedanken wieder frei machte.

Glückwünsche zur Jubiläumsfeier kamen auch vom russischen Großindustriellen und Altbundeskanzler Schröder in einem tiefsinnigen - weil nüchternem - Statement per Fernschaltung aus einem Altenheim in Moskau.

Eine besondere Ehrung erfuhr ein kleiner Kreis mutiger Bürger, die bei dieser Gelegenheit als Gründungsmitglieder der Partei CfB vorgestellt und mit der bayrischen Franz-Josef-Strauß-Ehrenmedaille für besondere Verdienste um das Land Bayern ausgezeichnet wurden.

Es waren an der Entwicklung Bayerns nicht ganz unschuldige Bürger eines Stammtisches, aus einer Zeit, als es mit den Flüchtlingen drunter und drüber ging. Klingt unglaublich, zeigt aber, für was die bayrische Tradition des Stammtisches gut sein kann. Erfolgt doch dort in der Regel tiefsinniger Gedankenaustausch, nicht nur über Fußball, auch wenn das viele Leute sich nicht vorstellen können. Die Grundlage für die Selbstständigkeit Bayerns ist deshalb eine nachvollziehbare und logische Entwicklung. Sie begann – wie vieles – an einem wöchentlichen gemischten Freitagsstammtisch, also Männlein und Weiblein. Menschen wie du und ich, die mit vielem nicht zufrieden waren und deshalb, wie in Bayern üblich, nach der zweiten Maß verstärkt zum granteln anfingen. (Übersetzung für Preissn: »Schimpfen, meckern«).

»Und des sog i dir glei. Wos de Großkopferten do wieda macha. I konn nur an Kopf schütteln. Soiche Deppn.« Und mit jedem weiteren Schluck ging man mehr ins Detail und steigerte sich in die üblichen Themen hinein.

Einig war man sich eigentlich nur, dass der FC Bayern alles richtig macht und dass »Sechzge« (1860 München, ein Fußballverein mit ehemaliger Tradition und spielerischer Qualität) nicht untergehen darf. Schließlich ist das ja ein Giesinger Verein und Giesinger sind uralte Tradition und der Nabel Münchens. Da erinnert man sich dann auch immer wieder gerne, dass sogar die Lichtgestalt Beckenbauer ein Giesinger Gwachs ist und ja mal fast bei 1860 gelandet wäre. Wenn es da nicht die Sache mit der Watsch'n gegeben hätte. Insider wissen Bescheid. Andere können sich bei Wikipedia schlau machen.

Natürlich gibt es auch am Stammtisch nicht nur Studierte, sondern auch Grantler und Besserwisser. Eine bunte Mischung, die ja gerade den Stammtisch so interessant und unterhaltend macht. Vielleicht kam daher der Begriff »Deutschland ist bunt«. Anwesende Frauen müssen sich mit dem Biertrinken verständlicher Weise zurück halten, weil sie schließlich als Chauffeur für die Männer unverzichtbar sind. Deshalb sind bei derartigen gemischten Stammtischen naturbedingt auch nüchterne Menschen vorhanden, die sich auf jede Art von exotischer Schorle beschränken.
Um es kurz zu machen. Diesen Frauen ist es eigentlich zu verdanken, dass Bayern im Jahr 2040 so dasteht, wie es

dasteht. Wirtschaftlich gesund, tolle Leute, die alle an einem Strang ziehen, fast keine Arbeitslosen und einen FC Bayern als Serienmeister, weil jeder Weltklassespieler, der auch noch Köpfchen hat, hier leben will.

So in etwa hat sich der Dialog nach Überlieferung damals zugetragen:
»Ihr mit eierm dauandn meckern. Selba koan Oasch in da Hosn oder koane Eier, wia da Kahn sogn dat, aber bläd daher red'n. Macht's es doch bessa«! Damit appellierte man an den männlichen Stolz. Nachdem die dritte Maß noch nicht leer war und damit noch einigermaßen klare Gedanken vorlagen, ging man auf diese Aufforderung – zunächst nur verbal – ein. »So wia de kenna mia des a, wenn net bessa. Des konnst glam«. (Übersetzung: »So wie die, können wir das auch, wenn nicht besser. Das kannst du glauben«)
Um es abzukürzen. Beim nächsten wöchentlichen Treff, als alle noch nüchtern waren und die erste Maß gerade erst an den Tisch kam, wurden die Männer von ihren Frauen daran erinnert. So blieb es dieses Mal bei nur zwei Maß während des ganzen Abends. Dafür aber bei relativ nüchternem diskutieren, was denn eigentlich alles im Argen läge und wie man es verändern könne, um nicht immer nur zu grantln. (Obwohl dies bayrische Tradition ist, denn irgendwas findet sich immer).

Josef als Redakteur des »katholischen Boten« und Kenner der christlichen Glaubenslehre. Aufgewachsen im Schwabing der 68-er Krawalle. Es erforderte Kraft und Selbstbewusstsein gegenüber seinen Freunden, den damaligen Studentenkrawallen zu widerstehen und seinen Weg zum katholischen Pfarrer weiter zu gehen. Beharrliches Bibelstudium und kritische Fragen brachten ihm im Laufe der Zeit den Unwillen der katholischen Kirche ein, weil er manche Dinge dieser Glaubenslehre nicht mit der Bibel für vereinbar hielt und unglücklicherweise darüber auch Artikel verfasste. Auf eine Frage an seinen Bischof, ob sich das Zölibat denn nicht abschaffen ließe, meinte dieser: »Wir werden es sicher nicht mehr erleben, aber vielleicht unsere Kinder«.

Gustl, der Finanzbeamte, der sich immer schon über die horrenden Gehälter und Steuerhinterziehungen ärgerte, wenn manche einfach nicht den Kragen vollbekommen und sich nach der dritten Maß meist mit seinem Spezl Hansi, einem pensionierten Banker, in die Haare kam, weil dieser dann leicht angeheitert gerne in alten Zeiten schwelgte, alles besser wusste und auch wortreich zum Besten gab. Gegenargumente, die Hansi nicht entkräften konnte, pflegte er dann meist mit dem Hinweis »Is ja scho guat« zu beantworten, womit sich weiterer Gedankenaustausch von selbst erledigte.

Franz, der Schullehrer, der regelmäßig beim Stammtisch die Gelegenheit wahrnahm, seinen Frust abzuladen, denn öffentlich durfte er ja nichts sagen, um seine Pension nicht zu gefährden.

Waldi, ein ehemaliger Staatssekretär im seinerzeit Berliner CSU-geführten Innenministerium, der über interessante Interna verfügte, die er nach der zweiten Maß schon mal zum Besten gab. Wenn die Rede auf Merkel kam, steigerte das schon mal bedenklich seinen Blutdruck.

Michi, der Unternehmer. Er hatte ein Gespür für Marktveränderungen und Lebenszyklen von Produkten, obwohl nie in der Theorie gelernt. Das lag ihm im Blut und führte zu einem Unternehmen mit inzwischen 65 Mitarbeitern, die sich bei ihm wohl fühlten und begeistert einbrachten, weil seine christliche Einstellung sich auf die Zusammenarbeit auswirkte.

Luggi, ein gestandener, gebürtiger Bayer aus dem traditionsreichen Münchner Stadtteil Feldmoching mit eigener Landwirtschaft, der vorausschauend zum muslimischen Glauben konvertierte und schleunigst eine Muslima heiratete, weil er clever erkannte, welch Segen das für seinen Hof und nicht zuletzt für ihn brachte, sodass er sich vor kurzem nach muslimischem Brauch eine 15-jährige als zweite Ehefrau nahm. Er musste ja seinen Hof mit 120 Kühen und 70 ha Feldern erhalten und wollte sich die Einstellung teurer Arbeitskräfte ersparen, die dann auch noch Kündigungsschutz genießen. Inzwischen florierte seine Landwirtschaft auch ohne ihn, weil er sein erlaubtes Recht von vier muslimischen Ehefrauen nutzte, sodass er sich ausschließlich auf Aufsicht und Anweisungen beschränken konnte.

Eine der Ehefrauen erfüllte seine Anforderungen nicht optimal und musste zwar ausgetauscht (verstoßen) und mit einer Jüngeren ersetzt werden, was aber auch etwas Gutes hatte, weil es bei den restlichen doch zum Nachdenken und noch mehr Arbeitseifer führte. Schließlich hatten sie ja bei Luggi ein schönes Leben in frischer Landluft und durften sich nach einem 8-Stunden Arbeitstag der angenehmen Seite widmen, nur noch für ihn da sein. Ein bisschen hatte er sich vom Junggesellen im Laufe der Jahre doch zum Macho entwickelt. Da war er absolut lernfähig, weil er heimlich immer wieder im Koran las, den er versteckt hielt, nachdem sein Pfarrer ihn als Sünde bezeichnete und hinter vorgehaltener Hand mit den Worten, es gäbe nur einen Gott, nämlich Jesus Christus, verboten hatte.

A Hund is a scho, sagten die Spezln. (Ein gebräuchlicher Ausdruck als Anerkennung für pragmatisches Verhalten, auch wenn es nicht unbedingt als seriös angesehen werden konnte. Franz-Josef Strauß trug diesen Ehrentitel zu seiner Zeit als Ministerpräsident auch, weshalb er nicht so schlecht sein konnte).

Und nicht zuletzt *Chantal*, eine ehemalige Ossi, die sich in einem langen, nicht aufzuhaltenden Prozess integriert hatte, aus eigener Erfahrung reaktionäre Führung kennt und als ideale Voraussetzung ihr Studium der Koranwissenschaft und des christlichen Glaubens einbringen konnte, worüber religionspolitische Sprecher ihrer Meinung nach in der ehemaligen BRD nicht verfügten. Wie anders sollte sonst die Entwicklung zu verstehen sein? Chantal war das perfekte Beispiel für gelungene Integration.

Das waren die treibenden Kräfte, bei denen theoretisches Wissen, praktische Erfahrung, Hartnäckigkeit und Mut zur Veränderung ideal harmonierten, was später zur Gründung einer eigenen Partei, der CfB, führte. Unterstützt von dem kleinen Besserwisser *Holger*, der sein Wissen aus dem regelmäßigen Lesen der BILD-Zeitung zog. Er nahm seinen BILDungsauftrag als junger Mensch sehr ernst und bevorzugt die direkte Sprache, wenn er von etwas überzeugt ist, wobei eine leicht rechte, rassistische Tendenz dann durchschlägt. Linke und Grüne verabscheut er und bezeichnet sie gerne mal als Volksverräter.

Rückschau macht stolz

20 Jahre waren ins Land gegangen, der Stammtisch mit seinen CfB- Gründungsmitgliedern traf sich immer noch, wenn auch für die Anfahrt einige Teilnehmer anstelle auf das Auto auf U-Bahn, Bus und Rollator zurückgreifen mussten. Vom Arbeitsleben und der Politik hatte man sich verabschiedet. Ja mei, der Zahn der Zeit.
Aber eines ist geblieben, das Schwelgen in Erinnerungen über die damaligen turbulenten Zeiten, als man als normale Bürger Auslöser für ein (Um)denken in der bayrischen Politik war und damit letztlich auch mitverantwortlich für den Aufschwung in Bayern. Meist verfiel man nach dem Begrüßungsenzian und einer Maß Bier

(mehr vertrug man nicht mehr) in eine gewisse Nostalgie und das Gespräch landete immer wieder in alten Zeiten. Über was sonst auch reden? In Bayern lief alles seinen gewohnten Gang, es gab nichts mehr zu meckern und daheim kamen Männer sowieso nur selten zu Wort.

Nur der Dauerbrenner 1860 sorgte immer wieder für Gesprächsstoff. Hatte er doch den erneuten Abstieg in die 3. Liga nicht vermeiden können, aber nach 8 Jahren Abstinenz wieder Anschluss gefunden und 2026 sogar den Sprung in die 1. Bundesliga geschafft. Der seinerzeit erste arabische Sponsor Ismaik wurde zwar durch Misswirtschaft und ständiges finanzielles Nachlegen in den Ruin getrieben, aber die Besinnung auf alte Werte und die konsequente Förderung des eigenen Nachwuchses und dessen Bindung an den Verein, brachte wieder spielerische Qualität und setzte ungeahnte Kräfte frei, die von neuen Großsponsoren unterstützt wurden. Auch VW brachte sich wieder ins Gespräch, nachdem der Abgasskandal überwunden wurde und nun wieder Spielgeld frei war. Das Derby gegen Bayern fand inzwischen im vereinseigenen Stadion vor 70.000 Zuschauern statt und knüpfte an alte Erfolge an.

Josef:
»Wie konnte es eigentlich zu dieser Abschottung und Eigenständigkeit kommen, wo doch Bayern schon immer bunt und aufgeschlossen anderen Völkern gegenüber war? Integration war kein Problem, als sich früher Jugos, Italiener, Preiss'n und Ossi's aber vereinzelt auch Inder, Österreicher und Chinesen für ein Leben in Bayern ent-

schieden. Sie haben sich wunderbar eingefügt und wurden im Laufe der Zeit – trotz anfänglicher Skepsis – akzeptiert. Eine richtige Bereicherung, weil auf einmal kulinarische Vielfalt entstand und fleißige Arbeitskräfte am Aufschwung mitarbeiteten. Die Sprache war kein Problem, denn alle – auch die Österreicher – gaben sich Mühe, deutsch zu lernen. Obwohl, manche lernten durch ihr Umfeld eher perfekt bayrisch und waren deshalb leicht überfordert, wenn sie auf hochdeutsch angesprochen wurden, was in Bayern schon auch vorkam.

Nicht zu vergessen die Türken, die seinerzeit ebenfalls massenhaft nach Deutschland kamen, auf der Suche nach einem besseren Leben, weil zuhause große Arbeitslosigkeit herrschte.

Es war eine andere Generation und das Zusammenleben funktionierte. Da durfte sogar noch Spaß gemacht werden, auch mit Türken, ohne gleich angegriffen oder als Rassist in die rechte Ecke gestellt zu werden. Der Begriff Toleranz war noch nicht allgemeiner Sprachgebrauch. War auch nicht erforderlich.

Ali war nicht beleidigt, sondern lachte, wenn er wieder mal den Teppich zum Fenster ausschüttelte und sein Nachbar ihm zurief: »Na Ali, springt er wieder mal nicht an«?

Es war eine schöne Zeit, die gute alte Zeit«.

»Da kannst du dich aber nicht erinnern, Chantal, höchstens aus deinen Geschichtsbüchern, soweit ihr „da drüben" überhaupt was mitbekommen habt, in eurem Freiluftgefängnis«.

Chantal:

»Von wegen, wir waren nicht überall im Tal der Ahnungslosen, wie es so schön hieß. Ich denke, das friedliche Zusammenleben funktionierte, weil die meisten Türken ihren Koran nur oberflächlich oder gar nicht kannten. Ist er doch auf Arabisch geschrieben und werden die Predigten nicht auch auf Arabisch gehalten? Genauso wie damals die Leute nicht lesen konnten und die Predigten auf lateinisch gehalten wurden. Hauptsache niemand versteht was, die Gelee(h)rten konnten nicht in Frage gestellt werden und durch ihre damalige Macht Angst und Unsicherheit verbreiten. Entweder du folgst mir, oder … Da nahmen sich die Religionen wirklich nichts, ob köpfen oder verbrennen.

Wobei Luther bei den Christen oder besser gesagt Katholiken, dann schon einigen Wirbel hineingebracht hat. Doch wo ist der Aufklärer für den islamischen Mitbürger? Weit und breit niemand in Sicht und einfach nur zu behaupten, der Islam wäre eine friedliche Religion reicht einfach nicht aus, wenn das brutale Gegenteil von Extremisten immer wieder praktiziert wird.

Für viele ist die Bibel nach wie vor ein unverständliches, langweiliges Buch mit sieben Siegeln, das nicht lohnt, seine wertvolle Zeit damit zu verbringen, obwohl sie sogar in vielen Hotels in der Nachtkästchen-Schublade liegt. Dann doch lieber pay-TV mit Filmen, die zuhause als guter, christlicher Ehemann natürlich verpönt sind.

Wer weiß deshalb schon, dass die im Alten Testament enthaltene Gewalt sich auf die Geschichte der Juden als

Volk Gottes bezieht und Jesus mit seiner Lehre im Neuen Testament das friedliche Verhalten auf »ALLE Heidenvölker«. »Und wie ihr wollt, dass euch die Leute tun sollen, so tut ihnen auch«, Luk. 6,31 und Matth. 7,12, Muslime sind da natürlich auch eingeschlossen.

Da ist auch an keiner einzigen Stelle eine allgemeingültige Anordnung zur Gewalt und zum Töten gegeben. Ganz anders als im Koran, nach dem sich IS, Hamas, Hisbollah und alle anderen fanatischen Gotteskrieger als folgsame Schüler ihres Meisters Mohammed halten, denn der Islam kennt nicht die Nächstenliebe des Neuen Testamentes. Wohlverhalten wird nur gegenüber muslimischen Freunden und Verwandten gefordert und schloss in der damaligen Zeit Sklaven als billige Arbeitskräfte ein. (Sure 4, Vers 36).

Josef:
Na ja, so ganz stimmt das wohl nicht. Im Lukas-Evangelium 12,51 heißt es in der Übersetzung der Bibel „Hoffnung für Alle": Meint nur nicht, dass ich gekommen bin, um Frieden auf die Erde zu bringen! Nein, ich bringe Auseinandersetzung.

Chantal:
Da musst du schon weiterlesen, denn es heißt, dass man sich in der Familie um seinetwillen (Jesu) gegeneinander auflehnen wird. An anderer Stelle sagt Jesus, dass das Wort schärfer ist als ein zweischneidiges Schwert. Es geht also um das Wort, um die Akzeptanz oder Ablehnung Jesu. Mit einer Forderung nach kriegerischer Auseinan-

dersetzung oder Töten von Andersgläubigen hat das wirklich nichts zu tun und sollte auch nicht hinein interpretiert werden.

20 Jahre zuvor

Ali, der Gemüsehändler um die Ecke, hielt von diesen religiösen Streitigkeiten sowieso nichts. Er und viele seiner Bekannten und Freunde wollten einfach friedlich mit uns »Ungläubigen« leben. Sie verstanden, dass Integration in erster Linie eine Bringschuld ist.

Das funktioniert, weil sie ihren Koran meist nur oberflächlich oder gar nicht kennen, genauso wie die meisten Christen ihre Bibel.

Was haben sich doch zwischen Tür und Angel beim Einkaufen, wenn es mal ruhiger war, damals für freundschaftliche Gespräche mit Augenzwinkern ergeben. Ja, Ali ist ein gutmütiger Mensch und er sieht diese Religionen nicht so eng, was bei Josef in der Jugend nicht viel anders war, zumindest, bis er ins Berufsleben einstieg und Redakteur des katholischen Boten wurde.

»Ali, warum bist du Muslim und ich Christ«? »Na, ganz einfach. Meine Eltern kommen aus der Türkei und sind Muslime, da haben sie mich eben auch so erzogen und in die Moschee mitgenommen. So lernte ich alles kennen, was unseren Glauben ausmacht wie Islamische Feste und Feiertage, Speise- und Reinigungsvorschriften, schariarechtliche Auffassungen, rituelles Gebet, Fasten im Monat Ramadan, Regeln für Ehe und Familie aber auch Erzählungen der Prophetengefährten aus den Überlieferungen, geschlechtsspezifische Erziehung und die islamisch begründeten Moralvorstellungen.

Mit sechs Jahren kam ich dann in die Koranschule und musste Koranverse auf Arabisch auswendig lernen. Es ging nur darum, diese zu beherrschen, nicht um die Erläuterung ihrer Bedeutung oder etwa einer kritischen Auseinandersetzung mit dem Inhalt, weil das verboten ist«. Eigentlich dürfte ich mit dir gar nicht auf Augenhöhe reden, weil Christen nach unserer Religion Affen und Schweine sind, die als minderwertig gesehen werden. »Und du, Josef«?

Josef:

»Mein Vater war zwar evangelisch, meine Mutter aber katholisch und da es schon fast Brauch ist, dass die Religion der Mutter übernommen wird, wurde ich automatisch als Baby katholisch gemacht (getauft). Schließlich hat Mama ja zu Hause das Regiment geführt und Papa war es egal, denn er musste sich um das Brötchen verdienen kümmern. Gefragt hat mich keiner, was ich will, hätte aber auch noch keine Antwort geben können«.

»Waren die bei euch auch so streng«?

»Wir hatten zwar bestimmte Feste wie Kommunion und Firmung, für die in der Religionsstunde vorbereitender Unterricht war. Aber ansonsten? Gut, wir mussten auch was auswendig lernen, die zehn Gebote, das Vaterunser, das »Gegrüßet seist du Maria« und das Glaubensbekenntnis, aber das war`s dann auch schon. Eine Bibel hatten wir nicht, weder zuhause noch im Unterricht. Auch der Pfarrer hatte keine dabei, sondern immer nur schöne biblische Geschichten erzählt. Bin dann auch nicht mehr in die Kirche gegangen. War ja immer das gleiche Ritual mit viel Weihrauch, den ich nicht vertrug. Wir Kinder konnten schon vorsagen, was gleich kommen würde«.

Ali:
»Das hätte bei mir nicht funktioniert. Meine Eltern bestanden darauf, dass ich immer in die Moschee ging. Mache ich auch bis heute so. Wie siehst du dann das Thema heute«?

Josef:
»Viel später erlebe ich eine Veranstaltung einer freien christlichen Gemeinde, die mich sehr berührte, denn diese ganze eingefahrene Liturgie wurde hier nicht praktiziert, es ging viel gelöster und freudiger zu und ich hörte eine Botschaft, die ich so noch nie gehört hatte. Der Pastor sagte, dass man doch nicht zum Auto wird, nur weil man in der Garage steht und dass es genauso beim Christen wäre, die man dann als »Namenschristen« bezeichnen muss. Nicht der Geburtsort und die Religion der Eltern sind ausschlaggebend, sondern ein Christ wäre, der Jesus als seinen Herrn angenommen hat. Deshalb ist es falsch, alle Christen in einen Topf zu werfen, denn ein Christ, der Jesus als seinen Herrn angenommen hat, studiert auch die Bibel und nimmt nicht alles als wahr, was ihm von der Kanzel erzählt wird, was er auch darf, ohne Bestrafungen befürchten zu müssen. Im Gegenteil. Die Bibel sagt: Prüfe alles... Für mich war diese Predigt dann der Auslöser, dass ich regelmäßig in die freie christliche Gemeinde ging und mich auch mit der Bibel beschäftigte«.

Mit Ali konnte man reden. Er war nicht fanatisch und ließ jedem seine Anschauung.

Josef:

»Es wird zwar immer wieder vom friedlichen Islam erzählt, aber die Realität sieht doch inzwischen ganz anders aus. Kriege in arabischen Ländern untereinander, Christenverfolgungen dort und Attentate in Europa. Der Terror hat uns eingeholt und überrollt«. Wer Ungläubig ist, entscheidet immer der mit der Waffe. Aber dass sich nicht alle bisher in die Luft gesprengt haben, liegt scheinbar am mangelnden Glauben. Wer zweifelt, detoniert nicht. Ali, wieso hat sich alles so krass entwickelt?

Ali:

»Das habe ich mich auch schon gefragt. Weißt du was, mein Imam in der Moschee ist ein sehr aufgeschlossener Mensch, zu dem ich auch einen freundschaftlichen Kontakt habe. Ich rufe ihn jetzt einfach an und vereinbare einen Termin, wenn das für dich o.k. ist«. »Aber klar«.

Am nächsten Mittwoch. Chantal ließ es sich nicht nehmen, mitzugehen, obwohl sie durch ihr Studium eigentlich hätte wissen müssen, dass ihre Anwesenheit zu Problemen führen könnte. »Mir war auch etwas mulmig«, meinte Josef, denn er war noch nie in einer Moschee. Die Begrüßung war zwar sehr freundlich aber Chantal gab der Imam nicht die Hand, weil das bei seinem Glauben nicht vorgesehen sei. Schließlich war sie ja nur eine Frau. Etwas irritiert kamen wir gleich zum Thema.

Der Imam:

»Ich lebe jetzt seit 42 Jahren in Bayern und fühle mich hier wohl. Als Imam vertrete ich meine Religion, auch wenn ich nicht mit allem überein stimme und schon gar nicht fanatisch bin. Das bitte ich zu respektieren. Ali hat mir schon einige Fragen gestellt, die wir besprechen wollen. Vor allem die respektlose Entwicklung der Jugend und Heranwachsenden gegen Andersgläubige.

Ich denke, dass sich die Probleme im Laufe der Zeit durch nachfolgende Generationen entwickelten. die sich nicht akzeptiert fühlten, damit immer mehr abkapselten und ein »Selbstbewusstsein« entwickelten, das sich für Männer im Koran wiederfindet und von einigen Hasspredigern massiv verbreitet wurde.

Wer keine Arbeit hat, aber viel Zeit, lässt sich da leicht beeinflussen. Vielleicht liegt darin die Aggressivität und das Bedürfnis, seinen Glauben nach außen zu zeigen und alle Andersgläubigen als minderwertig zu betrachten. Seht her, ich bin was Besseres. Manche lassen sich ja leider sogar verleiten und gehen nach Syrien, um dort für Allah am Krieg teilzunehmen. Da müssen wir die Schuld schon auch bei uns selbst suchen. Aber was tun? Wir können nur die friedlichen Suren hervorheben und einwirken, dass sich die kriegerischen auf die damalige Zeit beziehen. Leider wird uns das nicht immer abgenommen, denn das Wort Allah's ist für alle Zeit gültig und darf auch nicht hinterfragt werden. Obwohl eine Überarbeitung und Modernisierung schon sehr sinnvoll und dringend erforderlich wäre. Das sage ich jetzt als Privatperson. Aber wer wagt sich an dieses Thema und wer will es wirklich angehen«?

»Was meinen Sie denn, was überarbeitet werden sollte, damit Muslime auch im 21. Jahrhundert ankommen«, fragte Josef.

Imam:

»Ich will mal ein paar Dinge nennen, die für mich als moderaten Muslim für ein respektvolles Zusammenleben abgeschafft werden sollten, ich will sogar sagen, müssen.

An oberster Stelle steht für mich die friedliche Auslegung. Die kann aber nur funktionieren, wenn gegenseitiger Respekt und Akzeptanz gegeben ist, auch wenn unterschiedliche Glaubensrichtungen uns trennen. Das Zauberwort dafür ist ja das viel strapazierte Wort »Toleranz«. Ich kann nicht alles, was in unserer Religion festgeschrieben steht in einem christlichen Land einfordern, damit nicht unsere Gefühle verletzt werden, wie es immer wieder so schön heißt. Wir Muslime sind hier vom Glauben her betrachtet wie Gäste und haben uns auch so zu verhalten. Denn wo bleibt sonst unsere Toleranz den Christen gegenüber?

Chantal:

Laut Koran gibt es die gar nicht, weil alle Andersgläubigen praktisch verfolgt und getötet werden müssen, außer sie entrichten die sogenannte Dhimmi-Steuer. Den »friedlichen Islam« gibt es im Koran schon, aber eben nur für »Gleichgläubige«. Allerdings auch nur, wenn sie »bei der Stange« bleiben. Ein Abfall ist nicht erlaubt und darauf steht der Tod.

Selbst der Zentralrat der Muslime in Deutschland schreibt ja in seiner Charta Punkt acht, dass Muslime in aller Welt dazu aufgerufen sind, mit Glaubensbrüdern und –schwestern solidarisch zu sein. Das kann jeder im Internet nachlesen. Was ist aber mit den Anderen? Wie sollen junge Leute da, wenn sie in die falschen Hände geraten, widerstehen können? Damit wird ein Weltbild geprägt, das für gegenseitige Akzeptanz keinen Raum lässt.

Imam:

Es sind die Versuche, unter dem Mantel der Tradition und des Korans, patriarchalische und terroristische Vorstellungen durchzudrücken. die an Jugendliche weitergegeben werden und diese beeinflussen. Schauen wir nur das Thema »Ehrenmord« an. Diese Leute sind einfach bei der Rolle der Frau in ihrer alten Tradition stecken geblieben. Und dann lassen sie die Morde auch noch von Kindern ausführen, weil diese hier nach dem Jugendrecht abgeurteilt werden. Da ist die Demokratie dann schon willkommen und die wirklichen Täter verstecken sich hinter der eigenen Feigheit.

Eine arabisch-israelische Journalistin ging dem Phänomen der Ehrenmorde nach und schlussfolgerte: Nicht wenige der Morde wurden verübt, weil in der unmittelbaren Lebensumgebung schlichtweg über vermeintliche Ehrverletzungen gemutmaßt oder getratscht wurde. Das zeigt, dass selbst geringfügige Verdachtsmomente Männer zu solchen Handlungen veranlassen. Es hat in Israel schon Morde an jungen Mädchen gegeben, nur weil sie mit männlichen Klassenkameraden per SMS kommuniziert haben.

Nichts, aber auch gar nichts, ist an Ehrenmorden ehrenwert. Das Schweigen der arabischen Gesellschaft dazu kann nur als unerträglich und ebenso skandalös wie der Ehrenmord selbst, bezeichnet werden.

Chantal:

In der Selbstdarstellung der Charta des Zentralrates heißt es: »Unsere wichtigste Aufgabe ist es, das muslimische Leben und die islamische Spiritualität in Deutschland zu fördern und den Muslimen die Ausübung ihrer Religion zu ermöglichen und zu erleichtern. Dazu gehören die Berechnung der Gebetszeiten und des islamischen Kalenders einschließlich des Festtagskalenders, das Aufstellen von Regeln für das islamische Schlachten, die Errichtung islamischer Friedhöfe und Begräbnisstätten, die Verbesserung des Koranunterrichts in den Gemeinden ... «.

Ich finde, über derartige Dinge kann gesprochen werden, aber fair und nicht zu Lasten der Mehrheit der deutschen Bevölkerung, weil das nur zu Verärgerung führt. Die Leute fühlen sich eingeschränkt und bevormundet und haben das Gefühl, dass für Muslime alles getan wird, ohne an die eigenen Leute zu denken. Und wenn etwas gegen herrschende Gesetze der BRD verstößt, dann sollte das auch als Verstoß behandelt werden, wenn man nicht die Konsequenzen tragen will.

Die Rolle der Frau in der muslimischen Welt

Imam:

»Genauso wichtig finde ich die Rolle der Frau in unserer Gesellschaft, wobei auch der Westen manche Aussagen Mohammeds in die heutige Zeit übernommen hat.

Schlagen wir mal nach.

»Die Männer stehen über den Frauen, weil Allah sie vor diesen ausgezeichnet hat«, (Sure 4,34) ist gar nicht so weit von der Bibel entfernt, weil es da auch heißt, dass sich Frauen unterordnen sollen. Zu weit führt aber das Bild der Frau als eitel, listig, untreu und aufmüpfig, wie in der klassischen islamischen Literatur charakterisiert. Das sollte meiner Meinung nach korrigiert werden.

Chantal:

»Na ja, die Bibel benennt es zwar nicht so krass, in der heutigen Zeit sind da aber durch die Emanzipation bei uns in Punkto »Aufmüpfig« und »Listig« schon Parallelen erkennbar. Wenn man sieht, was da Minderheiten so alles abziehen. Da hat Mohammed schon prophetisch für »Alle Völker« gesprochen«.

Imam:

»Sehen sie, in manchen Punkten sind wir gar nicht so weit auseinander«, meinte er schmunzelnd.

Chantal:

»Es geht aber gar nicht, dass Frauen weniger Verstand als Männer hätten (Sure 4:11) und außerdem die Zeugenaussagen von zwei Frauen nur so viel wert wären, wie die eines Mannes«.

Josef:

»Weniger Verstand als Männer? Da widersprechen unsere Emanzen aber auf das Schärfste. Laut den emanzipierten Genderismusverfechterinnen ist diese Forderung nicht aufrecht zu erhalten, da Frauen die Hälfte der Bevölkerung stellen und daher automatisch auch die Hälfte des Talents. Eine Erkenntnis, die lt. Wikipedia aus Schweden kommt. Natürlich von einer Frau«.

»In Saudi-Arabien dürfen Frauen bekannter Weise weder Fahrrad fahren, noch Autos steuern«, wirft Josef ein. »Eine Idee wäre doch …« meinte er etwas scherzhaft, erntete aber nur ein schmunzeln.

DIE SENSATION SCHLECHTHIN

Saudi Arabien gestattet Frauen das Autofahren!

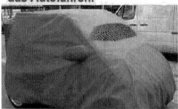

Burka Turbo RS - Spezial Edition
(auch in SCHWARZ erhältlich)

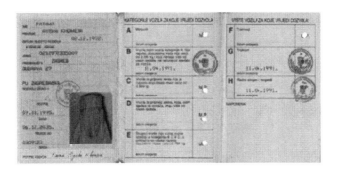

Chantal hatte sich auf dieses Gespräch wirklich gut vorbereitet. »Es kommt aber noch schlimmer. In Restaurants, Cafes, aber auch in der Moschee sind die Frauen von den Männern räumlich getrennt. Verboten ist der Frau die Teilnahme am Freitagsgebet während der Menstruation und 40 Tage nach der Geburt eines Kindes, in diesen Zeiten ihrer »Unreinheit«. Frauen gehören hinter den Herd, meint der selbstbewusste, korangeleitete Muslim. Halloo, die Bedienknöpfe sind vor dem Herd. Wie kann sie hinter dem Herd ihre Aufgabe sinnvoll erfüllen«? Chantal konnte das sticheln einfach nicht lassen.

Jetzt hatte sie sich doch etwas in Rage geredet. »Vom Prinzip der Gleichberechtigung und Freiheit kann für Frauen wirklich keine Rede sein. Im Gegenteil, Frauen zahlen in der arabischen Welt den vollen Preis für die Verrücktheiten des männlichen Geschlechts. Da wird der Begriff »Islam« in seiner Übersetzung als »Religion der Unterwerfung« schon sehr wörtlich genommen.

Warum liegt die Quote erwerbstätiger Frauen in den islamischen Ländern nur zwischen 0,5 und 10 Prozent?

Hängt diese niedrige Quote mit den sozialen und wirtschaftlichen Problemen in diesen Ländern zusammen oder liegt die Ursache vielleicht in den Koranversen über Frauen? Oder in Beidem? Ohne Frauen läuft doch gar nichts. Das sollten sich die Männer mal hinter die Ohren schreiben. Gibt es überhaupt auf dieser Welt ein Land, das in echtem Wohlstand lebt, obwohl die Frauen aus religiösen oder politischen Gründen unterdrückt werden«?

Imam:

»Leichte Fortschritte sind schon sichtbar, denn im strengen Saudi-Arabien dürfen Frauen teilweise schon auf den Schleier verzichten, wenn sie wollen und es öffnen sich ihnen Berufe, die früher absolut tabu waren. Dass Frauen 2015 zum ersten Mal in Saudi-Arabien an Kommunalwahlen teilnahmen, war ein weiteres Zugeständnis, täuscht aber nicht über die grundsätzliche Einstellung hinweg, die der oberste Mufti, Abdul Asis al-Scheich von sich gab, als er die für ihn unverständliche Beteiligung der Frauen in der Politik, als eine »offene Tür für das Böse« bezeichnete. Eine Einschränkung gab es schon, denn selbstverständlich war auf diesen Wahlkampfveranstaltungen das Treffen nur allein unter Frauen erlaubt. Männer hatten da nichts zu suchen«.

Chantal:

»Ein Weltbild, das sich schon gar nicht mit bayrischer Tradition vereinbaren lässt, denn hier weiß man, wer in der Ehe die Hosen wirklich an hat, was manche Männer seit Generationen resignieren lässt« konnte sich Chantal nicht verkneifen.

»Und was sagen sie zu diesen Suren? Der Mann kann sich ohne Angabe von Gründen scheiden lassen. (Sure 65:12). Eine Frau jedoch nur dann, wenn sie nachweisen kann, dass sie in Lebensgefahr ist. Wird eine Frau ermordet, ist das Blutgeld geringer als für einen Mann, passt ja anscheinend in das Bild der damaligen Zeit, dass die Frau nichts wert ist, gilt aber scheinbar auch heute noch«.

»Besonders krass ist die Anweisung zum Schlagen der Frau, die in ihrer Begründung aber unterschiedlich ausgelegt wird. Gerade so, wie es den Männern passt«.

dapd ABU DHABI: »Der oberste Gerichtshof der Vereinigten Arabischen Emirate hat entschieden, dass ein Mann seine Ehefrau und Kinder schlagen darf, solange dies keine sichtbaren Spuren hinterlässt. Erwachsene Kinder dürfen nicht geschlagen werden.
Neue Osnabrücker Zeitung vom 19. Oktober 2010.
»Eine Frau mag meinen, die Emirate sind weit weg. Ihr kann ich versichern, dass in muslimischen Ratgebern, die in den in Deutschland befindlichen Moscheen verkauft werden, genau diese Züchtigung der Ehefrau gepriesen wird«.
Karl-HeinzHeubaum.http://www.widerhall.de/57wh-zit.htm

Imam *Sa'd Arafat* der Koranschule Eicken, ein Mann, gefühlte 150 Jahre alt, sagt im Interview über das korrekte

Schlagen der Frau im Islam, das auf de.europenews.dk/ Video zu sehen ist:

»Die Ehre der Frau im Islam ist ebenso offensichtlich in der Tatsache, dass die Strafe des Prügelns nur für einen Fall gestattet ist: Wenn sie sich weigert, mit ihm zu schlafen. Wo sollte der Ehemann sonst hingehen? Er will sie, aber sie verweigert sich«!

Chantal:

»Das wirft doch Fragen auf. Ein Mann darf ja bekanntlich bis zu vier Frauen gleichzeitig haben, eine muslimische Frau aber nur einen Mann. Warum eigentlich? Die Frau wäre doch besser versorgt, wenn sie auch mehrere Männer haben könnte, denn wer kann sich schon vier Frauen leisten und die dann noch gleich behandeln und versorgen? Ich lese auch nirgends, dass die Prügelstrafe auch für Männer gilt, wenn sie ihren ehelichen Pflichten auf Wunsch der Frauen nicht nachkommen, wie es umgekehrt für Frauen geschrieben steht. Nach dem Motto: Sie will ihn, aber er verweigert sich«!

Weiter heißt es in dem Interview:
»Allah hat die Frauen geehrt, indem er die Strafe des Prügelns verordnet hat. Der Prophet Mohammed sagte: *»Schlagt sie nicht ins Gesicht und verunstaltet sie nicht!"* Sehen Sie, wie sie geehrt wird? Das ist wunderbar! Er schlägt sie, um sie zu disziplinieren! Außerdem darf es nicht mehr als 10 Hiebe geben … und er darf ihr nicht die Knochen brechen, sie verletzen, ihre Zähne ausschla-

gen oder ihr ins Auge stechen. All diese Dinge ehren die Frau. Sie hat Disziplin nötig«!

Chantal:

»Ist ja äußerst großzügig und human, aber doch ein Widerspruch zu Sure 4:34, die allgemein von Widerspenstigkeit spricht und nicht nur vom Beischlaf, oder«?

... »*Und jene, deren Widerspenstigkeit ihr befürchtet: ermahnt sie, meidet sie im Ehebett und schlagt sie!*
Wenn sie euch dann gehorchen, so sucht gegen sie keine Ausrede. Wahrlich, Allah ist Erhaben und Groß«... *[Sure 4:34]*

Chantal:

Ja, wahrlich, Erhaben und Groß, das ist Allah, wenn es um die Vorherrschaft der Männer im Islam geht. Da wird von Muslimen immer behauptet, die Bibel würde falsch ausgelegt, da geht der Koran aber vorbildlich voraus. Menschen sind halt nicht vollkommen, selbst geistliche Gele(e)hrte. Und überhaupt – das Thema Züchtigung ist ja so was von hinterwäldlerisch und wird noch dazu sehr unterschiedlich ausgelegt. Gerade so, wie es Mohammed seinerzeit und den Männern von heute in den Kram passt. Mohammed – ich weiß nicht, warum mich sein Leben immer an Hitler erinnert?

Über 60% aller türkischen Männer sehen das scheinbar richtig, wenn sie dem Koran und der Aussage der Widerspenstigkeit folgen, indem sie die Gewalt gegen Frauen als legitimes Mittel betrachten, wie aus einer Studie des türkischen Frauenhilfsvereins »*Sefkat-Der*« (übersetzt: Mitgefühl-Verein) hervorgeht und sich auf die Befragung von über 20.000 Frauen bezieht.

Der Mann nimmt sich sein Recht zur Züchtigung seiner Frau schon bei der bloßen Vermutung, sie könnte vielleicht etwas tun, das ihm nicht gefällt, was die Frau im umgekehrten Fall natürlich nicht darf. Wo käme man denn da auch hin«?

Ich habe das ganze mal ausgedruckt und darf zitieren:

»Häufige Gründe für die Gewalt sind Aktivitäten und Mitgliedschaft auf sozialen Plattformen wie Facebook und Twitter, männliche »Freunde« auf Facebook, das Profilfoto, Kritik an Politikern, die zu den Favoriten des Mannes zählen, das Starren auf attraktive Seriendarsteller im Fernsehen, Gewichtszunahme, heimliches Geldsparen, höherer Sozialstatus oder besseres Einkommen als der Mann selbst und aus Wut, wenn seine Lieblingsfußballmannschaft verliert. Die Studie hat festgestellt, dass unter den berufstätigen Frauen, die häuslicher Gewalt ausgesetzt sind, am meisten Frauen aus dem Gesundheitssektor betroffen sind. Beliebte Film- und Fernsehdarsteller, die ihre Frauen in den gespielten Rollen schlagen, würden die echte häusliche Gewalt anfachen, weil die Männer die fiktiven TV-Figuren als Vorbilder nehmen.

Als Ausreden bzw. Vorwände für Gewalt gegen die Partnerin wurden angegeben:

- »Das Gericht hat uns zwar geschieden, doch ich habe mich nicht von dir getrennt«

- »Wie kannst du es wagen, mich bei der Polizei und vor Gericht anzuzeigen«
- »Ich werde den Kindern sagen, dass ihre Mutter den rechten Pfad verlassen hat«
- »Du konntest mir noch immer keinen Sohn gebären«
- »Das Baby weint! Bring es zum schweigen! Was bist du eigentlich für eine Mutter«
- »In unserer Tradition darf eine Frau geschlagen werden«
- »Wer seine Tochter jetzt nicht schlägt, wird sich später auf die eigenen Knie schlagen«
- »Solange sie meine Frau ist, schlage und liebe ich sie zugleich«
- »Man hat mich verhext«
- »Meine Frau soll nicht zu frech werden«
- »Sie sollen mich nicht für einen Pantoffelheld halten«

Andere häufige Gründe für häusliche Gewalt waren:
- Sexverweigerung
- Verweigerung der sexuellen Fantasien und Vorlieben des Mannes
- Verlassen des Hauses ohne Erlaubnis
- Wenn sie zu spät nach Hause kommt
- Wenn sie dem Mann im Streit widerspricht
- Wenn sie die Überschreibung ihres materiellen Besitzes an ihn verweigert
- Wenn die Vorhänge im Haus nicht ordentlich zugezogen sind

- Wenn das Essen zu kalt oder zu salzig ist
- Wenn Haushaltsrechnungen zu hoch ausfallen
- Wenn die Heizung nicht rechtzeitig hochgedreht wird
- Wenn die Kinder in der Schule nicht erfolgreich sind
- Wenn sie sich in seine Freizeit, Drogen- oder Alkoholkonsum einmischt
- Wenn sie nicht ans Telefon geht, wenn er anruft

Bei den arabischen Frauen sieht es nicht anders aus, wie eine aktuelle Studie des „Forschungs- und Informationszentrums" der *Knesset* in Israel zeigt, 20 Prozent der arabischen Frauen in Israel haben Angst vor körperlicher und 19 Prozent vor sexueller Gewalt in der Familie. Welche Zwickmühle für die arme Richterin, die einen Fall zu verhandeln hatte, weil eine aus Marokko stammende deutsche Ehefrau sich möglichst schnell scheiden lassen wollte, weil ihr Mann sie mehrfach schlug und ihr mit Mord drohte, was sie als erforderlich für die muslimische Rechtsprechung nicht nachweisen konnte. Sollte sie nun den männlichen Gepflogenheiten nachgeben, deren Gründe zum Schlagen über die Meinung des Imam weit hinausgehen oder deutsches Recht anwenden? Sie entschied sich für muslimisches Recht im deutschen Rechtsstaat, anstatt darauf hinzuweisen, dass nicht jeder unter Rückgriff auf seine Zugehörigkeit zu einer fremden Kultur handeln und Schaden zufügen kann. Wobei nicht bekannt ist, ob sie »nur« nicht mit ihm schlafen wollte oder was sonst der Grund war.

In einem anderen Fall gelang es dem Oberlandesgericht, deutsches Recht anzuwenden, als es Eltern wegen eines Ehrenmordes an ihrer Tochter zu lebenslanger Haft verurteilte.

Die deutsche Justiz ist sich also selbst nicht einig. Warum sollte es da die Politik sein?

Chantal:

»Gesetze hätten wir ja schon, die festlegen, was wir auf keinen Fall tolerieren wollen: Physische und psychische Gewalt, Zwang und Nötigung, das alles ist verboten, und wenn jemand so etwas tut, muss der Staat eingreifen. Da kann auch der Verweis auf religiöse oder kulturelle Gewohnheiten kein Argument sein, genauso wenig übrigens, so meine Meinung, der Verweis auf gekränkten Männerstolz oder zu viel Alkohol.

Auf einen Nenner gebracht, müsste über folgende Thesen gesprochen werden, wenn eine moderate Form des koranischen Glaubens erreicht werden soll:

Dass der Koran verbietet ...

- die Integration der Anhänger des Islam in andere Kulturkreise
- die Trennung von Staat und Religion, als Grundlage des modernen demokratischen Rechtsstaates
- die Gleichberechtigung von Mann und Frau
- die Religionsfreiheit

Dass der Koran fordert ...

- die Verfolgung Andersgläubiger (Christen und Juden)

- die Anwendung von Gewalt bei der Ausbreitung des Islam
- Körperstrafen, die in Deutschland verboten sind
- ein Leben nach den Gesetzen der Scharia

Dass der Koran unterbindet …

- die Freiheit des Denkens und die Freiheit der Meinungsäußerung«

Damit sollte für heute genug sein. Nächsten Mittwoch wollte man sich wieder treffen.

Eigentlich war es kein Tag zum aus dem Haus gehen, denn in der Championsleague spielte an diesem Abend Bayern gegen Real. Josef war das Thema aber so wichtig und dieses Mal wollten sie die Situation in den Schulen ansprechen. Dafür ist Franz mitgekommen, um aus erster Hand ein Bild zu bekommen. Aber auch Chantal ließ es sich nicht nehmen, denn sie fand beim Recherchieren einige Aussagen über Mohammed, die ihr absolut zuwider waren und auch angesprochen werden mussten.

Das Verhalten der Jugend

Franz begann mit dem Problem der Lehrer, dass sich das kulturelle und religiöse muslimische Bild des Mannes als über den Frauen stehend, als Machoverhalten auch auf die Kinder in der Schule überträgt.

»Manchmal werden sie verhöhnt, manchmal sogar geschlagen. Mit ihnen wird in der Klasse kaum geredet, sie ziehen sich zurück, sagen kaum noch ihre Meinung -

kurz, sie sind nicht integriert in der Schule. Ich rede aber nicht von Migranten-Kindern an einer deutschen Schule, sondern von deutschen Schülern an einer Hauptschule. »Sie werden nicht jeden Tag mit dem Messer bedroht, aber die Kinder mit Migrationshintergrund geben hier eindeutig den Ton an«, sagte die Direktorin der Schule. »Red nicht mit der, das ist bloß eine deutsche Schlampe«, so hören es auch die Lehrerinnen. »Wenn Ramadan ist, ist Ausnahmezustand. Beim letzten Mal ging es soweit, dass sie uns ins Essen gespuckt haben«, berichtet die Hauswirtschaftslehrerin. »Man sagt immer, dass die Ausländer diskriminiert werden, aber hier läuft es andersrum«. Ein libanesischer Arabisch-Lehrer schilderte, dass die deutsche Lebensart von seinen Schülerinnen und Schülern ganz offen abgelehnt würde, diese Einstellung sei fast schick. Anders ist es nicht zu verstehen, wenn muslimische neun- oder zehnjährige Kinder einer Grundschule in Neu-Ulm sagen, dass »du Christ« ein schlimmes Schimpfwort sei, dass »man Christen töten muss« und dass die Opfer islamistischer Anschläge den Tod »verdient« hätten.

Oder wenn ein 6-jähriges Mädchen, das feststellt, dass ihre Lehrerin ein Kreuz trägt, auf die bejahte Frage »Bist du Christ« antwortet: »Dann darf ich mit dir nicht sprechen«. So geschehen in einer Münchner Schule«.

Hier schaltete sich Ali ein. »Die Erziehung liegt eigentlich ganz klar im Elternhaus, was aber tun, wenn von dort oder in den Moscheen Jugendliche beeinflusst werden und Freunde tun dann ein Übriges? Wie soll da dieser ewige Kreislauf unterbrochen werden«?

Imam:

»Ich kenne Allah nicht persönlich, aber gut genug, um zu wissen, dass er das sicher so nicht gemeint hat, Ali«.

Ali:

»Warum wird es dann aber so den Kindern beigebracht«?

Imam:

»Das ist der Tradition geschuldet, aber in der heutigen Zeit nicht mehr zu akzeptieren. Die Koran-Schulen und -Internate der VIKZ (Verband islamischer Kulturzentren) bemühen sich darum, dass die Zahl der schriftgläubigen jungen Muslime stark zunimmt.

Mehr als 70 000 Kinder besuchen Koranschulen in Deutschland. Oft wird dort die Abkehr von der gottlosen Kultur der Deutschen gepredigt... Man kehrt im Islamunterricht zu Lerninhalten zurück, die nicht mit der demokratischen Grundordnung vereinbar sind.

Ein, allerdings revolutionärer Beginn, wäre vielleicht, wieder an Kemal Mustafa Atatürk, den »Vater der Türken«, zu erinnern. Er nannte Mohammed einen alten Araberscheich, bezeichnete seine Theorien und Regeln als absurd, autoritär und als die Gotteslehre eines unmoralischen, kriegslüsternen und verantwortungslosen Beduinen, dessen Gedanken allein auf Macht und Weltherrschaft ausgerichtet waren und die auf den Müllhaufen der Zeitgeschichte gehörten.

Würde er heute in Deutschland leben, müsste Atatürk wohl mit einer Anklage wegen Volksverhetzung rechnen.

Von ihm stammen auch die Worte, dass der Mensch nicht nur an die Existenz und das Glück derjenigen Nation denken muss, der er angehört, sondern auch an das Vorhandensein und Wohlbefinden aller Nationen der Welt«.

Chantal:

Ob sich damit Grüne und Linke identifizieren können, wenn sie an Deutschland als »ihr Land« denken?

Atatürk wäre doch ein guter Anfang, um ernsthafte Gespräche mit muslimischen Organisationen zu führen, die etwas bewegen können, wenn sie nur die Courage aufbringen und auch wollen.

Das mit dem Wollen ist der springende Punkt, denn es wäre ein mühsamer, steiniger Weg, der vor allem Mut erfordert. Man kann Probleme eben nur dann lösen, wenn man wagt, sie klar anzusprechen.

Bisher läuft es doch so, dass bei irgendwelchen Terroranschlägen oder sonstigen Gräueln von Moslems im Namen des Islam Funktionäre sich überrascht und schockiert zeigen. Da bilden sie sogar eine untergehakte Gemeinschaft mit politischen Größen, wie damals in Paris geschehen – natürlich in einer sicheren, bewachten Seitenstraße – und treten in Fernsehdiskussionen auf, wo sie die Tat nach pietätvoller Atempause als »unislamisch« verdammen. Danach folgt, wie in Berlin, als anschließender Höhepunkt ein »Massenprotest zusammengeklaubter Statisten, veranstaltet von Islam-Verbänden, bezahlt vom deutschen Steuerzahler, die kamerawirksam die »überwiegende Mehrheit der hier friedlich lebenden Moslems«

darstellen sollen. »Wir müssen ein Zeichen setzen«! Ich kann den Spruch schon nicht mehr hören. Und beim nächsten Anschlag kommt das gleiche Schmierentheater. Dabei müsste man sich wirklich kritisch mit dem Islam und seinen Gefahren auseinander setzen, denn die Extremisten verschärfen nur bekannte Inhalte des Koran über Verfolgung und Tötung von Ungläubigen.

Imam:
Scheich Ahmad Mohammad al-Tayyeb von der Kairoer Al-Azhar-Universität rief zu einer radikalen Reform des islamischen Unterrichtens auf. Eine historisch falsche Koran-Auslegung habe zu einer intoleranten Auslegung des Islam geführt, so seine Worte«.

Chantal:
»Falsche Auslegung? Da ist der Vorsitzende des Zentralrates der Muslime in Deutschland, der auch immer im Fernsehen als Botschafter des friedlichen Islam begehrt ist und sehr eloquent auftritt, um die Öffentlichkeit im Dämmerschlaf zu halten, aber anderer Meinung. Statt sich mal an der eigenen Nase zu packen und an eine Modifizierung seiner Charta heranzuwagen, die an Scheinheiligkeit nicht zu überbieten ist, spricht diese auch von einer Akzeptanz nur unter Gleichgläubigen«.

Josef:
»Wenn die Medien sich blenden lassen und nicht die richtigen Fragen stellen, entweder weil sie die nicht wissen, nicht wissen wollen oder nicht wissen dürfen. Leute,

die kritisch hinterfragen könnten, werden doch gar nicht erst zu Diskussionsrunden eingeladen oder als „Rechte" verunglimpft. Es ist schon seltsam, dass jedes Fußballspiel der Bundesliga in den Medien genauer untersucht, schon fast seziert wird, als der Islam mit seinem Koran«.

Chantal:
»Leider ist das so, denn die Moderatoren haben doch gar keine Ahnung über muslimische Taktiken, die diese gekonnt anwenden, um zu verschleiern, sonst würden sie auch gründlicher hinterfragen und sich nicht einlullen lassen. Aus meinem Studium der Islamwissenschaft sind mir zwei Taktiken bleibend in Erinnerung.

Eine der wichtigen ist das althergebrachte islamische Rechtsprinzip Taqiyya. Ein Wort, dessen Wurzel so viel heißt wie *»treu bleiben«* und auch als *»Verstellung«* bezüglich der eigenen muslimischen Identität definiert wird. Es hat volle koranische Autorität *(Suren 3,28 und 16,106)* und erlaubt dem Muslim, sich äußerlich den Anforderungen nicht-islamischer Regierungen anzupassen, während man innerlich dem, was ein Muslim auch immer als richtigen Islam ansieht, »treu bleibt« und darauf wartet, dass das Blatt sich wendet. *(Hiskett: Some to Mecca Turn to Pray, S. 101) Band 4, Buch 52, Nr. 269, berichtet von Jabir bin Abdullah:* Der Prophet sagte: »Krieg ist Täuschung«.

Der Koran prahlt damit, dass Allah »Meister des Ränkeschmiedens« *(Sure 13,42)* und »umfassend in seinen Intrigen« ist *(Sure 8,30)*«.

Und der _friedliche_ Djihad ist und bleibt auch eine Form des Krieges.

Das islamische Scharia-Recht schreibt vor: »Wenn es möglich ist, ein Ziel durch Lügen zu erreichen, dann ist es erlaubt zu lügen, wenn das Erreichen des Ziels zulässig ist. Lügen ist Pflicht, wenn das Ziel Pflicht ist«. _(Vertrauen des Reisenden, Par 8.2)._

Die andere Taktik liegt der Taqiyya nahe und nennt sich Kitman. Statt offener Heuchelei besteht sie darin, dass nur ein Teil der Wahrheit gesagt wird.

Die meisten Ungläubigen begreifen nicht, wie man den Koran lesen muss und machen sich nicht die Mühe, selbst herauszufinden, was Mohammed tatsächlich sagte und lehrte; damit ist es leicht, durch selektive Zitate und Auslassungen den Eindruck zu vermitteln, dass der „Islam eine Religion des Friedens" ist. Jeder Ungläubige, der solche Fiktion glauben will, wird glücklich bei seinem Fehler bleiben, eine Handvoll mekkanischer Verse zitiert zu bekommen, dass Mohammed ein Mann tiefen Glaubens und Barmherzigkeit war. Nur ein wenig tiefer zu graben reicht aus, diese Lüge zu entlarven.

Kurz zusammengefasst: Mit Taqiyya sagt man (wahrheitswidrig, also aktiv lügend), dass etwas nicht stimmt. Mit Kitman lügt man durch Auslassung.

Darauf müssen wir uns einstellen, wenn wir mit gebildeten Muslimen diskutieren, denn die gibt es. Die primitiven youtube-Diskutierer sind darunter sicher nicht zu verstehen. Der Westen hat ein Problem. Er ist nicht daran gewöhnt, mit Menschen zu tun zu haben, die aus Täuschung eine Form der Kunst gemacht haben. Wissen ist Macht und die beste Möglichkeit, die islamistische Agenda zu bekämpfen besteht darin, zu sagen: »Wir wissen um eure Tricks. Hört auf damit«! Anstelle den Satz »Wissen ist Macht« umzudeuten in »Nichtwissen macht nichts«.

Das Problem ist doch, dass die Annahme unserer staatlichen Gesetze, unserer (ungläubigen) deutschen Demokratie als Schutz für den muslimischen Bürger eine Trennung von Staat und Religion als Koran-Vorschrift nicht mehr sicher stellt«.
Soweit die Gespräche über den Glauben und den muslimischen Bürger in unserer Mitte. Alle waren sich einig, den Kontakt mit dem aufgeschlossenen Imam zu pflegen. Vielleicht eine Einladung zum Stammtisch auf eine Apfelsaftschorle. Alkohol war ja verboten für einen Muslim. Zumindest in der Öffentlichkeit.

Chantal:

»Zum Thema Schulen und die Verlogenheit, wenn es um Mohammed geht, muss ich noch was ansprechen. In Bayern, genauer gesagt an einer Schule im Raum Augsburg laufen zwar Tests, wie man den Koran in den Schulunterricht einbauen und gestalten kann. Natürlich als friedliche Lehre, wie sie allgemein verbreitet wird. Das rote Hessen ist da schon weiter und unterzieht die Kinder einer unfassbaren religiösen Gehirnwäsche. Deutsche Schüler dürfen über Mohammed lernen: »Er half anderen", »Er war respektvoll gegenüber Jung und Alt« , »Er war freundlich zu allen«, »Er kümmerte sich um Tiere und Natur«.

Die Wahrheit aber ist doch: Der Tierliebhaber Mohammed hatte Tiere so lieb, dass er regelmäßig sogar Sex mit ihnen praktizierte – vor allem dann, wenn seine Frauen gerade »unrein« waren. Die Quellen in den Hadithen dazu sind eindeutig.

Dass Mohammed aber auch Sex mit Kindern desselben Alters praktizierte, die nun in deutschen Schulen lernen dürfen, dass dieser »respektvoll gegenüber Jung und Alt« war, ist an staatlich unterstützter Perversion nicht mehr zu überbieten. Seine jüngste »Ehefrau« war bei der Ehelichung sechs Jahre und als er geschlechtlich mit ihr die Ehe vollzog, neun Jahre. Heute würde man so was pervers nennen und strafrechtlich verfolgen.

Überhaupt, die Frauen. Wenn ihm eine besonders gefiel, dann nahm er sie sich, wie z.B. Zenobie, die Frau seines Dieners Zeid, die er nach einer erzwungenen Scheidung von seinem später als Adoptivsohn angenommenen Zeid (Zaid ibn Haritha) heiratete. Mohammed legitimierte damit die Ehescheidung unter bestimmten Umständen, weil zum Glück zu rechter Zeit vom Himmel eine Offenbarung zu ihm kam, dass Eheleute geschieden werden durften. Scheiden lassen kann sich im Islam allerdings nur der Ehemann.

Seine Kritiker ließ er auspeitschen, sie mittels Kamelen vierteilen, erhob die Kritik an ihm oder dem Islam zur Todsünde und forderte seine Anhänger auf, jeden zu töten, der fortan den Propheten oder den Islam kritisiert. Dass diese Praxis bis zum heutigen Tage ohne Unterbrechung befolgt wird und zahllosen Islamkritikern das Leben kostete – all das wird von den Schülern dank hessischer Schulaufsicht ferngehalten. Armes Deutschland – wo bewegst du dich hin«, kann ich da nur sagen«.

Freitag darauf

Bei diesem Stammtisch setzten Chantal und Josef die restliche Gruppe über die Gespräche mit Imam Ismail ins Bild. Holger hatte einen schlechten Tag hinter sich und war schon leicht gereizt, weil sein Lieblingsverein 1860 München wieder einmal verloren hatte und der muslimische Sponsor Ismaik kein Geld mehr geben wollte.

Holger:
»Liebe Leute, hyperventilierte er, was soll das ganze herumgeeiere? Die sollen sich endlich aus dem 6. JH verabschieden und ganz klar sagen, dass der Koran dieser Zeit entspricht. Ich habe mir extra ein Exemplar gekauft. Der Koran lehrt Angst, Hass, Verachtung für Andere, Mord als legitimes Mittel zur Verbreitung und zum Erhalt dieser Satanslehre, er unterdrückt Frauen, hält Sklaven, verfolgt Christen- und Juden und was sonst noch alles drin steht. Es ist eine Ansammlung von blindem, militantem Hass gegen sämtliche Andersgläubigen und Abtrünnigen, die zu bekämpfen, zu unterwerfen, zu massakrieren, zu enthaupten, kurz gesagt, gänzlich auszurotten sind, wenn sie sich nicht der Lehre Mohammeds unterwerfen, die er oftmals geschickt zum eigenen Vorteil gestaltete, sobald es um die Durchsetzung und Rechtfer-

tigung seiner eigenen Handlungen ging. Diese mutierten dann nicht selten im Handumdrehen zur »göttlichen Eingebung« und zu einer entsprechenden Sure im Koran, um das Ganze zu legalisieren. Wahr ist doch, dass er alles was ihm nutzte und in den Kram passte, auf göttliche Sendung, göttlichen Befehl, auslegte, worin er sehr geschickt war, um seine angestrebte Propheten-Position und sein aggressives Gedankengut zu festigen.

Gnade und Nachsicht gegenüber abgöttischen Stämmen nahm nur aus Gründen des Vorteiles im gleichen Maße zu, wie sich seine Macht festigte, bis er dann den Spieß wieder umdrehte.

Die Bibel trennt doch auch das Alte und das Neue Testament. Kein Christ käme auf die Idee, die brutalen Teile des AT in die heutige Zeit zu übernehmen. Sogar die kath. Kirche hat sich doch von ihren mittelalterlichen Gräueln verabschiedet. Der immer wieder erbrachte Vorwurf des Gewaltpotentials im Christentum der Vergangenheit gehört deshalb zu den dümmlichsten aller Übungen, um die eigenen Gräuel zu rechtfertigen.

Die brauchen ein für jeden Muslim verständlich geschriebenes extra Geschichtsbuch über diese alte Zeit und dann die angeblich so friedliche Lehre zusammengefasst als Anweisung für das heutige Leben in einem neuen Koran, aber ohne den Expansionsgedanken, wenn sie an dieser »Religion« festhalten wollen. Kommt halt ein neuer, selbsternannter Prophet, der wieder von einem Geist inspiriert wird. Hauptsache er bringt Frieden und der

Zirkus mit dem religiösen Wahn hört endlich auf. Die alten Mullahs müssten doch noch Leute kennen, aus denen sie einen Propheten aufbauen könnten, wenn sie sich zu einer einheitlichen Meinung aufraffen. Das Volk ist gläubig. Hat bei Mohammed ja auch geklappt, als er sich zum Propheten ausrief.

Nach über 1.400 Jahren seit Mohammed spricht doch nichts gegen eine erneute Korrektur. Wurde doch schon mal praktiziert, als damals weite Teile der längst abgeschlossenen Bibel als Verfälschungen hingestellt wurden. Warum nicht noch einmal das gleiche Spiel, wenn es der Sache dient? Eine Reform des Islam kann doch nicht durch Leugnung der Gewalt gelingen. Eine Leugnung ist gar keine Reform, sondern verhindert eine Reform. Es muss auf jeden Fall endlich was geschehen, wenn das Zusammenleben funktionieren soll.

Dann muss es auch nicht bei jeder Gräueltat heißen, das ist nicht der Koran, man muss das ganze im Konsens sehen, dazu muss man die Hadithe, die Fatwas und was weiß ich noch alles, studieren, um zu verstehen, dass es eigentlich ganz anders gemeint ist. Einzelne Verse darf man nicht aus dem Zusammenhang reißen usw. usw. Ich kann es nicht mehr hören. Niemand kann verlangen, dass jeder Muslim erst alle Schriften auf arabisch studiert und sich noch dazu von den übrig gebliebenen Mumien aus dem frühen 20. JH belehren lässt. Die sind geistig doch im 6. Jh stecken geblieben und von der damaligen Tradition als für heute noch gültig, nicht abzubringen.

Alle Völker der Welt, die ihren Verstand nicht durch Kenntnis und Wissenschaft, Nachdenken und Prüfen gebildet haben, sind leichtgläubig.

Was dabei herauskommt, sehen wir ja ständig. Das beste Beispiel ist doch die Situation mit den Frauen, wie du ja erzählt hast. Wobei die heute noch üblichen Zwangsheiraten noch gar nicht angesprochen sind. Oder das Thema mit den 72 Jungfrauen im Paradies, die einen Märtyrer erwarten.

Also, wenn ich die in Talkshows oder auf youtube wie Maschinengewehre plappernden Kopftücher sehe... Wer kann sich denn so was wünschen? Und dann noch 72 Stück davon, die auch noch immer wieder zu Jungfrauen werden? Dieser Stress. Damit kann man doch nur unerfahrene Jugendliche ködern. Welcher Mann will so was schon?

Und was ist mit den Märtyrerinnen? Bekommen die auch 72 Männer oder immer wieder ihren eigenen Mann? Schon wieder so eine Ungerechtigkeit. Wo bleibt da die Gleichberechtigung der Frau«?

Chantal:

»Eine Konferenz mit den wichtigsten Geistlichen der islamischen Welt, von der Islamischen Weltliga organisiert, fand ja schon statt. Drei Tage lang diskutierten die Kleriker über die Frage, wie der Islam gegen den Extremismus vorgehen kann, wobei der Scheich Ahmad Mohammad al-Tayyeb von der Al-Azhar-Universität in Kairo auch zu einer radikalen Reform des islamischen

Unterrichtens aufruft. Da scheint sich vielleicht wirklich etwas zu bewegen. Zeit wird's. Schließlich muss man auch nicht immer in die gleiche Richtung laufen, nur weil sie irgendwann mal eingeschlagen wurde.

Hauptsache die Konferenz dient nicht wieder bloß zur westlichen Beruhigung «.

64

2010 – 2015

Ja, der Islam hatte sich ausgebreitet und nicht nur manche Stadtteile deutscher Städte schon voll im Griff. Weil die moralische Schuldenlast von 1945 immer noch auf den Schultern drückte und Schmerzen verursachte, prägte die Politik ein neues Verständnis für Toleranz, damit sich Muslime bei uns wohl fühlen können. Dass dies nach islamischem Verständnis als Schwäche ausgelegt wird, wollte oder konnte niemand erkennen.

Leute aus Politik und Geistlichkeit, die sich scheinbar noch nie mit dem Koran auseinandergesetzt haben, wissen genau, was zu tun ist. Oder die Entwicklung war ihnen sowieso recht, wenn man den Quellen für deren Äußerungen vertraut.

Politikereinstellungen zum Islam

»Was unsere Urväter vor den Toren Wiens nicht geschafft haben, werden wir mit unserem Verstand schaffen«! Cem Özdemir, Bündnis90/Die Grünen!
(Quelle: Hürriyet vom 8.9.98 (auf türkisch), abgedruckt im Focus am 14.9.98) – und http://mike-kern.net/ politikerzitate-beweisen-deren-absicht-zur-zerstorung-deutschlands/ #sthash.wlQAij5B.dpuf
Die Abschaffung der Eidesformel »Zum Wohle des deutschen Volkes« wird im NRW-Landtag einstimmig beschlossen.
Antragsteller war Arif Ünal, Bündnis90/Die Grünen!

Sinngemäß: Wir, die Grünen, müssen dafür sorgen, so viele Ausländer wie möglich nach Deutschland zu holen. Wenn sie in Deutschland sind, müssen wir für ihr Wahlrecht kämpfen. Wenn wir das erreicht haben, werden wir den Stimmenanteil haben, den wir brauchen, um diese Republik zu verändern.

Daniel Cohn-Bendit, Bündnis90/Die Grünen!

»Die Zukunft des Islam in diesem, unserem Land, in Deutschland, gestalten wir. Wir, die hier geboren und aufgewachsen sind; Wir, die wir die deutsche Sprache sprechen und die Mentalität dieses Volkes kennen. Entscheidend ist, dass wir in diesem Land unsere Religionsfreiheit haben (auch wenn wir sie sehr häufig vor Gericht erst erstreiten müssen) und dass es keinen Grund gibt, nicht aktiv an der Neugestaltung dieser Gesellschaft mitzuwirken. Ich glaube nicht, dass es unmöglich ist, dass der Bundeskanzler im Jahre 2020 ein in Deutschland geborener und aufgewachsener Muslim ist, dass wir im Bundesverfassungsgericht einen muslimischen Richter oder eine muslimische Richterin haben, dass im Rundfunkrat auch ein muslimischer Vertreter sitzt, der die Wahrung der verfassungsmäßig garantierten Rechte der muslimischen Bürger sichert. **Dieses Land ist unser Land, und es ist unsere Pflicht, es positiv zu verändern. Mit der Hilfe Allahs werden wir es zu unserem Paradies auf der Erde machen, um es der islamischen Ummah und der Menschheit insgesamt zur Verfügung zu stellen.** Allah verändert die Lage eines Volkes erst, wenn das Volk seine Lage ändert«!

Ibrahim El-Zayat, Deutscher, ägyptischer Herkunft und Prä-sident der Islamischen Gemeinschaft in Deutschland e.V. (IGD), Quelle: Jugendmagazin der Muslimischen Jugend (MJ) TNT, Nr.1/9,1996

»Am Nationalfeiertag der Deutschen ertrinken die Stra-ßen in einem Meer aus roten Türkenflaggen und ein paar schwarzrotgoldenen Fahnen«.
Claudia Roth, Bündnis90/Die Grünen! Wunschvision zum Tag der Deutschen Einheit, Artikel in der Welt am Sonntag vom 6.Februar 2005 - http://mike-kern.net/politikerzitate-beweisen-deren-absicht-zur-zerstorung-deutschlands/#sthash.wlQAij5B.dpuf

»Ihr habt nur die Chance, mit uns zu leben. Ein Leben ohne uns wird es für Euch nicht mehr geben. Die Ibra-hims, Stefanos, Marios, Laylas und Sorayas sind deutsche Realität. Ihr werdet es nicht verhindern können, dass bald ein türkischstämmiger Richter über Euch das Urteil fällt, ein pakistanischer Arzt Eure Krankheiten heilt, ein Tami-le im Parlament Eure Gesetze mit verabschiedet und ein Bulgare der Bill Gates Eurer New Economy wird. Nicht Ihr werdet die Gesellschaft internationalisieren, moderni-sieren und humanisieren, sondern wir werden es tun – für Euch. **Ihr seid bei diesem leidvollen Prozess ledig-lich Zaungäste, lästige Gaffer. Wir werden die deutsche Gesellschaft in Ost und West verändern«.**
M. Walid Nakschbandi, Deutscher, afghanischer Herkunft und Geschäftsführer der Fernsehproduktionsfirma AVE, Quelle: WIDERHALL Nr. 10 (10wh-nak.htm)

»Moscheen werden Teil unseres Stadtbildes sein«.
Angela Merkel, CDU und Bundeskanzlerin (FAZ vom 18.September 2010)

»Der Islam gehört zu Deutschland« Christian Wulff, CDU und Bundespräsident *(Rede zum 20.Jahrestag der Deutschen Einheit)"*

»Deutsche Nation, das ist für mich überhaupt nichts, worauf ich mich positiv beziehe – würde ich politisch sogar bekämpfen«.
Franziska Drohsel, SPD und ehemals Bundesvorsitzende der Jusos bei Cicero TV - http://mike-kern.net/politikerzitate-beweisen-deren-absicht-zur-zerstorung-deutschlands /#sthash.wlQAij5B.dpuf

»Es stellt sich ja gar nicht mehr die Frage, ob der Islam zu Deutschland gehört. Er ist da und wird in Großstädten teilweise bald die Mehrheit der Bevölkerung unter 45 Jahren stellen. Auf diese Realitäten muss man sich einstellen«.
Christian Lindner, Generalsekretär der FDP, April 2011

»In zwanzig Jahren haben wir eine Grüne Bundeskanzlerin und ich berate die türkische Regierung bei der Frage, wie sie ihre Probleme mit der deutschen Minderheit an der Mittelmeerküste in den Griff bekommt«
Cem Özdemir, Bündnis90/Die Grünen!
(Quelle: Tagesspiegel vom 16.04.2009) – http://mike-kern.net/politikerzitate-beweisen-deren-absicht-zur-zerstoerung-deutschlands/#sthash.wlQAij5B.dpuf

Kann es so noch verwundern, dass der Präsident der Kühne Logistics University, Professor Thomas Strothotte, die Einführung von Arabisch als Schulsprache in Deutschland fordert: »Hierzulande sollte hinzukommen, dass die Flüchtlingskinder aus dem Nahen Osten Deutsch und die deutschen Kinder Arabisch lernen«, so der Informatik-Professor in einem Gastbeitrag für die Wochenzeitung »*Die Zeit*«.

Deutsch und Arabisch sollten damit für alle Schülerinnen und Schüler bis zum Abitur verpflichtend sein. Neben Deutsch als Kernkompetenz würde so »ein Zugang zur arabischen Welt möglich«

Vielleicht sollte sich der Staatsschutz einmal <u>dieser</u> Menschen annehmen.

Wobei auch der Papst die Gläubigen (ent)täuschte, indem er nicht die grausamen Christenverfolgungen anprangerte, sondern sich darauf beschränkte, Muslime als seine Brüder zu bezeichnen, was sie auch sind, wenn auch deren Handlungen laut dem Neuen Testament der Bibel nicht dem Sinne Gottes entsprechen. Ja, es stimmt, auch im Alten Testament, der Geschichte der Juden, die Gott immer wieder als sein Volk bezeichnet, gab es Kriege und Gräuel, aber die wurden überwunden, durch die Lehre Jesu im Neuen Testament. (Ein neues Gesetz gebe ich euch, liebet einander, wie ich euch geliebt habe). Und da meinte er ALLE Menschen. Schade, dass Mohammed 600 Jahre später auf (s)einen Geist hörte, der anderer Meinung war und sein Verständnis von »Liebe« auf »Gleichgläubige« beschränkte, die seine Vorstellungen kritiklos übernehmen und daran festhalten.

Die Islamisierung Deutschlands

Da war wohl beabsichtigt, dass sich beständig eine Islamisierung Deutschlands entwickelte!

So konnte auch nicht überraschen, dass sich bereits 2009, unbemerkt für die breite Öffentlichkeit, die erste muslimische Partei gründete, BIG – Bündnis für Innovation und Gerechtigkeit, mit dem Ziel, spätestens 2020 in der Bundesregierung vertreten zu sein, ganz wie von manchen deutschen Politikern erwünscht und prophezeit.

Verständlich, dass sich Cem Özdemir von seinem Weg dorthin von friedfertigen Bürgern, die ihre Bedenken zur Entwicklung 2015 äußerten, empfindlich gestört fühlte und diese auf üble Weise als Mischpoke beschimpfte. Da hat jemand ungewollt sein wahres Gesicht gezeigt, statt alter muslimischer Tradition zu folgen.

»Lass uns ins Gesicht mancher Nicht-Muslime lächeln, währenddessen unsere Herzen sie verfluchen«

(Ibn Kathir -muslimischer Gelehrter in Damaskus)

Wie waren diese Aussagen bei manchen deutschen Politikern noch mit der Eidesformel in Einklang zu bringen?

»Ich schwöre, dass ich meine Kraft dem Wohle des DEUTSCHEN VOLKES widmen, seinen Nutzen mehren, Schaden von ihm wenden, das Grundgesetz und die Gesetze des Bundes wahren und verteidigen, meine Pflich-

ten gewissenhaft erfüllen und Gerechtigkeit gegen jeder-
mann üben werde. So wahr mir Gott helfe«

Sogenannte Wählerbündnisse als Vorstufe zu politischen
Parteien entstanden seinerzeit überall im deutschsprachi-
gen Raum, mit dem Ziel, immer mehr Rechte für muslimische Mitbürger zu erreichen, wobei z.B. aus kulturell-
religiösen Gründen der gemeinsame Sprung mit Nicht-
muslimen ins Schwimmbecken überhaupt nicht geht,
aber nur ein zarter Anfang war. Da Toleranz anderen
gegenüber ein hohes Gut ist, gaben die betroffenen Gemeinden lieber nach und führten extra Badezeiten in
öffentlichen Schwimmbädern ein, in Berlin diskutiert, in
München für Muslima praktiziert. Da sitzen sie dann bei
verhängten Fenstern in schwarzer Ganzkörperverklei-
dung im seichten Wasser des Planschbeckens bei Essen
und Trinken, wobei der Weg zur Toilette oftmals zu weit
erscheint. Nach zuverlässigen Aussagen Verantwortlicher
dauerte es bis zu 2 Tage, bis die geforderte hygienische
Wasserqualität wieder hergestellt war. Erkennbar am
Gehalt an Coli-Bakterien als sichtbarem Beweis fäkaler
Verunreinigungen sowie dem Harnstoffgehalt als Nach-
weis für Urin. Unappetitlich, aber leider wahr.
Besser wäre gewesen, den Verbänden anzuraten, sich
doch ein Grundstück zu kaufen und ein eigenes
Schwimmbad zu bauen. Müssen ja nicht alle Unterstützungsgelder arabischer Staaten für den Bau von Moscheen eingesetzt werden, sollte man meinen (dürfen).

Die Konsumlandschaft hatte sich schnell angepasst, um alle Bedürfnisse zu befriedigen. In den Supermärkten füllten sich die Regale mit Halal-Waren und auch auf den Wochenmärkten ging es inzwischen bunter zu. Stände mit typischen arabischen Gewürzen, Gemüse und Leckereien waren nun anzutreffen. Einige Metzgereien boten auch noch Schweinefleisch an, obwohl es die Restaurants von ihren Speisekarten längst verbannen mussten. Auch die Läden für koschere Lebensmittel gab es nicht mehr. Vielleicht noch erwähnenswert, dass die evangelischen Kirchen neuerdings Kurse in arabisch anboten und die Neujahrsansprache der Bundeskanzlerin mit arabischen Untertiteln versehen wurde. Ansonsten hatte sich nichts geändert.

Der ehemalige Journalist der Frankfurter Allgemeinen Zeitung, Bestsellerautor und Politikwissenschaftler Udo Ulfkotte hatte schon 2015 die schleichende Islamisierung Deutschlands mit dem Ziel der Machtübernahme erkannt und in seinem Buch »Mekka Deutschland – die stille Islamisierung« aufgedeckt – abweichend vom verniedlichendem Mainstream – leider ohne zu den Ohren der Oberen durchzudringen. Da stellt sich schon die Frage, was wissen Politiker wirklich über den Islam? Besitzen sie Grundkenntnisse, entscheiden sie nur aus dem Bauch heraus, weil sie eben gute Menschen sein wollen, fehlt der Mut zur Wahrheit oder ist es doch eine bewusst gesteuerte Entwicklung, die die verschiedenen Äußerungen einiger Politgrößen zeigen?

Wer kann es noch verstehen? Fest steht, dass Politiker auf jeden Fall wiedergewählt werden wollen und da ist manchmal jedes Mittel recht,

Die wenigen Politiker etablierter Parteien und eine Parteineugründung, die sich dem entgegen stemmten, wurden schnell als ewig Gestrige in die rechte Ecke gestellt und ihre Argumente von den Medien aber auch eigenen Parteimitgliedern ignoriert, wenn nicht sogar lächerlich gemacht. Eine christliche Einstellung war nicht mehr Karriere fördernd.

Da fielen schon mal Worte wie: »Ich kann deine Fresse nicht mehr sehen«, wie aus der Bundes-CDU berichtet. Soviel zur politisch demokratischen Korrektheit der Meinungsfreiheit.

Die Entwicklung lag zwar auf der Hand und es gab genug Möglichkeiten, sich im Internet, zu informieren, wenn die Medien mal wieder einen Bogen um derart heikle Themen machten. Aber wenn jemand die Absicht hat, Deutschland in den Graben zu reiten, dann wird halt vieles verschwiegen.

Waren es früher die 68er, die Rollkragenpullover und Stricken im Bundestag einführten, hatte die Grüne Jugend die Hoffnung, dass »Deutschland verreckt« oder »unseren Staat aufzulösen«, wie sie twitterten. Anstelle der Frage, ob der Islam zu Deutschland gehört, hätte früher schon diskutiert werden müssen, ob die Grünen mit diesen unheilbaren Einfaltspinseln zu Deutschland gehören.

Grüne und Linke, aber auch die Schwarzen und Roten waren zu besorgt, die Wünsche von Minderheiten zu beschränken, auch wenn sie absurd oder unchristlich waren. Irgendwie verbreitete sich bei der Bevölkerung das Gefühl, dass die Vermischung einander fremder Ethnien zum Welteinheitsmenschen mit Macht betrieben wurde. Ein Ziel, das Sarkozy schon im Dezember 2008 in einem Vortrag vor der Ecole Polytechnique als unvermeidbar nannte. »*Die Herausforderung der Vermischung verschiedener Nationen ist die Herausforderung des 21. Jahrhunderts. Es ist keine Wahl, es ist Verpflichtung. Wir können nicht anders. Wir riskieren sonst die Konfrontation mit sehr großen Problemen ... Wenn das nicht vom Volk freiwillig getan wird, dann werden wir staatlich zwingende Maßnahmen anwenden*«.

Deutschland, besser gesagt die Kanzlerin, ist auf dem besten Wege dahin, ungeachtet prominenter Stimmen

Bismarck am 6.2.1882 im Reichstag:
»*Keine Großmacht kann auf die Dauer im Widerspruch mit den Interessen ihres eigenen Volkes an dem Wortlaut irgendeines Vertrages kleben. Sie ist schließlich genötigt, ganz offen zu erklären: Die Zeiten haben sich geändert, ich kann das nicht mehr. Und muss das vor ihrem eigenen Volk und dem vertragsschließenden Teil nach Möglichkeit rechtfertigen. Aber das eigene Volk ins Verderben zu führen an den Buchstaben eines unter anderen Umständen unterschriebenen Vertrages, das wird keine Großmacht*

gutheißen«. (Wäre auch für die Entwicklung der EU passend)

Alt-Bundeskanzlers Helmut Schmidt (SPD), 1992 im Interview mit der »Frankfurter Rundschau« ebenfalls mit einer aus heutiger Sicht geradezu erschreckenden Weitsicht:

»Die Vorstellung, dass eine moderne Gesellschaft in der Lage sein müsse, sich als multikulturelle Gesellschaft zu etablieren, mit möglichst vielen kulturellen Gruppen, halte ich für abwegig. Man kann aus Deutschland mit immerhin einer tausendjährigen Geschichte seit Otto I. nicht nachträglich einen Schmelztiegel machen. Weder aus Frankreich, noch aus England, noch aus Deutschland dürfen Sie Einwanderungsländer machen... Das ertragen die Gesellschaften nicht. Dann entartet die Gesellschaft. **Da wir in einer Demokratie leben, müssen wir uns auch ein bisschen, bitte sehr, nach dem richten, was die Gesellschaft will, und nicht nach dem, was sich Professoren ausgedacht haben. Aus Deutschland ein Einwanderungsland zu machen, ist absurd. Es kann kommen, dass wir überschwemmt werden«.**

Ein Blick über die Grenzen zu anderen EU-Staaten, vor allem nach Frankreich und was in England für viele unbemerkt passiert, bestätigt seinen Weitblick. Der islamische Kulturkreis breitete sich überall schleichend weiter aus. In England, wo schon Scharia-Polizisten in den Straßen patrouillierten und die Sklavenhaltung wieder Einzug hielt. Ganz zu schweigen von den vielen Vergewaltigungen, bis zur Massenvergewaltigung in Rotherdam/England, die gefließentlich totgeschwiegen wurden, weil es ja im islamischen Kulturkreis Tradition war, Mädchen nur als Ware »Fleisch« zu betrachten. Hatte nicht auch der angeblich so westlich eingestellte frühere afghanische Präsident Hamid Karzai ein Gesetz zur Legalisierung von Vergewaltigungen in der Ehe unterzeichnet?

Diese angestrebte Islamisierung machte selbst vor den Friedhöfen nicht halt. Separat ausgewiesene Grabbereiche wären ja diskutierbar, aber einen neben einem Muslim beerdigten Nichtmuslim umzubetten, wie gefordert, weil Muslime nicht in durch Nichtmuslime »verunreinigter« Erde bestattet werden dürfen? Ist die Erde dann nicht trotzdem schon »verunreinigt«? Ein ganzer Berliner Bezirk war schon fest in muslimischer Hand.

In den Schulen sollten nach britischem Muster anstelle Weihnachtsfeiern Klassenfahrten nach Mekka erfolgen. Wurden die Kreuze in Schulen erst abgehängt, kam eine Münchner Schule auf die glorreiche Idee, als Kompromiss dieses quer aufzuhängen. Da ist es nicht mehr weit zum auf den Kopf gestellten satanischen Kreuz, wie es den Papststuhl ziert. Welch Irrsinn!

Sehr bunt und unterschiedlich geht es auch in Kindergärten zu. Ganz extrem und rassistisch, ist die Entscheidung des Stadtrates der jütländischen Kommune Randers, Schweinefleisch dort künftig als obligatorischen Teil der Speisekarte zu betrachten, weil es einfach lecker und Tradition ist! Geht's noch? Wenn da nicht wieder unsere Gutmenschen aufjaulen.

Andere sind da weiter und bringen Schweinefleisch mittags nicht mehr auf den Tisch, um korangerecht zu handeln. Wenn wir früher etwas nicht essen wollten, wenn auch nicht aus religiösen Gründen, hatten wir es einfach liegen gelassen oder so lange darin herumgestochert, bis es der Mutter zu bunt wurde und sie den Teller mit dem Rest abräumte, denn die Zutaten wurden natürlich gegessen. Aber heute geht das natürlich nicht mehr, weil es um religiöse, wenn auch einseitige, Toleranzfragen geht. Die Eltern könnten an diesen Tagen den Kindern auch ein eigenes Pausenbrot mitgeben, damit die Ernährung ihrer Lieblinge korangerecht funktioniert.

Vieles wurde stillschweigend eingeführt, nur um die gläubigen, friedlichen Muslime zu integrieren und nicht ihre Gefühle zu verletzen, was ja nichts mit einer Islamisierung zu tun hat. Islamisierung? Natürlich nicht, auch wenn sie in den Niederlanden, Schweden, Belgien und Berlin Kreuzberg in stiller Duldung schon weitgehend vorangeschritten war und sich selbst die Polizei nicht mehr in bestimmte Viertel traute, wie Udo Ulfkotte sehr eindrucksvoll beschrieb. Die Entwicklung wäre also vorauszusehen gewesen, wurde aber nur von Bayern und einigen Aufrechten anderer Bundesländer registriert, die schleunigst mundtot gemacht oder als Nazis beschimpft wurden. Politik kannte nur Gewalt von RECHTS und war blind gegen Gewalt von LINKS, die mit Hassgesängen und ekelhafter Gewalt friedliche Demonstrationen störten. Gesunder Menschenverstand war nicht mehr gefragt.

Asylkrise und Asylmissbrauch

Göktan lebt seit 20 Jahren in Deutschland. Er hat mühsam deutsch gelernt, arbeitet als Referent in einer Anwaltskanzlei und ist im Gemeinderat aktiv. Vieles was sich da so entwickelt hat, kann er nicht nachvollziehen und vor allem nicht verstehen, dass es die Politik zulässt.

»Wenn die Politiker Augen und Ohren nicht ganz verschließen würden, könnten sie die Entwicklung im arabischen und afrikanischen Raum nicht übersehen. Verbesserung der Menschenrechtssituation? Fehlanzeige! Was mit dem »arabischen Frühling« begann, scheiterte kläglich und wurde vorbeugend in einigen Ländern von dort autoritär herrschenden Systemen unterdrückt. Korruption, Misswirtschaft, Bevölkerungsexplosion, Staatsversagen, Perspektivlosigkeit, schwelende Konflikte über Jahrzehnte
Und dann noch der Islamische Staat (IS), der wie aus dem Nichts auftauchte. Nicht genug, dass sich Sunniten, Schiiten und andere Gruppen gegenseitig die Köpfe einschlugen, entwickelte sich die größte Christenverfolgung der Nachkriegszeit«.
»Für mich nachvollziehbar, dass sich viele Menschen aus diesen Ländern eine Freiheit wünschten, in der sie sich entfalten konnten. In einem Land, das nicht ständig von Kriegen erschüttert wird und dessen gesunde Wirtschaft

mit einem hervorragenden Sozialsystem ausgestattet ist. In Deutschland kann man nicht nur in Sicherheit leben, sondern leicht Arbeit finden, sich eine eigene Existenz aufbauen. Sprachprobleme, Ausbildung? Kein Problem, wird alles kostenlos geboten. Wenn es nicht funktioniert gibt es ja umfangreiche Sozialleistungen, die allen Menschen zur Verfügung stehen, damit sie sich hier wohlfühlen können, auch wenn sie bisher in die Sozialkassen noch nichts einbezahlt hatten. (Da wirst du versorgt, auch wenn du nichts arbeitest).Irgendwann geben wir es über Steuerzahlungen wieder zurück, konnte ich mancher Ort hören. Genauso war aber auch feststellbar, dass es sich bei vielen um Menschen handelt, die sich, von Schleusern ermutigt, als anspruchsberechtigte »Neusiedler« definierten.

Kein Wunder, dass sich im Zeitalter der digitalen Technik die Einladung der Bundeskanzlerin mit ihrem »wir schaffen das« schnell herum sprach, sodass eine regelrechte Völkerwanderung – mit dem überfallartigem Höhepunkt 2015 aus arabischen und afrikanischen Ländern, über die sogenannte Balkanroute und Österreich nach Bayern – einsetzte, um in Sicherheit zu leben, sich eine eigene Existenz aufzubauen und am seit Jahrzehnten anhaltenden Wirtschaftswunder teilzuhaben. Die bayrische heile Welt, die ich sehr zu schätzen lernte, wurde dadurch für uns Einheimische immer kleiner, trotz Verteilung auf mehrere Bundesländer. Ein Ende war nicht abzusehen, weil die EU-Partner, für eine unbürokratische Weiterreise sorgten, ohne jegliche Registrierung und Überprüfung eines berechtigten Status für den Aufenthalt der Flüchtlinge im ersten betretenen EU-Land. Dass sie damit gegen bestehendes Recht verstießen, weil Geflüchtete nur in dem Land Asyl beantragen können, in dem sie nachweislich erstmals europäischen Boden betreten, störte nicht. Hauptsache weitergereicht. Sie könnten zwar nach Weiterreise in andere EU-Mitgliedsstaaten auf Grundlage der Verordnung wieder in das Erstland zurückgeschickt werden. Eine Tatsache, die unsere Kanzlerin mit ihrer Einladung nach Deutschland aber ignorierte. Genauso wie die Tatsache, dass sich dadurch der Status »Flüchtling aus Kriegsgründen« in den Status eines »Wirtschaftsmigranten« änderte, da sie sich bei Verlassen ihrer Heimat ja bereits in einem sicheren Land befanden und keine Weiterreise erforderlich gewesen wäre. Hat Merkel denn keine juristischen Berater in diesen Fragen, oder was ist der Hintergrund ihres Handelns«?

»Sie machte sich mit ihrer einsamen historischen Entscheidung auf jeden Fall eines Rechtsbruches schuldig, der vieler Ort kritisiert wurde. Der Bund vollzog weder das Schengen-Abkommen noch das Dublin-Verfahren. Die Einigkeit der so stark gepriesenen EU ist m.E. dadurch stark gefährdet, nachdem auch kein EU-Verteilerschlüssel über die Aufnahme zustande kam und sich einige Länder überhaupt einer Aufnahme verweigerten und ihre Grenzen schlossen. Da ist doch erkennbar, wie weit es mit dem Zusammenhalt der so viel gepriesenen EU steht, wenn Probleme auftauchen«. Unsere Gelder nehmen alle gerne, aber wenn Solidarität gefragt ist, dann wird gekniffen. Oder dachten sie einfach weiter«?

»Der Missbrauch beginnt aber schon mit der bewussten Vermischung und Verwirrung der Begriffe, denn es ist eben nicht jeder ein Flüchtling, der auf halsbrecherischem Wege Einlass in Europa begehrt. Der Status des Flüchtlings ist, genauso wie der des Asylbewerbers, nach internationalem Recht klar definiert. Wenn bei wohlwollender Auslegung ihn ein Viertel bis ein Fünftel der Ankommenden erhält, ist der Rest nichts anderes als illegale Einwanderer, die aus unterschiedlichen Gründen glauben, in Europa ihr Glück machen zu müssen und dazu das Asylrecht missbrauchen«

»Was der wirkliche Grund war, die Grenzen nicht zu schließen, obwohl rechtlich die Möglichkeit bestand, darüber kann nur spekuliert werden. Hing es vielleicht damit zusammen, dass der Waren- und Reiseverkehr wieder blockiert, zumindest verzögert wäre oder sogar die EU dieser Herausforderung nicht standhalten könnte? Oder war an den früheren Äußerungen einiger politischen Kräfte zur Islamisierung doch etwas dran und diese nicht in geistiger Umnachtung entstanden«?

»Was die gute alte BRD gebraucht hätte, wären mehr Politiker mit Überblick gewesen, die nicht reflexartig handeln, weil sie nur ihre Ideologie im Kopf haben. Denn wer hängt schon seine eigene Haustür aus und lässt als vernünftig denkender Mensch Leute in sein Haus, die er vorher nie gesehen hat? Unser »Haus« haben wir Politikern anvertraut die gewählt wurden, um Schaden von uns abzuwenden. Wie hätten einige maßgebliche Politiker reagiert, wenn sie nicht kinderlos wären und sich Gedanken über die Zukunft ihrer Kinder machen müssten? Ist ja nur eine Frage. Die Bundeskanzlerin zeigte sich nicht mehr als mächtigste, sondern als ohnmächtigste Frau, mit Tendenz zum Altersstarrsinn«.

Verfolgung Andersgläubiger

Es ist kein Geheimnis, dass es in keinem muslimischen Land Glaubensfreiheit gibt, sondern nach dem Weltverfolgungsindex reichlich Verfolgung und Diskriminierung von Andersgläubigen und Konvertiten. Die weit überwiegende Zahl der Migranten aber sind Muslime, deren Sichtweise kulturell geprägt ist. Vor allem auch in Bezug auf Frauen.

Deshalb ist es schon eine Perversion des Asylgedankens, wenn Muslime aufgenommen werden, die dann in den Asylunterkünften die wegen Verfolgung geflohenen Christen genauso bedrängen und bedrohen. Wobei sogar

Hinduisten und Juden hier verfolgt werden. Wer den Muslimzuzug fördert, fördert – ob gewollt oder ungewollt – auch Antisemitismus in unserem Land«. Wobei auch schon Fälle von körperlichen Angriffen auf Bürger bekannt wurden. Mit der bejahten Frage, bist du Christ, wurden sie zusammen geschlagen.

Die Etatkrise

Ständige Steuererhöhungen waren die Bürger ja gewohnt, um Ressort-Fehlentscheidungen auszubügeln (das Schwarzbuch lässt grüßen) sowie eigentlich überflüssige Etats zu bedienen (man denke nur allein an die millionenfachen Gender-Investitionen). Wobei sich das Einsparen beim Verteidigungsetat als Bumerang herausstellte und eine Nachrüstung erfolgen musste, weil die Gewehre bekanntlich nicht gerade aus schießen, wenn sie heiß werden. Die clevere Idee, diese dann an die österreichischen Biathleten zu verkaufen, wurde von deren Seite abgelehnt.

Trotz ständiger Mehreinnahmen bei der Kfz- und Benzinsteuer blieb kein Geld für den Bestimmungszweck Straßen- und Brückenbau übrig, um die Löcher im Asphalt zu stopfen, denn es wurden damit Löcher in anderen Etats gefüllt. Bei Einnahmen von jährlich über 50 Milliarden Euro an Steuern und Abgaben aus dem bundesdeutschen Straßenverkehr und weniger als zwanzig Milliarden zweckgebundener Ausgaben, muss man schon genauer hinschauen, um zu sehen, wo die Differenz verbleibt. In der Bankenrettung und Rettung maroder EU-

Staaten und neuerdings in der Migration des unaufhaltsam anwachsenden Bevölkerungsanteiles an Muslimen und anderen ethnischen Gruppen zwecks Eingliederung und zur sozialen Gleichberechtigung. Das alles kostet Geld. Viel Geld. Auch da war Deutschland Weltmeister und gleichzeitig Verursacher einer unwiderstehlichen Anziehungskraft, die zu einem Zuzug von über einer Million Menschen allein 2015 führte, ohne dass ein Ende abzusehen wäre.

Deren Folgekosten – im Gespräch waren bis zu 50 Milliarden jährlich – führten zu einer Belastung des Staatshaushaltes – wer hätte das gedacht – der keinen Freiraum für Rentenerhöhungen, Sozialwohnungsbau, Krankenhäuser oder Altenpflege bei der deutschen Bevölkerung zuließ, um nur einiges zu nennen. Sozial Schwache wurden dadurch zu Menschen zweiter Klasse, aber es waren halt keine Banken, EU-Krisenländer oder Asylanten...

Wo gab es für Asylbewerber auch so hohe Sozialleistungen. Bargeld, medizinische Versorgung, kostenlose Sprach- und Integrationskurse, Schulungs- und Arbeitsmöglichkeit und vieles mehr, wenn man erst mal registriert war. Eine prognostizierte Belastung allein an Gesundheitskosten bei 1,5 Mio Zufluchtsuchenden im Umfang von jährlich 3,5 Milliarden Euro. Aber keine Sorge: Eine Kfz-Steuererhöhung um 40% könnte diese Kosten decken.

Andere Länder hatten da weiter gedacht und ihre Grenzen mit dem Argument geschlossen, dass ab einer bestimmten Größenordnung keine Integration mehr stattfindet, sondern Parallelgesellschaften entstehen. Sie meinten: Entweder die Krise beherrscht uns oder wir beherrschen die Krise.

Kindergeld wurde selbstverständlich vom deutschen Staat auch übernommen, was zusätzlich ganz schön den Etat belastete, weil kulturbedingt automatisch mehr Kinder gezeugt werden und der ständige Flüchtlingsstrom zu einem nicht zu erwarteten Familiennachzug führte.
Zur Kostenabrundung müssen dann auch noch die UMF (Unbegleitete minderjährige Flüchtlinge) genannt werden, die 2015 schon 26% ausmachten und deren Kosten lt. NRW-Familienministerium pro Person auf monatlich 5.000,00 €, sprich p.A. 60.000,00 € kommen. Wobei für 2016 ein weiterer Zustrom von mind. 100.000 erwartet wird. »Diese jungen Menschen könnten natürlich auch ohne ihre Familien in Deutschland aufwachsen und eine gute Berufsausbildung bekommen, die in ihrer Heimat hilfreich wäre. Dann können sie sehen, wie sie ihre Zukunft gestalten«, sagte Neudeck, der Gründer der Hilfsorganisation Cap Anamur. »Es sei nicht die unbedingte Voraussetzung, dass der Familienclan aus Kabul oder Kandahar dann hierher nachkäme«. Wie sagte aber »unsere« Kanzlerin? »Wir schaffen das«!

Der demografische Djihad

Kenner der islamischen Szene bezeichneten das als einen demografischen Djihad, der angeblich ein erklärtes Ziel der Muslime zur Übernahme der Weltherrschaft sein soll, wie diverse publizistische Veröffentlichungen behaupten. Da lief manchen Leuten schon ein kalter Schauer über den Rücken. Eine gewaltlose Strategie war damit gemeint. Einwanderung nach Europa und vor allem nach Bayern, um dort mehr Kinder zu zeugen als ihre Gastgeber, um innerhalb von mehreren Generationen traditionell christliche Kulturen zu unterwandern und damit die Mehrheit zu erreichen? In Frankreich wurde bewiesen, dass das geht. Schweden, Belgien und die Niederlande folgten auf dem Fuß.

Sabatina James, gebürtig in Pakistan, zwangsverheiratet, bekannte sich zum Christentum und wurde dafür von ihren eigenen Verwandten zum Tode verurteilt. Sie flüchtet, gelangt 19-jährig in die Bundesrepublik, wird Deutsche und erklärt: »Dies ist jetzt mein Land«. Als Autorin schrieb sie den Spiegel-Bestseller »Scharia in Deutschland. Wenn die Gesetze des Islam das Recht brechen«.

Zur Islamisierung in Deutschland sagt sie:
»Eine erste Islamisierung fand in Deutschland zwischen 1960 und 1980 statt, als der islamische Bevölkerungsanteil von fast null auf 1,5 Mio anstieg. 2010 hatten wir mit

vier Millionen bereits fünf Prozent Anteil. Bei den Kindern betrug der Anteil zur gleichen Zeit zehn Prozent. Damit kommen wir nicht nur auf eine Verdoppelung in einer Generation, sondern gehen auch einer solchen Verdoppelung binnen nur einer weiteren Generation entgegen. Und das ganz ohne Millionen zusätzlicher Flüchtlinge! Wer das bestreitet, hat den Kontakt zur Realität verloren«.

Warum eigentlich hatte man bei der großen Völkerwanderung nicht vordringlich den am meisten verfolgten Christen Asyl angeboten, anstatt massenhaft Muslime aufzunehmen und damit Europa zu destabilisieren?

Korangläubige, extreme Muslime wie der in Köln lebende M.A. Rassoul hatte bereits 1997 die Antwort. Er sagte, dass die Zeit für sie arbeitet, »weil die eigenen Frauen immer einen dicken Bauch haben und wenn 50% erreicht sind«, so sagte er, »müsse das Grundgesetz weg, die Regierenden würden Muslime sein und der Koran hätte das Sagen, damit endlich Schluss wäre mit dem Götzendienst der Christen, Jesus als Gott anzubeten«. Er konnte sich damals in seinen kühnsten Träumen nicht vorstellen, dass es auch schneller gehen würde.

Integration – in Wirklichkeit ein Kuckucksei?

Der gegenwärtige Prozess erinnert an das freche Verhalten des Kuckucks, der seine Eier in fremde Nester legt und dort ausbrüten lässt.

Auf der Suche nach einem warmen Plätzchen für sein Ei fliegt er durch den Wald und hört von der Ferne freundliche Vogelstimmen, deren einladenden Rufen »alternativlos« zu folgen war. Im Nest des fleißigen Drosselpärchens legt das Kuckucksweibchen dann sein Ei zu dem vorhandenen Gelege und verschwindet im Dunkel des Waldes.

Verdutzt schaut das Drosselpärchen über den plötzlichen Zuwachs, aber fleißig und freundlich wie Drosseln eben sind, wird auch die »Bereicherung« mitbebrütet. Die ersten Jungtiere schlüpfen und wachsen dank guter Pflege der Eltern schnell. Auch aus dem zusätzlichen Ei schlüpft ein kleines Kerlchen, sperrt seinen Schnabel weit auf und fordert laut immer mehr. Es wuchs schneller als die kleinen Drosseln, von denen es bald die eine oder andere über den Nestrand schubste, denn er brauchte ja mehr Platz. Trotzdem bemühten sich die Pflegeeltern, dem lauten und frechen Fremdling, der nun schon größer war als sie selbst, gerecht zu werden und sagten sich immer wieder: »Wir schaffen das«!

Eines Tages war der Nestgast flügge und machte sich auf, die Welt zu erobern. Alles, was den erschöpften, traurigen Drosseleltern blieb, war ein beschmutztes Nest und eine vage Erinnerung an die aus dem Nest gefallenen eigenen Kinder. Und die Moral von der Geschicht'? Vertrau' dem fremden Vogel nicht!

Zurück zur Realität:
Der islamische Gottesstaat Deutschland

Von unserer Bundeskanzlerin befürwortet, führte der gewachsene muslimische Bevölkerungsanteil und seine vorangetriebene Einbürgerung auch in Deutschland nicht nur zu einer Parallelgesellschaft sondern automatisch zu mehr Wählern muslimischen Glaubens. Unterstützt vom Chef der Türken, Erdogan, der jährlich nach Deutschland kam und in einer Großveranstaltung die Türken aufforderte, sich ja nicht zu integrieren und ja nicht deutsch zu lernen. Volle Steinzeit voraus, war angesagt.

Eine Übernahme der Amtsgeschäfte durch die neu gegründete muslimische Partei als Ableger der AKP und stärkste Kraft, war die logische Folge. Der Traum manch »Grüner« hatte sich erfüllt.
Scheinbar waren die Ängste doch nicht ganz unbegründet und der sogenannte friedliche Djihad trug Früchte. Gefördert von der evang./luth. Kirche, die schon immer für Gleichheit und Brüderlichkeit eintrat. (Alle Menschen sind gleich gültig, deshalb ist alles gleichgültig).

Bundeskanzler wurde ein türkisch-stämmiger, in Berlin geborener Muslim, das Amt des Bundestagspräsidenten erhielt wohlwollend eine Muslima, als Bestätigung des moderaten Islam. Wie sie/er? aussieht weiß niemand, weil sie sich nach strengem muslimischem Brauch in der Öffentlichkeit mit einer Burka kleidet, die nur Augenschlitze freigibt. (Vielleicht versteckt sich dahinter Özdemir, als Belohnung für seine gute Vorarbeit? Wer weiß es?).

Neben dem türkischen Halbmond als Symbol für Gleichheit, Freiheit und Menschlichkeit, der übrigens auch in den Schulen und öffentlichen Einrichtungen Einzug hielt, hängt aus Toleranzgründen noch der Bundesadler im Parlament.

Genauso wieder in den Schulen das Symbol der Christen, das Kreuz, um nicht Befindlichkeiten der christlichen Mitbürger als Minderheiten zu verletzen, die als Menschen zweiter Klasse Schutz genießen, wenn sie sich als Ungläubige der Dhimmisteuer unterwerfen.

Selbstverständlich durfte deshalb als Entgegenkommen der moderaten Regierung neben der Nationalhymne auf türkisch, diese auch weiterhin auf deutsch gesungen werden, nachdem deutsch als Fremdsprache in den Familien vorerst noch geduldet wurde.

Als weithin sichtbares Zeichen, wer den Ton angibt, weht die Fahne des Propheten über dem Reichstag, genauso wie über dem Petersdom. So änderten sich die Zeiten.

In der BRD erklingt seit der Regierungsübernahme der Freitagsruf der Muezzin von den bundesweiten Moscheen und wird um ein Dankgebet an den Bundeskanzler muslimischen Glaubens der Bundesrepublik Deutschland ergänzt.
Verständlich, wenn die Moschee die höchste, breiteste und großartigste aller Bauten sein muss, besonders im Land der Ungläubigen (Nicht-Muslime), um Macht und Überlegenheit am eindrucksvollsten zu demonstrieren.

Damit war auch in Deutschland erreicht, dass ein Muslim sein Leben – ob er wollte oder nicht – nach den Gesetzen des Islam ausrichten durfte, der sich keinem staatlichen Gesetz unterordnet das mit dem Islam und Allahs Geboten nicht übereinstimmt, sondern nur der Ordnung Allahs. So sagt es jedenfalls der Koran, das heilige Buch des Islam.

Aus einer ursprünglichen Parallelgesellschaft entstand praktisch über Nacht der islamische Gottesstaat Deutschland – auf dem besten Weg zu einem Kalifat – und überließ den deutschen Mitbürgern den Platz als Minderheit.

Moscheen waren inzwischen fast zahlreicher als Kirchen, die nur noch an Sonntagen wenige unbelehrbare Menschen besuchten und, um den Zerfall zu vermeiden, immer wieder an Muslime verkauft wurden, sodass der Umwandlung in Moscheen nichts mehr im Wege stand, finanziell kräftig unterstützt von reichen Saudis, die großzügig den weiteren Bau von 200 Moscheen in Deutschland finanziell fördern wollten. Als Ausgleich, dass keine Flüchtlinge aufgenommen werden, weil sich da Terroristen verbergen könnten. Wir hätten uns revanchieren sollen mit Kirchen bei den Saudis, um mal zu sehen, wie das ankommt.

Die Kirche konnte sich nicht entschließen, das Milliardenvermögen an erhaltenen Staatsgeldern für die Sanierung einzusetzen und baute auf eine Sondersteuer, wie zu Zeiten der seligen Mautgebühr und dem Lastenausgleich. Für was sollten die Kirchen aber auch erhalten bleiben? Es fehlte die glaubwürdige Botschaft und damit die Kundschaft.

Arbeitsfreie Tage für christliche Feste wie Ostern, Pfingsten und Weihnachten wurden abgeschafft. Ein initiierter

Volksentscheid der muslimischen Bevölkerungsmehrheit, die diese Feste als »koranfremd« ablehnte. Christliche Arbeitnehmer, die diese Feste im kleinen Kreis noch feiern wollten, durften dafür aber Urlaub nehmen.

Pegida, ein damals als rechte oder Nazi-Vereinigung bezeichneter Verein, wurde längst mit der Begründung aufgelöst, die Einwanderer hätten rasant und effektiv die Islamisierung abgeschlossen, weshalb Warnungen des Vereins und dieser selbst, inzwischen gegenstandslos wären. Ein Problem hatten die früher aus Toleranzgründen akzeptierten Randgruppen wie die Homo-, Pädo- und Gender-Lobby. Sie mussten ihre Aktivitäten im real existierenden Islam überdenken. Loveparaden waren ja schon verboten. Und wenn die Scharia eingeführt wird, droht die Prügelstrafe, wie in Saudi-Arabien oder vielleicht gleich die Todesstrafe durch Köpfen vor dem Brandenburger Tor, als Nachspiel zum Freitagsgebet.

Die deutsche Minderheit im Mekka Deutschland

Christen würden zu Dhimmis (eine Bezeichnung für Ungläubige) wenn sie nicht konvertierten, kreiste Furcht verbreitend in den Köpfen der Gläubigen. Eine alte Korananweisung, die zwar in arabischen Ländern Anwendung fand, aber in Europa unmöglich und deshalb von der Hand zu weisen wäre, sagte der muslimische Bundeskanzler. Schließlich wäre der Katholizismus ja eine Buchreligion, die vieles mit dem Koran gemeinsam hat, auch wenn natürlich Lügen darin enthalten wären, wie z.B. dass Jesus am Kreuz starb, was Mohammed dann aber im Koran 600 Jahre n.Chr. richtig stellte. Das veranlasste den neuen Kanzler, der sehr moderat auftrat, mehrmals auch mit dem Vorsitzenden der EKD und dem Papst zu sprechen, um diese Oberhäupter zu überzeugen, zum wahren Glauben, dem Islam, zu konvertieren.

Zuerst einmal war aber die friedliche Weise angesagt, was auch erfolgversprechend war, so wie sich die Amtskirchen geöffnet und damit eigentlich schon kapituliert hatten. Der aktuelle Ratsvorsitzende bot leichteres Spiel, so wie er und seine Anhänger sich schon von der christlichen Lehre verabschiedet hatten und beharrlich zu den Christenverfolgungen in Vorderasien und Afrika oder sonst wo schwiegen. Genauso wie zum Verbot der Errichtung von Kirchenbauten in diesen Ländern. Wichtiger war ihm scheinbar die Präsenz bei weltlichen Veranstaltungen wie »Fasenacht in Franken« und »Starkbieranstich auf dem Nockherberg«. Da geht´s halt lustiger zu und wer weiß, wann ein Verbot erfolgt.

Komplizierter wurde es mit den in Deutschland lebenden Juden, zu denen sich das Verhältnis schon immer schwieriger gestaltete und durch die Palästinafrage nicht einfacher wurde.

Insolvenz oder Steuererhöhung?

Die Republik unter muslimischer Führung hatte den enormen Kostendruck durch die Zuwanderung unterschätzt und stand vor der Insolvenz, nachdem die Unterstützungsgelder aus Saudi-Arabien und Katar an die neue muslimische Regierung ausblieben. Das Geld wurde dringend benötigt für Waffenkäufe wegen der Streitigkeiten unter den verschiedenen Glaubensströmungen in den arabischen Ländern.

Was tun? Korangläubige Moslem suchen Rat im Koran, der für alle Fragen eine unumstößliche Antwort hat. So kam die Dhimmi-Steuer in's Gespräch, die für Ungläubige Pflicht ist, wenn sie den Schutz des Islam genießen wollen. Eine eigentlich ursprünglich nicht geplante Finanzspritze, die das Haushaltsproblem vielleicht nicht lösen aber als Überbrückung dienen konnte, bis wieder die Unterstützung der arabischen Staaten erfolgte.

Die Einführung dieser Steuer nahm vielen deutschen Bürgern jegliches Vertrauen in die Zukunft und überforderte zudem ihre finanziellen Möglichkeiten. Durch die Überalterung der Bevölkerung mit ihrer staatlich verordneten geringen Rente war diese Steuer nicht mehr zu stemmen.

Eine gewisse Ratlosigkeit der deutschen Minderheit hatte sich breit gemacht, bis als Licht im Dunkel die Meldung durchsickerte: »Bayern macht sich zum echten Freistaat«, wurde gemunkelt! Manche Leute packten schon mal ihre Koffer.

Szenenwechsel

Da muss was geschehen

Aufmerksamen Beobachtern, wie unseren Stammtischlern, blieb das alles nicht verborgen. Besonders bewegte, dass in der Öffentlichkeit die Entwicklung und deren Hintergründe so wenig bekannt waren, was Gespräche mit Freunden, Bekannten und in der Familie zeigten. Auf die Medien konnte man sich ja nicht verlassen.

Angetrieben von ihren Frauen, beschlossen sie deshalb, künftig nicht mehr nur zu meckern, sondern mitzugestalten, sich verantwortlich in die Politik einzubringen. Mit einer eigenen Partei. Der Parteiname für die Gründung war schnell gefunden: »*CfB –Christen für Bayern*«. Die Meinung war eindeutig: Da muss was geschehen.

Eine neue Partei erblickt das Licht der Welt

Viel Zeit blieb nicht für die Vorbereitung auf die Landtagswahl 2018. Was besser gemacht werden konnte, wussten sie, denn das war nicht schwer zu sehen und reflektierte die Meinung der Bevölkerung. Trotzdem musste die politische Szene analysiert werden, um nicht nur die eigenen Überzeugungen einzubringen, sondern vor allem auch die Schwächen der »Konkurrenz« zu nutzen.

Hansi war zwar erfahrener Banker, kannte sich in der Finanzwelt aus und wusste, wie man Sparern für hoffnungslose Anlagen das Geld aus der Tasche zieht. Was ihm eigentlich zuwider war, aber die Strategien wurden nun mal vom wirklichkeitsfremden Management, der sogenannten Elite, vorgegeben, die in erster Linie an ihre Millionenschweren Tantiemen dachten, als an den Kunden. Und wer nicht mitzog und sein Soll erfüllte, musste nicht nur mit Verdiensteinbußen sondern auch Verlust seines Arbeitsplatzes rechnen. Aber wie man eine Partei aufbaut und vor allem auf ehrliche Weise erfolgreich wird, da hatte er keine Erfahrung. Obwohl ja schon Parallelen bestanden. Viel versprechen und dann schauen, was herauskommt.

Hansi:

»Dahinsiechende Parteien, die nicht über die 10%-Hürde kommen, gibt es doch schon. Wollen wir uns da einreihen? Ich finde, ein Profi muss her. Am besten einer, der die politische Landschaft kennt und vor allem weiß, wie man den Fallen der Medien und den diversen großmäuligen Politikern nicht auf den Leim geht, die einem das Wort im Mund umdrehen«.

Der Profi war schnell gefunden. Werner Horstmann, ein Politikwissenschaftler und ehemaliger Journalist, der es sich mit seinem Arbeitgeber verscherzt hatte, weil er nicht linientreu blieb, sondern kritisch hinterfragte, was gar nicht gut ankam und zur Trennung führte. In der Selbstständigkeit schreibt er Beiträge für Fachzeitschriften und Bücher über sein Spezialgebiet Islam und die Auswirkungen auf die deutsche Gesellschaft, da er sich mehrere Jahre beruflich in islamischen Ländern aufhielt. Für die Akzeptanz in der Bevölkerung sah er sehr gute Chancen, nachdem in Bayern der Anteil der beiden großen christlichen Religionsgruppen laut letzter statistischer Erfassung bei über 75% lag. Ein riesiges Potential, das als Wähler gewonnen werden konnte, wenn man die richtige Ansprache fand, nicht geistlich abgehoben, mit beiden Beinen auf dem Boden der Realität, aber bestimmt und konsequent den christlichen Gedanken verfolgend, der schon in vielen Dingen an Bedeutung verloren hatte. Denn man muss auch sehen, dass die CDU seit 2005 von elf Landesregierungen bis 2013 auf nur noch sechs abnahm. Da lief doch was schief mit dem „C" für christlich im Parteinamen. Vielleicht war da die CDU nicht konsequent genug und gab zu vielen Strömungen nach? Oder hatte für die Bevölkerung durch die verschiedenen Strömungen der Glaube an Bedeutung verloren? Für Bayern als streng katholisches Land gab es ja praktisch keine ernst zu nehmende Alternative, weshalb die mit dem „C" auch die Mehrheit halten. Schwierig für andere Parteien wird es, in erzkatholischen ländlichen Gegenden zu punkten, wo das Familienoberhaupt den Weg der Briefwahl wählt, weil er da für die gesamte Familie sein Kreuzchen traditionsgemäß bei der CSU machen kann. Schließlich fühlt er sich verantwortlich für Frau und Nachwuchs.

Außerdem ein bisschen wildern bei Grünen und Linken. »Können ja nicht alle christlichem Gedankengut abgeneigt sein und keinen starken Staat wünschen, schließlich haben sich auch immer wieder viele Moslems bekehrt«, meinte Josef. Chantal freute sich, dass Imam Ismail als Integrationsbeauftragter seine Mitwirkung als Zugpferd für Muslime zugesagt hatte. Inzwischen war man beim DU gelandet.

In einem bestand Übereinstimmung. Die von Roman Herzog im Jahr 1998 geprägte Metapher »Laptop und Lederhose« wollte man unbedingt weiter verfolgen. Bestätigt sie nicht nur die Entwicklung Bayerns »vom Agrarland zum High-Tech-Staat« sondern vermittelt auch die Verbindung von Tradition und Moderne in besonderer Weise. Da war auch ein Blick über die Grenzen nach Israel sinnvoll.

»Laptop und Lederhose«? Da werden aber unsere Emanzen aufjaulen, sind doch beides männliche Begriffe. Sicher kommt dann der Gender korrekte Vorschlag »Dirndl und Digitale Revolution«. Aber da stehen wir drüber«, warf Josef ein.

Damit war die grobe Richtung vorgegeben. Nun sollte es an die Analyse und den Feinschliff gehen, um die wesentlichen Programmpunkte für den Erfolg herauszuarbeiten.

Vorbereitung auf die Landtagswahl 2018

Der Islam war nicht das einzige Thema, das den Stammtisch immer wieder beschäftigte, denn wer sich mit fremden Kulturen auseinandersetzt, sollte auch kritisch der eigenen Kultur gegenüber stehen und politische Schwerpunkte durchleuchten. Und auch da gab es genügend für den Bürger gravierende Entwicklungen zu diskutieren, die aus bayrischer Sicht beängstigend in die Zukunft blicken ließen.

Dazu war wichtig, erst einmal Arbeit und Auftreten der etablierten Parteien unter die Lupe zu nehmen, um daraus zu lernen.

»Als ich meine Firma gründete, war die Frage der Rechtsform für mich wichtig«, meinte Michi. »Da kam dann nur eine GmbH & Co, KG in Frage, die eine persönliche und unbeschränkte Haftung ausschließt. Als Partei können wir diesen Gedanken vernachlässigen, weil jeder Beamte und Politiker den Schutz automatisch genießt, denn für Fehlentscheidungen ist keine Rechenschaft abzulegen und für Missmanagement gehaftet wird nicht persönlich und schon gar nicht finanziell. Die Haftung liegt allein beim Steuerzahler, der letztlich für seine Wahl verantwortlich ist und damit selbst die Schuld trägt. Das schlimmste, was passieren kann, dass wir mit einer stattlichen Pen(n)sion nach ein paar Jahren Anwesenheit in den Ruhestand geschickt oder von der Industrie für Lobbyarbeit übernommen werden. So ist die Praxis. Wir haben also nichts zu befürchten.

Sonst hätten einige Leute schon Probleme bekommen. Denkt nur an die Stückelung in die vielen kleinen, sinnlosen Bundesländer und Stadtstaaten und den daraus resultierenden Beamtenapparat mit seinen horrenden Kosten, die Bayern zum Großteil über den Lastenausgleich mitfinanziert. Wer hatte das zu verantworten? Was waren die Gründe, nach der Wende Spitzenpositionen in politischen Ämtern Zug um Zug mit Ossis zu besetzen? An der Qualifikation für einen demokratischen Staat kann es wohl nicht gelegen haben. Mitleid und Wiedergutmachung für ein Leben im vom Westen nicht zu verantwortenden Großraumgefängnis mit der Bezeichnung DDR«? Da schaltete sich Waldi ein.

»Genauso kannst du fragen, warum Herr Gauck übersehen wurde, als man 2015 über eine Million Menschen in den Ruhestand schickte. Oder besser noch, warum wurde der überhaupt zum Bundespräsident gewählt? Fragen über Fragen, die sich heute im Rückblick nicht mehr ohne weiteres klären lassen. Klären lässt sich aber, was es mit den Begriffen »Eliten« und »Experten« auf sich hat, die uns künftig nicht nur in der politischen Landschaft begegnen, wenn wir uns in den politischen K(r)ampf wagen. Da müssen wir uns darauf einstellen und wissen, was auf uns zukommt. Schließlich wollen wir nicht scheitern oder uns blamieren«.

»Dazu fällt mir eine passende Geschichte ein, die über Albert Einstein erzählt wird:
Einstein bestieg eines Tages in der Stadt Princeton die Eisenbahn. Der Schaffner kam den Gang runter, um die Fahrkarten zu entwerten. Als er zu Einstein kam, griff Einstein in seine Brusttasche und fand die Fahrkarte nicht. Er griff in seine Aktentasche und fand sie auch nicht, er suchte sie in der Hosentasche, neben dem Sitz usw. aber leider auch nichts.

Dann sagte der Schaffner: »Dr. Einstein, ich weiß, wer sie sind. Jeder hier weiß, wer sie sind; wir wissen, sie würden nie den Zug besteigen ohne Fahrkarte. Passt schon«. Einstein bedankte sich höflich und der Schaffner ging weiter. Bevor er den nächsten Waggon erreichte, drehte er sich nochmals um und sah, wie Dr. Einstein unter der Sitzbank suchte. Der Schaffner ging zurück und sagte: »Dr. Einstein, passt schon. Kein Problem, wir wissen ja, wer sie sind. Sie brauchen das Ticket nicht zu suchen«.

Einstein antwortete: »Ja ich weiß auch, wer ich bin, aber wohin ich eigentlich will, habe ich vergessen«!

So weit soll es nicht kommen. Also – wo wollen wir hin«?

Analyse des politischen Geschehens

Ein kleiner Aufreger war immer wieder, wenn irgendjemand im Zusammenhang mit Politik den Begriff „Eliten" ins Gespräch brachte. Die Meinung, was darunter zu verstehen ist, war schon sehr unterschiedlich. Doch für was hatte man als Berater Werner Horstmann engagiert, der da aufklären konnte.

Beim ersten Arbeitstreffen (ein Begriff, den viele nicht mehr verstehen, denn neudeutsch heißt es inzwischen Meeting) gab er einen kurzen Abriss als Einstieg über die politische Landschaft, um die Grundlage für ein eigenes Profil zu erarbeiten. Sein Hinweis, dass man als politische Partei automatisch einer Elite angehört, wurde gerne gehört.

Sein Beitrag:

»Eliten sind keine Erfindung der Neuzeit, sie gab es schon immer, genauso wie ihre Bestrebungen, etwas Großes zu schaffen, Visionen zu leben. Wie z.B. ein vereintes Europa. Um diese Visionen – wohin sie auch führen - in aller Stille zu entwickeln, bildete sich schon 1952 eine weitere Elite, die öffentlichkeitsscheue **Atlantik-Brücke**. Mitglieder sind rund 500 führende Persönlichkeiten aus Bank- und Finanzwesen, Wirtschaft, Politik, Medien und Wissenschaft, deren Arbeitsweise durch Verschwiegenheit und mangelnde Transparenz gekennzeichnet ist. Diese nicht-offizielle, nicht-demokratisch legitimierte Struktur trägt dazu bei, dass Schranken zwischen Wirtschaft und Politik verschwinden und selbsternannte Eliten zunehmend wieder an Gewicht gewinnen. Sie fungiert als Netzwerk und privates Politikberatungsinstitut.

Die Mitgliederliste enthält prominente Namen, wie z.B. Bundeskanzlerin Angela Merkel, der Vorsitzende der Deutschen Bank AG Jürgen Fitschen, der ehemalige Vorstandsvorsitzende von Goldman Sachs Deutschland Alexander Dibelius, der Vorsitzende der Axel Springer AG Mathias Döpfner, der zu Daimler Benz gewechselte, ehemalige Staatssekretär von Angela Merkel Eckart von Klaeden, dessen Bruder, der Leiter für Regierungsbeziehungen der Axel Springer AG, Dietrich von Klaeden, der SPD-Vorsitzende und Bundeswirtschaftsminister Sigmar Gabriel, der Vorstandsvorsitzende von EADS (Airbus) Thomas Enders, sowie Porsche-Vorstand Martin Winterkorn. Zudem der Präsident der Deutschen Bundesbank Jens Weidmann und der Vorstandsvorsitzende der

Deutschen Bundesbank Andreas Raymond Dombret, die gemeinsam im Board of Directors der als „Bank der Zentralbanken" geltenden Bank für Internationalen Zahlungsausgleich in Basel sitzen, sowie Michael Vassiliadis, Vorsitzender der Industriegewerkschaft Bergbau, Chemie Energie. Kuratoriumsmitglieder der angeschlossenen Stiftung Atlantik-Brücke sind u.a. der ehemalige Bundesverteidigungsminister Volker Rühe sowie der Moderator und Leiter der ZDF-Nachrichtenredaktion Claus Kleber.

Kritiker meinen, dass zwischen Wirtschaft und Politik alle Schranken verschwunden sind und dieses auch an Personen festzumachen ist.

Wer die GRÜNEN vermisst, muss nicht überrascht sein. Es gab zwar bedeutende Mitgliedschaften, jedoch wurden diese wieder aufgelöst, nachdem die eingebrachten Gedanken sich nicht realisieren ließen.

Der Duden bezeichnet Eliten als eine Gruppierung überdurchschnittlich qualifizierter Personen oder herrschende bzw. einflussreiche Kreise (Machteliten). Konkret bezieht sich der Begriff auf näher definierte Personenkreise, wie z.B. die »Bildungselite«. Demgegenüber steht die Masse, also das arbeitende Volk oder politisch betrachtet das »Wahlvolk« oder »Stimmvieh«, einfach der »Normalbürger, als notwendiges Übel«.

Schauen wir uns mal die Politische, die Geistliche und die Wirtschaftselite an«.

Die politische Elite

»Wo lassen sich da die politischen Kräfte im Bundestag einordnen? Bildungselite? Scheint was anderes gemeint zu sein. Machtelite? Trifft sicher nur für die Regierungsmehrheit zu. Überdurchschnittlich qualifizierte Personen? Das muss es sein!

Wie wäre es sonst möglich, im Laufe der Mitwirkung auf der politischen Bühne von einem Ministerium an die Spitze des Nächsten und wieder Nächsten zu wechseln, oder sich für die Abstellung in Ausschüsse zu empfehlen? Besondere Fähigkeiten sind gefragt, wie sie z.B. Spezialkräfte militärischer Einheiten auszeichnen: Eine hervorragende Ausbildung, kämpferisch, bissig, durchsetzungsfähig, fast ein bisschen stur und vor allem unbändiger Überlebenswille.

Nur diese Eigenschaften ermöglichen, sich im Bundestag zu behaupten, wenn er sich wieder wie eine karge afghanische Berglandschaft anfühlt. Ständig belauert vom politischen Gegner, immer auf Fehler des Feindes aber auch des Freundes wartend; beobachtend, um dann blitzschnell zuzuschlagen. Natürlich nur verbal, was aber schmerzhafter und bisweilen auch tödlich sein kann. Tödlich für die politische Karriere.

So der Idealzustand in der Theorie. Für den Start in eine politische Karriere ist Eloquenz sehr hilfreich, auf jeden Fall aber Ehrgeiz erforderlich, nicht unbedingt Qualifikation, die ergibt sich dann für den Berufspolitiker scheinbar von selbst.

Zur »Elite« ist der Weg weit und davor steht die Qualifikation mit der politischen Arbeit, auch über verschiedenste Gremien und Ausschüsse, wenn das bekannte Vitamin B (Beziehungen) nicht ausreicht. Ein manchmal schwieriges Unterfangen und oft ist das Volk verunsichert, wenn es dann die »Experten« sieht, die ins Rampenlicht drängen und sich zu allen möglichen Themen zu Wort melden, auch wenn das manchmal daneben geht, was nicht verwundern muss, weil ein »Experte« jemand ist, der von weniger und weniger mehr versteht, bis er zuletzt von nichts mehr alles weiß. Er verliert also wegen geistiger Verengung den notwendigen Überblick aufs Ganze, mit dem Endergebnis der Entfremdung der Gewählten von ihren Wählern. Da wünscht man sich dann schon für manche Leute – vor allem bei Fernsehpolitrunden – einen Maulkorb, wie für Äußerungen von Fußballprofis manchmal prophylaktisch verhängt,
Wenn ein Berufspolitiker außer der parteipolitischen Praxis nichts anderes gelernt hat, kann es schon passieren, dass er nicht *für* die Politik, sondern vor allem *von* der Politik lebt, was wir ja nicht wollen. Schuld ist aber nicht er selbst, heißt es, sondern die Wissensexplosion, die der Globalisierung geschuldet ist«. »Das macht Hoffnung«, warf Luggi ein.

Manchmal hat man schon das Gefühl, dass es so oder ähnlich bisher bei etablierten Parteien läuft, meinte Waldi. Als ehemaliger Staatssekretär hatte er ja einiges Insiderwissen, das er etwas ironisch zum Besten gab:

»Ich wusste schon in der Schule, wo die einzelnen Länder liegen und konnte die Hauptstädte aufzählen«. »Wunderbar, dann vertrittst du unsere Außenpolitik «.

»Wer hat schon mal eine Kirche von innen gesehen«? »Super, dann bist du unser religionspolitischer Sprecher«. »Musst ja nichts davon verstehen, bist nur der Sprecher. Hol noch ein paar Berater ins Boot, aber nicht zu viele religiöse Strömungen, das verwirrt nur. Wir brauchen schließlich eine einheitliche Linie, sonst werden wir unglaubwürdig«.

»Ich bin in einer Großfamilie aufgewachsen, habe meine eigene große Familie zu managen und mich dadurch als Arbeits- und Familienministerin schon bewährt. Jetzt will ich aber mal was anderes machen«. »Also gut, dann bekommst du das Verteidigungsministerium, liebe Uschi, das ist ja auch irgendwie eine große Familie. Aber denk dran, du musst mit einem kleinen Etat haushalten, also sparen und nicht viel kaufen und erneuern. Das Alte tut's noch. Aber das kennst du ja von der Familie und deinen bisherigen Ministerien, der Begriff »haushalten« kommt ja von Haushalt«.

Und schon gehört man zur Elite und ist, vielleicht nicht ganz freiwillig, zum Experten berufen. Verständlich, dass die ständige Inanspruchnahme externer Berater - denen man dann auch wieder einen Gefallen schuldet - oder teure Gutachten, erforderlich werden. Spielt aber keine Rolle, denn die zahlt dann sowieso der Steuerzahler«.

Holger:

»Eine politische Laufbahn, das ist doch ein Traum. Für nichts haftbar sein, dicke Kohle und später mal eine super Pension nach ein paar Jahren kassieren. Also, da wäre ich dabei. Da muss ich ja gar nicht Studieren, um eine Karriere zu starten«.

Franz:

»Da hast du recht, denn eine Partei bietet Menschen mehr, als nur Mitsprache in der großen Politik. Hier kann sich jeder wohlfühlen, der sagt, hier kann man Geld verdienen, hat eine gesicherte Existenz und bekommt eine Pension, die man nicht mit Arbeit erwerben kann. »Wenn ich da ein paar Jahre bin, dann hab ich was«.

Dazu kommen die finanziellen Nebengeräusche für Vorlesungen, Sitze in Aufsichtsräten oder Verbänden, wenn du mal bekannt bist. Wie sonst ist zu verstehen, dass bei Politikern die Nebeneinkünfte manchmal das Gehalt weit übersteigen, was erst bekannt wurde, nachdem die Offenlegung Pflicht war. Da stellt sich schon die Frage, ob der Zeitmangel durch Nebenbeschäftigungen die Ursache für die eigene Desinformation ist und dass der Bürger zu wenig informiert wurde«.

»Stimmt, ich war informiert, aber das heißt noch lange nicht, dass ich Bescheid wusste«

»Wie auch immer, einige Persönlichkeiten haben diesen Weg konsequent beschritten, um das bis dahin angesammelte theoretische Studienwissen in irgendeiner Weise einzubringen. Und es ist ihnen gelungen. Wenn man mal daneben liegt? Ein Politiker muss für sein Handeln ja nicht verantwortlich sein. Das sieht die Politik nicht vor, solange er sich nichts zuschulden kommen lässt oder für »Parteifreunde« unbequem wird.

War es nicht Konrad Adenauer, der einmal sagte: »Was kümmert mich mein Geschwätz von gestern«? Politische Standpunkte sind druckempfindlich und unterliegen damit einer gewissen Flexibilität«.

»Schaut euch mal ein paar Beispiele an, die ich bei meinen Recherchen fand:

Andrea studierte <u>zwanzig</u> Semester Politik, Philosophie und Germanistik. Ein breit gefächertes Studium, wofür es zwar keine Arbeit gibt, aber hervorragend als Grundlage für eine politische Karriere bei den Roten dient. Mit ihrem Wiedereinzug in den Bundestag 2005 stellte sie die Arbeit an ihrer Promotion zwar ein, konnte aber schließlich für ihre spätere Nominierung als Arbeitsministerin ihre eigenen guten Erfahrungen einbringen, wie man erfolgreich wird, ohne zu arbeiten und sich eine satte Pension nach kurzer Arbeitszeit sichert, die die Mehrheit der arbeitenden Bevölkerung auch nach 50 Arbeitsjahren nicht erreicht«.

»*Katja* absolvierte ein Magisterstudium in Slawistik, Amerikanistik und Rechtswissenschaft. Den üblichen Abschluss ersetzten »Praxiserfahrungen« durch freiwillige soziale Jahre in Russland, die leicht den Gesamtblick auf das Wesentliche verstellen, sich für eine politische

Führungsaufgabe bei den Linken aber geradezu prädestinieren«.

Volker hat auch keinen Beruf - nur den des Politikers. Sein Studium der Kunstgeschichte, Geschichte und Germanistik in Stuttgart brach er nach vier Jahren ab, (scheint ein grün-rotes Problem zu sein) ging 1987 als Mitarbeiter zur Bundestagsfraktion nach Bonn. Damals kümmerten sich nur wenige um sein verständliches Herzensanliegen, die Gleichberechtigung von Schwulen und Lesben, deren Verband (LSVD) er von 1991 bis 2004 vorstand. Seine politischen Freunde hat er überzeugt; sie werden ihn vermissen, nachdem er über seinen Drogenkonsum gestolpert und ausgeschieden ist. Wobei: Die wahre Droge ist die Macht und da müssten viele zurücktreten. Hoffentlich wird er nicht zum Hartz-IV-Empfänger und findet wenigsten irgendwo einen Job als Berater. Bezeichnend, dass dies keine große Berichterstattung Wert war. Er hatte ja für die meisten Medien das »richtige« Parteibuch. Im Nachruf seines Heimatkreisverbandes Köln wird ihm bestätigt, »das Gesicht der Grünen« geprägt zu haben. Ohne ihn »wäre unsere Republik nicht die bunte Republik«, die sie heute ist. In grünen Kreisen gilt das anscheinend als Kompliment.

»*Claudia (Fatima),* das Gewissen der Republik als Bundesbetroffenheitsbeauftragte wählte als Grundlage für ihre Karriere bei den Grünen ein Studium mit den Fächern Theaterwissenschaft, Geschichte und Germanistik. Zwei Semester reichten als Rüstzeug für ein ausgeprägtes theatralisches Verhalten, das immer dann hilfreich eingesetzt wird, wenn es um Problemthemen wie z.B. Flüchtlinge oder die Rechte von Schwulen und Lesben geht. Sie setzt sich halt gerne für Minderheiten ein (und für Volker), die Gute. Sonst wäre sie ja auch nicht bei den Grünen. Als Berufsangabe für das Bundestagshandbuch wählte sie passender Weise »Dramaturgin«.

Start für ihre politische Karriere war 1985 als Pressesprecherin. Für dieses Amt hatte sie parteiüblich keine Qualifikation - aber weil sie mehrere Jahre Managerin der Polit-Rockband „Ton Steine Scherben" war, entschied die Fraktion, dass die stürmische Frau es auch mit den GRÜNEN aushalten würde.

Auch bei geschichtlichen Fragen lässt sich das erworbene Studienwissen einbringen, was schon mal daneben gehen kann, wenn der angesprochene Stoff in den zwei absolvierten Semestern noch nicht enthalten war. In einer Münchner Runde gab sie gut gemeint zum Besten, die Türken hätten Deutschland nach dem Krieg wieder aufgebaut. Interessante Auslegung. Demzufolge waren die Trümmerfrauen und Millionen Flüchtlinge und Heimatvertriebene aus den ostdeutschen Gebieten, die für den Aufbau sorgten, also Türken. Vielleicht hatte sie das Kopftuch irritiert, was ja leicht zu einer Verwechslung führen konnte, weil es damals noch nicht misstrauisch beäugt wurde, wenn es deutsche Frauen bei der Arbeit trugen. Anders ist es nicht zu erklären, da es Deutschland bereits 1959 zur zweitgrößten Industrienation gebracht hatte und das Wirtschaftswunder vollendet war, die türkischen Gastarbeiter aber erst 1961 nach Deutschland

kamen. Ansonsten muss sich auch die Sozialwissenschaftlerin und Publizistin Necla Kelek geirrt haben, als sie betonte, dass die türkischen Gastarbeiter nicht Deutschland, sondern ihr eigenes Land, die Türkei, gerettet hatten, in dem die Arbeitslosigkeit seinerzeit sehr groß war.
Claudia weiß scheinbar nicht, was sie tut, tut aber, was sie kann«. Bleibt halt ihrer Parteilinie treu.
Immerhin reichte es zur Bundestagsvizepräsidentin, wo sie das Wort erteilen oder mit Glocke wie im Kindergarten wieder zur Ordnung rufen darf, wenn wieder mal Zank zwischen den Parteien aufkommt; nicht der Sache wegen, sondern aus ideologischen Gründen.

»Interessant, auch *Katrin*, die sich nach dem Abitur für ein Studium der ev. Theologie entschied, aber wie die erwähnten Vorgängerinnen auch abbrach. Widerspruch ihrerseits ist trotzdem nicht zu hören, wenn sie als »Theologin« bezeichnet wird.

Zum Thema Flüchtlinge meinte sie im Nov. 2015 als EKD-Synodale und Fraktionsvorsitzende von Bündnis 90/Die Grünen, dass Deutschland religiöser, bunter, vielfältiger und jünger wird. Ihr zufolge profitiere die Gesellschaft von den Asylbewerbern: »Wir kriegen jetzt plötzlich Menschen geschenkt«. Durch die Zuwanderung bekämen Unternehmen die benötigten Fachkräfte. Es sei eine schöne Ironie der Geschichte, dass Flüchtlinge künftig die Renten von Wählern der »Alternative für Deutschland« (AfD) bezahlten. Die Zuwanderer veränderten Schulen, Unternehmen und Straßenbild. Zwar könne es auch zu Schwierigkeiten kommen, etwa knappem Wohnraum oder mangelnden Plätzen in Kindertagesstätten, aber diese Probleme seien überwindbar. Es gäbe keinen Grund, Angst zu haben«.

Chantal:
»Der Flüchtling als Rentenzahler für die AfD? Welch Unsinn!
Der Flüchtling als die qualifizierte Fachkraft, die händeringend ersehnt wurde? Das war eine Schönrednerei und grenzte schon an Volksverdummung! Ehrlicher war die Aussage eines Vorstandsmitgliedes der Bundesagentur als er darauf hinwies, dass viele Flüchtlinge wohl eher die »Fachkräfte von übermorgen« seien, wobei sein Kollege sogar damit rechnet, dass erst ihre Kinder eine gute Perspektive haben, die Fachkräfte von übermorgen zu werden. Hindernis wären neben fehlender Qualifikation die fehlenden Sprachkenntnisse.

Allein die 40.000 unbesetzten Lehrstellen im Jahr reichen nicht für deutsche Schulabgänger und die Ausbildung der hohen Migrantenzahl, wurde gesagt. Oder doch? Ja, schon, wenn man die 60% abzieht, die keine acht Jahre Schulbildung besitzen und daher für eine Ausbildung gar nicht erst in Frage kommen, die 15% Prozent Analphabeten berücksichtigt und die 8 bis 10% ohne Schulabschluss. Und warum leben dann in Deutschland nach einer Studie schon etwa 77% der Iraker, 90% der Libanesen und sogar 120% Kosovo-Albaner von Hartz IV?

120%? Ja, weil es etwa einem Fünftel von ihnen gelungen ist, die Hilfe doppelt zu beantragen.

Besser wäre eine Antwort auf die Frage gewesen: »Wie viele Leistungsempfänger verkraftet ein Staat, bevor er zusammenbricht, wenn aus ihm keine Leistungsträger werden«? Sogar die Bundesministerin Andrea Nahles sah ja nur 10% der Einwanderer als tauglich für den Arbeitsmarkt.

Der Flüchtling als Veränderer in Schulen? (ja, schon, aber in welcher Weise?) Wie muslimische Kinder in Ballungsgebieten das schulische Zusammenleben mit Andersgläubigen handhaben, wurde fast täglich bewiesen. Bedeutet Veränderung allein schon Qualität?

Sie hätte ihr Studium besser zum Abschluss bringen sollen.

Bildung und Politik? Manchmal unüberwindbare Gegensätze, wenn es wieder einmal nach dem ABBA-Prinzip geht: Abitur – Bafög – Bundestag – Altersversorgung. Der damalige grüne Vorzeige-Außenminister hatte zwar auch nichts gelernt, war aber wenigstens Taxifahrer. Immerhin.

Helmut Schmidt sagte mal:

»Die heutige politische Klasse (er spricht bezeichnender Weise nicht von Elite) ist gekennzeichnet durch ein Übermaß an Karrierestreben und Wichtigtuerei und durch ein Übermaß an Geilheit, in Talkshows aufzutreten«.

Manchen politisch Aktiven hört man am liebsten zu, wenn sie nichts sagen.

»Es ist aber falsch und unfair, jetzt daraus zu schließen, die Politik wäre nur das Sammelbecken für »Abbrecher«. Mitnichten, denn es gab immer schon ehrenhafte, fleißige und eine Reihe von promovierten Personen, auch wenn sich dann wieder mal herausstellte, dass Plagiate im Spiel waren.

Bildung ist zum Glück nicht unbedingt Voraussetzung für eine politische Karriere in manchen Parteien, die auch für »unheilbare Einfaltspinsel« ihre Tore weit geöffnet haben. Der Einstieg in eine Partei – wie gesehen – geht ja ohne Studium, mit mittelmäßigem Schulabschluss, um eine Führungsposition z.B. durch Frauenquote zu ergattern. Vielleicht war das der Grund, dass der Frauenanteil mit aller Kraft erhöht werden musste, um auch für politisch geeignete Bewerberinnen wieder Platz zu schaffen. Man könnte auch sagen, Abbrecher blockierten qualifizierte Frauen, deshalb war eine höhere Quote erforderlich. Die LINKEN und GRÜNEN wissen schon, warum sie 50% parteiintern einführten. Frauen in der Politik? Da braucht es dringend bei manchen Parteien eine Obergrenze, denn sie sind scheinbar nicht unbedingt ein Allheilmittel.

Was in der Politik klappte, sollte sich auch anderen Orts bewähren. Naheliegend, eine Quote deshalb auch in den Unternehmen einzuführen, um nicht nur die politische Landschaft und damit den Bürger, zu schädigen. Bezeichnend ist, dass die frühere Familienministerin Manuela Schwesig (SPD) mit ihrer 30% Quotenforderung bei den Linken mit deren Gegenforderung von 50% auf Widerstand stieß. Nicht mehr Qualität, sondern Quantität, sollte auch in der Wirtschaft zählen. Obwohl diese Forderung gar nicht so abwegig ist, da Frauen die Hälfte der Bevölkerung darstellen und daher automatisch auch die Hälfte des Talents! So die Erkenntnis, die lt. Wikipedia aus Schweden kommt. Natürlich von einer Frau.

Der Stuhl kann jedoch auch frei bleiben, wenn keine Frau für den Aufsichtsrat geeignet scheint. Scheinbar mit der Überlegung: Ob da jetzt eine Frau sitzt ...??
Für den Fall, dass der Aufsichtsratsposten aus Vernunftgründen doch wieder besetzt werden sollte, kamen Männer auf die pfiffige Idee, ihr Wahlrecht in Anspruch zu nehmen und sich als Frau zu fühlen. Ganz im Sinne des Genderismus, der zwischen Mann und Frau keinen Unterschied mehr macht. Der Mensch ist das, was er fühlt. Ein klassisches Eigentor, weil sich damit eine Frauenquote erübrigt und wieder die Qualität entscheiden könnte. Diese Erkenntnis ließ den von einigen emanzipierten Damen entfachten Sturm im Wasserglas schnell wieder abflauen«.

»Politik ist sicher kein leichtes Geschäft. Aber auch wenn ich lange zurückdenke, kann ich mich nicht an so viel Unfähigkeit erinnern, wie seit Jahren praktiziert, wenn ich neben der Islamisierung nur an die Themen Pleite-EU-Länder, Genderismus oder Bundeswehrabrüstung denke. Aber jedes Volk erhält die Regierung, die es verdient, heißt es«.

Die geistliche Elite

Da konnte *Josef* durch sein Studium einiges einbringen.

»Im Mittelalter war die geistliche Elite eine absolute Machtelite, politisch tonangebend. Sie machte den Regierenden das Leben durch Intrigen und Drohungen schwer, konzentrierte ihren Einfluss aber im Laufe der Zeit – friedlich und ganz dem Zeitgeist geschuldet – noch stärker auf die Auslegung der Bibel nach eigenem Gutdünken, was ohne weiteres funktioniert, wenn man andere Verse einfach unberücksichtigt lässt. Da haben einige Würdenträger der heutigen Zeit einiges ihren Vorvätern abgeschaut. Weil der einmal vorhandene Einfluss aber abnahm, machte man anbiedernd einem Toleranzgedanken Platz, mit dem man sich zwangsläufig immer mehr vom Glauben verabschiedete.

Dabei sollte klar sein: Wer die Erwachsenentaufe nicht akzeptiert, akzeptiert die Bibel nicht. Wer Jesus eine Vermittlerin beistellt, akzeptiert die Bibel nicht. Wer dem Abendmahl Sündenvergebung hinzudichtet, akzeptiert die Bibel nicht. Wer sich Heiliger Vater nennt, akzeptiert die Bibel nicht. Wer aus Jesus einen anderen Gott macht, akzeptiert die Bibel nicht. Wer die eigene Organisation zu der allein selig machenden Organisation macht, akzeptiert die Bibel nicht. Wer mit solchen Leuten Ökumene macht, akzeptiert die Bibel nicht. Schon gar nicht, wenn er den Islam als »Bruder-Religion« willkommen heißt, den Ramadan mitfeiert und das Wohl der muslimischen »Gäste« wichtiger ist, als das Heil der Gläubigen.

Da stellt sich die Frage, wie viele Pfarrer noch an das glauben, was sie predigen«!

Die Wirtschafts-Elite

war das Thema von Michi, der als Unternehmer seine eigenen Erfahrungen machte.

»Sie gehört zweifelsohne zum Kreis der Machtelite. Sie wird gefragt und übt eine beratende Tätigkeit aus, wenn es um politische Entscheidungen geht, von denen sie betroffen sind, selbstverständlich absolut neutral, ohne eigene Interessen im Blickfeld zu haben. Vielleicht hat die Beratung 2015 weniger Früchte für die Wirtschaft gebracht, weil das Spendenvolumen der Unternehmen und Wirtschaftsverbände von über 1,4 Mio € im Vorjahr auf 1,12 Mio € zurückging. Politik und Wirtschaft sind aber schon saubere Geschäfte, weil eine Hand die andere wäscht.

Wer Macht hat, zeigt sich schon allein an den Einkommensunterschieden gegenüber dem Normalbürger und wie die Schere zwischen Arm und Reich immer weiterauseinander geht.

Wirtschaftsbosse sind ungefähr 54 mal klüger und fleißiger als das normale arbeitende Volk, deshalb verdienen sie mit Recht auch 54 mal soviel wie Mitarbeiter in den unteren Etagen. Das zeigte die Veröffentlichung der Topmanager-Gehälter.

Die Gehälter der DAX-Chefs 2014 reichten von 15 Mio. € für Spitzenreiter Martin Winterkorn (VW) bis Schlusslicht R. Ploss (Infineon), der mit nur 3,2 Mio. schon fast zu bedauern war. Der Durchschnitt lag bei 5,3 Mio € im Jahr.

Für diese Topmanager wäre teilweise bereits mit 60 Jahren der wohlverdiente Ruhestand realisierbar. Ausnahme Dr. Frank Appel von der Dt. Post, der seinen scheinbar besonders stressigen Job schon mit 55 Jahren abgeben konnte. Dafür aber versüßt mit einer kümmerlichen jährlichen Pensionszusage von nur 982 Tausend Euro. Wie soll man da über die Runden kommen, wo doch alles immer teurer wird? War vielleicht auch der Grund, dass die Post mehrmals ihre Portosätze erhöhen musste, um diese Zahlungen zu bewerkstelligen.

Auch bei den Pensionszusagen lag die Autoindustrie an der Spitze, wobei der VW-Vorsitzende Winterkorn allerdings von Dr. Zetsche (Daimler, Abgang mit 60 u. 4,154 Mio. Euro) abgelöst und mit 63 Jahren auf den undankbaren 4. Platz mit nur 1,342 Mio. Euro verdrängt wurde. Da zeigte sich das Schlusslicht Dr. Büchele von Linde auf Platz 30. mit nur 58.000 € p.A. und Eintrittsalter 65 wirklich als – man kann schon sagen diskriminiert – und unterbezahlt. Zumal er sich im Vergleich mit seinen DAX-Kollegen mit bescheidenen 3,2 Mio p.A. während seines aktiven Berufslebens zufrieden geben musste und damit um den Schlusslichtplatz mit R. Ploss von Infineon konkurrierte. Eine Schande.

Jedes Jahr getrieben von gleichen Gewissensbissen und schlaflosen Nächten haben es Manager wirklich nicht leicht, denn im Grunde sind sie scheue, bescheidene Menschen. »Soll ich mir das Gehalt erhöhen, oder nicht«? Letztlich siegt der Überlebenswille und trotz Rückgang der Gewinne heben sie sich die Bezüge exorbitant an. Vor allem die Fixbezüge, damit sie beim Einkommen nicht mehr so erfolgsabhängig sind. In einem funktionierenden Vergütungssystem dürfte das eigentlich nicht sein, wenn Leistung zählt und nicht die Gier.

Hier können wir bestimmt punkten, wenn wir da ansetzen«

Bildung – Charakter – Manager

Holger fragte sich, wie es sein kann, dass Führungskräfte alle möglichen Voraussetzungen besitzen (Ausbildung, Einbildung…), aber die Persönlichkeit nicht immer mit der beruflichen oder gesellschaftlichen Stellung harmoniert?

Die Bedeutung charakterlicher Eigenschaften als wichtige Voraussetzung und Grundlage für die spätere berufliche Entwicklung wurde nach seiner Meinung scheinbar in der Ausbildung an Universitäten, Hochschulen oder Bildungsinstituten vernachlässigt.

Dieser Frage wäre in einem Arbeitskreis nachzugehen weil Charakter es verdiente, in der Ausbildung berücksichtigt zu werden, um bei Problemen eine sozialverträgliche Lösung zu finden.

Holger:
» Wie soll das dann funktionieren, wenn Studenten, die von der Mama mit 17 zum Hörsaal gebracht werden, grad dass sie keine Schultüte dabei haben, mit 20 den Bachelor machen und bevor sie überhaupt checken, dass

die Pubertät angefangen hat, schon als Chiefmarketingofficer in einem Großkonzern sitzen. Erfahrung? Zählt nicht mehr, Theorie ist gefragt. Und diese Theorie wird nach dem Lehrbuch der Gewinnmaximierung praktiziert. Da verwundert es nicht, dass so viele Großbetriebe immer wieder ins Schlingern geraten oder von diesen »hochqualifizierten« Managern an die Wand gefahren werden.

Manager wissen aber, wie man Fehlentscheidungen korrigiert, denn das haben sie schließlich im Studium gelernt. Durch Kosteneinsparungen im Personalbereich. Entlassungen sind dann das Allheilmittel. Die einfachste und ideenloseste Weise in der Palette der Möglichkeiten, die bei Konzernen längst Routine ist. Personalabbau, die klassische Variante als Marketinginstrument, wenn es mal nicht so läuft?

Wer zurückblickt auf 2015, erinnert sich sicher, an die beiden gravierendsten Einschnitte. **Siemens** teilte mit, dass 13.100 Jobs weltweit wegfallen. Man bezeichnete es als »Jahr der Konsolidierung«. Da der Umsatz bei 18,4 Milliarden stagniert und dadurch nur noch 9% als operativer Gewinn bleiben, man aber 10 bis 11% einfahren will, eine »unumgängliche« Maßnahme.

Die **Deutsche Bank** eröffnete, Filialen zu schließen und bis zu 15.000 Stellen zu streichen, um die horrenden Verluste aufzufangen, was auch bei der **Hypo-Vereinsbank** eine Sanierungs- und Gewinnoptimierungsmaßnahme war.

Wie soll man da anderes annehmen, als dass bei strukturellen oder akuten Problemen reflexartig an der Schraube der Personalkosten gedreht wird? Ein Armutszeugnis, aber bezeichnend, wenn die Führungsebene nicht mehr weiter weiß oder Entwicklungen verschlafen hat. Dabei wird vergessen, dass mit dem eigenen Rücktritt und Haftung der Verantwortlichen locker Einsparungen für die Weiterbeschäftigung von Mitarbeitern zu erzielen wären, die ja die eigentliche Arbeit machen und deshalb unverzichtbarer, oder?

Hilfreich wäre auch, mehr auf seine Bank-Mitarbeiter zu hören und nicht, sozusagen von oben herab, vom grünen Tisch, praxisfremde Entscheidungen für das Tagesgeschäft zu treffen, hinter denen Mitarbeiter aus Gewissensgründen oftmals nicht stehen können, weil sie es sind, die nahe am Kunden sind und ihre Beratungsfunktion verantwortungsbewusst vornehmen wollen. Natürlich sind es dann aber immer die Versäumnisse der Vorgänger, denn wer macht schon Fehler und steht dazu«?

Der Mensch ward zum Spielzeug der Großkopferten. Persönlich sind sie ja von ihren eigenen Fehlentscheidungen nicht betroffen. Die Tantiemen im zweistelligen Millionenbereich sind auch weiterhin sicher. Oder es winkt eine satte Abfindung, mit der man sich eine eigene Insel in der Karibik kaufen kann, um dort über den Sinn des Lebens zu philosophieren«.

Zweites Arbeitstreffen

Thema: Der europäische Gedanke - Nur Gemeinsamkeit macht stark oder: Die größte Fata Morgana aller Zeiten?

»Glaubt jemand noch nicht an Prophetie«, fragte *Waldi*. »Dann wird er jetzt eines Besseren belehrt. Neulich fand ich beim Entrümpeln im Keller ein verstaubtes Drehbuch eines Zukunftsromanes aus den 50-er Jahren – heute sagt man dazu wohl Science Fiction oder Prophetie, wenn es sich dann tatsächlich so einstellt, wie beschrieben. Der Verfasser ist nicht bekannt, aber es liest sich sehr spannend. Eine Mischung aus Liebesgeschichte, Intrigen, Tragik, Verleumdungen, Ver(w)irrung und Verarschung – wie im richtigen Leben.

Es geht um liebe Menschen, die sich wie in den 68-er Jahren zu einer Kommune zusammenfanden um dort ihr Leben nach ihren Vorstellungen zu gestalten. Kurz gesagt, im Laufe der Zeit aber immer mehr ihr wahres Gesicht zeigten indem sie sich außerhalb einer Gesellschaft stellten, die natürlich nach ihren Ansichten und zu ihrem Besten verändert werden musste.

Die Story

Die Ähnlichkeit ist verblüffend. Es ist im übertragenen Sinn die Geschichte der EU, die zu erzählen interessanter, weil zeitgemäßer, ist.

Es begann mit einer kleinen Gruppe von nur 6 Personen, die sich länderübergreifend zwar nicht einmal der gleichen Sprache bedienten, aber dafür eine gemeinsame

Grundidee hatten. Zusammenfinden zu einer großen Familie, über die Grenzen hinaus.

1951 war es nur eine kleine Familie aus Vater, Mutter und vier bereits erwachsenen Kindern – man nannte es Montanunion, bestehend aus Deutschland, Frankreich, Italien, Belgien, Niederlande und Luxemburg. Daraus entwickelte sich eine sehr sehr große Patchwork-Familie (europäische Union) mit einer Vielzahl von Adoptionen (Ländern), und damit unterschiedlichen Lebenseinstellungen, Sorgen, Wünschen und Problemen, je nach Nationalität und Kulturkreis. So etwas führt nicht immer zu Übereinstimmungen, sondern auch zu Kummer und Zwietracht. Wie in jungen Jahren üblich, gibt es da auch Meinungsverschiedenheiten und Streitigkeiten unter den männlichen und weiblichen Geschwistern. Die Jungs finden Mädels erst mal blöd und die Mädels fühlen sich immer unterdrückt und nicht ernst genommen. Hat sich bei manchen Mädels von der Kindergartenzeit bis heute gedanklich manifestiert, was immer wieder zu komischen Vorschlägen führte.

Da musste schon eine strenge Hand her, um nicht zu sagen ein autoritärer Führungsstil durch ein Oberhaupt, das sagte, wo es lang geht, (solange du deine Füße unter meinen Tisch stellst …) was natürlich Kindern nicht immer passt, vor allem, wenn sie in das Flegelalter kommen und ihre pubertäre Phase ausleben. Ausleben ist aber meist nicht genug, besser ist, Andere vom eigenen Gedankengut zu überzeugen und für sich zu gewinnen, was ja nicht schlecht sein muss, wenn es einen Nutzen für alle

Beteiligten bringt und nicht zur einseitigen Bevorzugung führt. Ist aber sehr schwierig, wie die Entwicklung zeigte.

Der Begriff Toleranz war damals noch nicht so strapaziert und wird vielfach auch heute noch nicht richtig verstanden, wenn darunter eine Offenheit nach allen Seiten gemeint ist, denn wer nach allen Seiten offen ist, kann nicht ganz dicht sein.

Toleranz bedeutet häufig, der Unmoral Glaubwürdigkeit zu verschaffen und diejenigen schlechtzumachen, die Gottes moralischen Richtlinien nachfolgen.

Diese »neue«, negative Toleranz oder besser gesagt Intoleranz, wurde immer offenkundiger, auch durch das Abhängen der Kreuze in öffentlichen Gebäuden, denn es bedeutet ja, dass der christliche Glaube sich nicht mehr sichtbar ausdrücken darf.

Der katholischen Kirche lag dieser Begriff Toleranz sowieso schwer im Magen und wurde als Unwort des Jahres ins Gespräch gebracht. Verständlich, bedeutete es doch, ihre Position zur Marienanbetung, das Dogma zur Unfehlbarkeit des Papstes oder die Meinung zur Frauenordination zu überdenken. Und das geht dann wirklich zu weit, meinte die Amtskirche. Schließlich besitzt sie ja den unfehlbaren Stellvertreter Gottes auf Erden und damit die absolute Wahrheit.

Der Familienrat (das EU-Parlament) riss immer mehr Entscheidungen an sich und entmachtete damit die einzelnen Mitgliedsländer in ihrer Souveränität, wobei die Übernahme nicht nur bei wirtschaftlichen Themen stattfand. Im Prinzip richtig, wenn man eine Entscheidungshoheit den einzelnen Familienmitgliedern nicht zutraut, weil sie der Pubertät noch nicht entwachsen sind oder diese schlicht und einfach nicht akzeptieren wollen. Wo sollte das nur hinführen? Die Antwort folgte auf dem Fuß.

Zuerst einmal taten sich einige emanzipierte Mädels zusammen und stellten die angebliche Vorrangstellung der Jungs in Frage. Dabei vergaßen sie ganz, auch Meinungen von Freunden und Bekannten aus der ganzen Patchworkfamilie (dem in ihren Augen »unmündigen Wahlvolk«) einzuholen.

Sie waren als Minderheit der Meinung, dass die traditionelle Geschlechterrolle die Entfaltung der Frau einschränkt und diese deshalb ihr Potenzial als Mensch nicht ausschöpfen kann. Schon war ein neuer Begriff geboren, der das Rollenverständnis wieder gerade rücken sollte: »Genderismus«.

Und weil die Frauen in der Familie im Laufe der Zeit eine starke, selbstbewusste Macht waren – einige männliche Wesen passten sich lieber an, um es sich mit der Weiblichkeit nicht zu verderben – wurde ihr Wunsch sozusagen »demokratisch« legitimiert, ohne Mitglieder der großen Patchworkfamilie (dem lästigen Wahlvolk) zu befragen. Schließlich hatte sich eine Minderheit durch Wahl zum Familienrat legitimieren lassen und damit die Entscheidungshoheit gesichert. Über die lästige Parlamentsmehrheit hinweg, damit diese nicht mehr gefragt werden musste. Obwohl nicht mehr zum etablierten Kreis gehörend, hatten sie aber das Recht, die Zusammensetzung alle paar Jahre neu zu wählen, um eigene Gedanken durchzubringen oder schlechte Entscheidungen rückgängig zu machen. Eine faire Regelung, auch wenn erst fünf Jahre ins Land ziehen mussten, in denen manches vom Familienrat gegen die Wand gefahren werden konnte.

Eine verblüffende Ähnlichkeit dieses Drehbuches mit der Entwicklung der EU. Wer kann das leugnen?

Wirklich spannend wurde es, als diese europäische Großfamilie EU unbemerkt von allen anderen Verwandten und Angeheirateten in einer Abstimmung am 10.3.2015 mit 441 Ja-, 205- Neinstimmen und 52 Enthaltungen feststellte, dass durch die traditionellen Geschlechterrollen die Entfaltung der Frau eingeschränkt wird und sie deshalb ihr Potenzial als Mensch nicht ausschöpfen kann. Die Gleichheit war in Gefahr. Zwischen Mann und Frau aber auch zwischen Frau und Mann. Gender war das Zauberwort.

Der deutsche Familienzweig hatte als fortschrittliches Land Gender sofort zu einer Leitlinie ihrer Politik (Gender Mainstreaming) erhoben. Gender sollte demnach überall hinein: In die Köpfe, in Gesetze, Budgets, Lehrpläne, Universitäten, die Sprache, die Kirche. Das sorgte einerseits für viele neue Jobs und kostete andererseits viel Geld. Geld des Steuerzahlers, der dazu nicht gefragt wurde.

Da blieb verständlicher Weise keine Zeit mehr, sich um so banale Dinge zu kümmern wie ein Wildtierverbot im Zirkus oder Massenvergewaltigungen und Christenverfolgungen im islamischen Raum, die dramatisch zunahmen, um nur einiges zu nennen.

Wer sich – wenn auch erfolglos – an alle möglichen heiklen Themen heranwagt und dabei seine Hausaufgaben vernachlässigt, muss sich nicht wundern, wenn die »EU-Familie« immer mehr in den Abgrund steuert. Je größer sie wurde, weil sie immer mehr Begehrlichkeiten weckte – viele Neue wurden aufgenommen, ungeachtet der Unterschiede bei Wohlstand und Sozialsystemen zwischen den neuen und alten Mitgliedsstaaten – umso schwieriger wurde es, alle Vorstellungen unter einen Hut zu bringen. Aufnahmekriterien? Eine Bilanz ist nur dann gut, wenn ich sie selbst gefälscht habe, dachten scheinbar einige, was zu einer enormen Schieflage führte. Wobei böse Zungen behaupten, dass bei der Aufnahme Rumäniens und Bulgariens auch geopolitische Gründe eine Rolle gespielt haben dürften, da sie der EU einen offenen Zugang zum Schwarzen Meer bieten.

Eine große Familie erfordert Spielregeln. So machten sich die Verantwortlichen mit Oberlehrereifer daran, alles zu vereinheitlichen. Formate, Größen, Bezeichnungen und sogar Ansichten. Ein EU-Einheitsbrei aus Gesetzen und Verordnungen, zum Wohle aller Länder. Man hatte sich in der eigenen Traumwelt eingerichtet und es sich dort gemütlich gemacht. Dies führte verständlicher Weise zu einem Verwaltungsaufwand, sodass man später mit dem ehemaligen Ministerpräsidenten Stoiber als ehrenamtlichem Mitarbeiter einen Sonderberater installieren musste, um die Bürokratie – wenigstens teilweise – wieder abzubauen.

Was so blumig und hoffnungsvoll begonnen hatte, stand auf einmal nahe am Abgrund, auch wenn es von verantwortlicher Seite nicht gesehen werden wollte. »In Brüssel sitzen doch nur Versager. Alles gescheiterte Existenzen, die von ihren Regierungen verjagt wurden. Das ist der größte Nietenverein Europas« sagte einmal Franz Beckenbauer.

Sicher war auf jeden Fall, dass alles unsicher war.

Diese Meinung vertraten schon 1998 die namhaften und anerkannten Professoren Wilhelm Hankel, Wilhelm Nölling, Karl Albrecht Schachtschneider und Joachim Starbatty – auch als Viererbande, selbst ernannte Volksvertreter oder Anti-Euro-Senioren beschimpft, mit ihrem Buch »Die Euro-Klage – Warum die Währungsunion scheitern muss« das einen Sturm der Entrüstung bei Medien und Politikern auslöste. Abfällig wurden sie als »Wichtigtuer« und »Angstmacher« bezeichnet, weil sie schrieben: »Wer real lauernde Gefahren nicht sieht oder bagatellisiert, ist kein verantwortungsvoller Politiker; wer auf real lauernde Gefahren hinweist, ist kein Angstmacher oder Populist, sondern Realist« (Diese Aussage könnte übrigens auch über dem Thema der Islamisierung Europas stehen).

Die Griechenland-Pleite war schon ein paar Jahre später (2011) absehbar und manche Stimme erhob sich um klar zu machen, dass der eingeschlagene Weg der Euro-

Rettung letztlich in Staatsbankrott und Währungsreform ende. »Dieser Prozess wäre schon jetzt unumkehrbar, doch will das niemand laut sagen und als derjenige ins Geschichtsbuch eingehen, der den Knall ausgelöst hat. Daher überlasse man den Offenbarungseid späteren Regierungen und werfe einstweilen gutes Geld schlechtem hinterher. Irgendwann, das ist sicher, wird das System durch politische und ökonomische Faktoren gesprengt. Und leider besteht die große Gefahr, dass dann nicht nur der Euro zerbricht, sondern die EU insgesamt«, so ein verantwortungsbewusster Fachmann.

Diese Aussage sollte sich schon bald bewahrheiten. Europa geriet mehr und mehr ins schlingern. Europa? Zumindest diejenigen Länder, die sich zu diesem Zusammenschluss gefunden hatten. Große Teile Europas gehören nicht zur EU. Und sie wollen auch nicht, wie die Schweiz, Island und Norwegen beweisen. Aus guten Gründen.

»*Von seinen Schulden gelähmt, am Tropf europäischer Mächte, behindert durch seine ineffiziente Verwaltung*«: Diese gnadenlose Bestandsaufnahme der griechischen Probleme verfasste der französische Schriftsteller Edmond About... im Jahr 1858. Hat sich daran etwas geändert?

Auch Spanien stark verschuldet und mit hoher Arbeitslosigkeit. Von Italien gar nicht erst zu reden. Es ging bergab. Auch wenn bei uns die »schwarze Null« schön frisiert, stand. (Gemeint ist die Finanzlage, nicht die politisch Agierenden). Deutschland wurde überall zur Kasse gebeten.

...wir wollen uns dazulegen!

..die retten den Euro!

Die Euro-Länder waren mittlerweile finanziell so eng miteinander verwoben, dass das Gebilde – ohne enormen wirtschaftlichen und politischen Schaden anzurichten – praktisch nicht mehr entwirrt werden konnte. Sagte ja auch unsere Bundes-Mutti, indem sie feststellte, dass Europa scheitert, wenn der Euro scheitert.

Um dem steigenden Unmut zu begegnen, machten sich viele Medien wieder zum Sprachrohr der Politik. Ich habe gelesen, dass die EU beispielsweise Journalisten dafür bezahlte, dass diese positiv über Brüssel berichten. Knapp eine Million Euro hätten allein deutsche Journalisten bislang dafür heimlich erhalten und dazu sogar eine Verpflichtungserklärung unterschrieben, in der es u.a. heißen soll: »Ich versichere, das Image der EU, ihrer Politik und Einrichtungen weder direkt noch indirekt zu schädigen«

Im Klartext: Kritische Berichterstattung war unerwünscht. Und die Journalisten berichteten linientreu. Natürlich gegen Bezahlung. Als sie dann von »Europa-Hassern« und „Europa-Kritikern" schrieben, meinten sie linientreu in Wirklichkeit all diejenigen, deren Begeisterung überschaubar war für die immer aufdringlichere Einmischung einer halbdemokratisch organisierten Staatengemeinschaft samt überbezahltem Bürokraten-Wasserkopf.

Ein gewisser Herr Schulz, seinerzeit EU-Parlamentspräsident, hatte erkannt, was viele nicht verstehen wollten: »Nur eine europäische Regierung mit gemeinsamer Wirtschaft und Kultur kann die Lösung sein«. Vielleicht hat ihn dazu der Prophet Daniel inspiriert, der mit seiner Weissagung bereits vor 2500 Jahren ein wiedervereintes römisches Reich ankündigte. Hätte der gute Herr Schulz zu Ende gelesen, wäre ihm aufgefallen, dass Daniel von der Entstehung einer neuen Weltmacht sprach, einer neuen Welt, die von Katastrophen heimgesucht wird und am Rande des Chaos steht, Frieden verspricht und von dem die Bibel sagt, dass sie in den letzten Tagen entstehen wird aber kein gutes Ende findet. Kann die Entwicklung ignoriert werden?

Die Grundlage zur europäischen Regierung wurde bereits 2009 mit dem Vertrag von Lissabon gelegt, der die nationale Souveränität der meisten europäischen Staaten beendet und die wichtigsten Entscheidungen für die Bürger Europas von einer kleinen, elitären Gruppe treffen lässt, von denen viele ihr Amt nicht durch eine Wahl bekommen haben.

Damit war der Weg zu einem neuen Demokratieverständnis geebnet, wie Jean-Claude Juncker zu seiner Zeit als luxemburgischer Regierungschef mehr als deutlich feststellte: »Wir beschließen etwas, stellen das dann in den Raum und warten einige Zeit ab, ob was passiert. Wenn es dann kein großes Geschrei gibt und keine Aufstände, weil die meisten gar nicht begreifen, was da beschlossen wurde, dann machen wir weiter – Schritt für Schritt, bis es kein Zurück mehr gibt«.

Das alles aber waren eigentlich nur Ablenkungsmanöver. In Wahrheit ging es um ein erweitertes Europa mit Ländern wie Ägypten, Lybien, Algerien, Tunesien und dem Libanon für den Anfang, in einem neuen Eurabia unter Führung eines muslimischen Europapräsidenten, der nur über eine stärkere muslimische Beteiligung in Volksabstimmungen durchgesetzt werden konnte. Erste Sondierungsgespräche fanden angeblich bereits statt und die Entwicklung in Deutschland war nicht zu übersehen.

Die so hoch gelobte EU hat sich zu einem hässlichen, bürokratischen und zentralistischen Moloch entwickelt, von den Bürgern so nie gewollt, auf dem besten Wege, wirtschaftlich starke Länder, allen voran Deutschland, zugrunde zu richten. Ihr Problem war, dass sie fett wurde, anstatt Muskeln anzusetzen und damit um so weniger erreichte, je mehr sie haben wollte. Die Warnungen der »Viererbande« hatten sich bewahrheitet.

Für uns als bayrische Partei, christlich orientiert, sollten wir auf die Entwicklung durch entsendete Abgeordnete stärker als bisher Einfluss nehmen. Am besten wäre ja ein Austritt, aber da hängen wir halt am Tropf der muslimischen Regierung, die sicher dort an Einfluss gewinnen will, um mehr muslimische Staaten durch Erweiterung aufzunehmen. Stichwort Eurabia«.

Drittes Arbeitstreffen: Der Genderismus

Mit diesem Thema hatte sich *Holger* gründlich auseinander gesetzt und startete seinen Bericht gleich mit einer Offensive gegen GRÜNE und LINKE. Seiner Meinung waren die absolut verzichtbar und das deckte sich mit der Meinung der meisten Einheimischen, weshalb sie in Bayern auch keine Rolle spielten, denn immer wenn man meint, schlimmer geht's nicht mehr, kam von irgendwo ein »Grüner« her. »Da stellt sich die Frage, ob es sein kann, dass sich manche Synapsen des menschlichen Gehirns einfach so verabschieden und den Menschen mit wirren Gedanken alleine zurück lassen, denn die Gender-

Ideologie ist ein unmittelbarer Beweis für die Vertreibung des gesunden Menschenverstandes.

Oder handelte es sich bei den Grünen um weise Vorausschau, denn immer das Ohr am Puls der Zeit, entging ihnen nicht der unausgesprochene Wunsch der Kleinkinder, alles über Sexualität zu erfahren, mit was sie in unserer aufgeklärten Welt einmal konfrontiert werden könnten. Und da Kinder bei Wünschen sehr penetrant sind, war es leichter, nachzugeben, als zu widerstehen. Die Gelegenheit wurde verständlicher Weise gleich für eine Umerziehung nach der Gender-Ideologie genutzt. Natürlich in kindgerechter Sprache.

Die Kleinsten sollten ihr Geschlecht hinterfragen und verschiedene sexuelle Spielarten und Sexualitäten kennenlernen. Unterrichtsbeispiele sind etwa Pantomime-Spiele, bei denen Begriffe wie »Porno«, »zu früh kommen« oder »Gruppensex« dargeboten werden sollen. Kinder sollten einen »Puff für alle« konstruieren und den Umgang mit Sexspielzeug erlernen. Alles Themen, die Kleinkinder absolut beschäftigen und deshalb dringend einer Aufklärung bedurften.

Damit aber nicht genug. Weg von der Gott gegebenen Familie und deren Erziehungsrecht, hin zur Vielfalt, weil eine lautstarke Minderheit unter Führung der Familienministerin überzeugt war, dass sich Familienbilder ändern (müssen). Um dies zu dokumentieren, wurde die Flagge der Homo-Lobby vor dem Familienministerium anlässlich des Christopher Street Day gehisst, auch wenn das als Alleinentscheidung nicht dem Beflaggungserlass entsprach. Seit Jahren setzt sich unsere Familienministerin dafür ein, die Familie um das Ehe- und Adoptionsgesetz für gleichgeschlechtliche Paare zu erweitern. Familie ist, was sich irgendwie zu einer Gemeinschaft zusammen findet. Der Weg zum Esel (Vierbeiner) ist da nicht mehr weit.

Die grün-rote Regierung von Baden-Württemberg (komisch, immer die gleichen Zeitgenossen) machte sich gleich an die Umsetzung. Ein Papier mit ca. 200 Maßnahmen wurde erstellt, mit welchen Mitteln die BW-Regierung die Umerziehung auf den Weg bringen wollte und was teilweise schnell realisiert wurde:

- Umstellung der Verwaltungen auf Gender-gerechte Sprache
- Überprüfung des Duden
- Überarbeitung von Broschüren
- Neugestaltung der Schulbücher
- Erstellung LSBTTIQ-gerechten Materials für Kindertagesstätten
- aktive Medienberatung mit Sanktionen für »transphobe« und »homophobe« Medieninhalte
- Anzeigen von Homo- und Transphobie in den Schulen
- Kürzung oder Streichung von Zuschüssen für Hochschulen, die das sog. »veraltete Menschenbild« – das Menschenbild aller Kulturen – lehren
- Unterordnung des Kirchenrechts unter das Allgemeine Gleichbehandlungsgesetz (AGG)

Wen interessierte noch, dass Artikel 6, Abs. 1 der Ehe aus einem Mann und einer Frau und der daraus entstehenden Familie – Vater, Mutter und Kindern – besonderen Schutz verleiht?

Warum auch den Kopf zerbrechen, wie das bekannte Ampelmännchen nun Gender gemäß zu gestalten wäre. Vielleicht Männlein mit Rock und Kopftuch, um allen gerecht zu werden und auch keine Befindlichkeiten von Muslimen zu verletzen? Eine echte Herausforderung für Grafiker. Wien hatte als erste Hauptstadt schnell reagiert und die Umstellung schon 2015 gemeistert. Allerdings noch nicht optimal. um nicht die Gefühle anderer Gruppierungen zu verletzen.

Das könnte die optimale Lösung sein

Das moderne, wenn auch arme Berlin ging gleich einen Schritt weiter und führte Unisex-Toiletten ein. Also neben Frauen- und Männer-Toiletten eine zusätzliche Toilette für Personen, die sich nicht festlegen wollen. Ausgerechnet im Pleite-Berlin.

München hatte eine anhängige Klage einer Kreuzfahrtreisenden zu behandeln, die in Seenot geraten war. Der Angeklagte hatte sie im Meer entdeckt und gerufen »Mann über Bord«, statt der Gender korrekten Form »Person über Bord«. Der Angeklagte zu seiner Entlastung: »Klar, mir war das beleidigte Gesicht der Frau im Wasser schon aufgefallen, und dass sie den Rettungsring verweigerte ebenfalls, doch ich hab' das echt nicht böse gemeint«. Die Passagierin, inzwischen wohlauf, ließ das nicht gelten und forderte eine hohe Strafe.
In der Psychiatrie sitzen Leute für weniger. Frag nach bei Gustl Mollath.

Auch in Madrid wollten sich Gender-sensible Organisationen der modernen Zeit anpassen und die Geschlechtlichkeit historischer Rollenfiguren aufbrechen. Erstmals sollte eine Frau ihre zwei männlichen Heiligen beim Umzug der Hl. Drei Könige begleiten. Immerhin trug die verkleidete Königin einen angeklebten Bart, um auf Kinder nicht allzu verwirrend zu wirken«.
Die Möglichkeiten einer Gender-Umsetzung sind vielfältig und die vorrangigen Wünsche der Minderheiten sicher ebenso. Holger hatte sich wirklich sehr gut vorbereitet.

»Sprechen wir diese Dinge an oder lassen wir sie unter dem Teppich? Dann sind sie zwar aus den Augen, aber immer noch da. Haben wir den Mut, für unsere Überzeugungen einzutreten«? Alle waren sich einig, damit nichts am Hut zu haben und es speziell in die Kampagne aufzunehmen. »Lasst uns doch auch darauf hinweisen, dass über eine Milliarde EUR in Deutschland alleine von 2000-2006 eingesetzt wurden. Mit etwa 200 Gender-Lehrstühlen an deutschen Hochschulen und mehr als 2.000 staatlichen Gleichstellungsbeauftragten, die nur damit beschäftigt sind, nach angeblichen Gender-Ungerechtigkeiten zu suchen. Der Genderwahn hatte an den Universitäten als »Wissenschaft« Fuß gefasst. Zu dieser Manipulation der Gesellschaft steht scheinbar endlos Geld zur Verfügung. Das könnte sehr schön ausgeschlachtet werden«.

Was war politisch sonst noch falsch gelaufen?

»Wenn wir die Geschehnisse mal Revue passieren lassen, muss an erster Stelle das Thema neue oder falsch verstandene Toleranz genannt werden, weil sich immer mehr Zugeständnisse und Anbiederungen einschlichen, um »Befindlichkeiten« muslimischer und anderer Minderheiten nicht zu verletzen und möglichst Wählerstimmen zu gewinnen. Da nahm sich auch die CDU nicht aus, die bereits 2014 bisweilen auf öffentlichen Veranstaltungen in ihrem Parteilogo mit dem islamischen Halbmond warb und auf Stofftaschen das C für christlich mit dem islamischen Halbmond ergänzte. Im Nachhinein natürlich ein Lapsus, wie schnell zurück gerudert wurde. Es soll übrigens Wissenschaftler geben, die manches Gutmenschsein unter Geisteskrankheiten einordnen«, meinte Werner.

Josef:
»Obwohl die Regierungsverantwortung überwiegend bei sogenannten christlichen Parteien lag, entfernte man sich immer weiter vom christlichen Gedanken. Dabei hätte es genügt, sich am Neuen Testament der Bibel zu orientieren, das eine Botschaft für alle Lebensbereiche und Verhaltensweisen aufzeigt. Doch wer sollte die Botschaft näher bringen, nachdem sich selbst die Kirchen immer weiter davon entfernten, ihre warnende Funktion gegenüber der Politik völlig aufgaben und mit ihrem Verhalten für Irritation und Abweichung vom Glauben sorgten?
Das verbliebene Häufchen Aufrechter wurde einfach als »rechts" abgestempelt und von LINKEN, GRÜNEN, Me-

dien und nicht zuletzt der Justiz, mundtot gemacht. Eine altbekannte Verfahrensweise. Erinnert euch nur an Pastor Olaf Latzel der St. Martini-Gemeinde in Bremen der mit seiner Predigt *(www.youtube.com/user/olaflatzel)* für Aufruhr im evangelischen Lager und zu massiven Protesten gegen »diesen Netzbeschmutzer« führte, was sogar die Justiz beschäftigte, weil er in empörender Weise die Bibel zitierte.

Ein Bestreben nach Gleichschaltung im Denken, Handeln und Fühlen hatte sich breit gemacht. Ein buchstäblicher Rausch zum uniformierten, globalen Denken.

Wo aber die Politik nicht das vertritt, was im Sinne Gottes ist, wird das Recht zu Unrecht und das Unrecht zu Recht erklärt, sagt die Bibel, an der sich Parteien mit dem „C" für christlich nicht mehr so richtig erinnern konnten oder wollten. »*Man muss Gott mehr gehorchen als den Menschen*« (Apg 5,29). Statt dessen hatten sich die für Staat und Gesellschaft, Rechtsordnung, Unterricht und Erziehung geltenden Normen und Werte in Deutschland und zahlreichen anderen Staaten der EU schon weit von den Zehn Geboten und vom christlichen Sittengesetz entfernt und entfernten sich immer weiter.

Mit der Abtreibungsregelung fing es an. Kein Wunder, dass eine Überalterung der Gesellschaft die Folge wurde und die Wirtschaft sich dann über die Neuankömmlinge aus dem Orient freute, wenn wir hunderttausenden jungen Menschen jährlich »die Einreise verweigern«. Sie sprichwörtlich killen, wie männliche Küken, die von Tierfreunden freilich mehr betrauert werden. Dazu passend: die Freigabe der Pille danach. Gesetzliche Regelungen für Homos, Lesben, Unzucht mit Kindern oder Perversion mit Tieren folgten und wurden damit salonfähig. Als Pädophiler hatte man es früher schwerer, da musste man Theologie studieren. Jetzt wurde hingegen Homophobie geahndet. Eine pädophile Partei (NVD) hatte es nicht nur geschafft, in Holland gerichtlich anerkannt zu werden, sondern forderte öffentlich, das Schutzalter der Kinder zunächst auf zwölf Jahre zu senken, dann aber ganz abzuschaffen. So wie sie sich auch einsetzte, dass Zoophilie (bisher als Sodomie bekannt), nicht mehr als Straftat gilt. Ein Freibrief für sexuelle Triebtäter und Perverse?

Gleiche Rechte für Homosexuelle nähmen heterosexuellen Paaren nichts weg, sagte der damalige Bundespräsidenten-Darsteller (seinerzeit auch als Gauck(ler) benannt), in seinem pastoralen Tonfall der »Irish Times«. Das müsse in der Debatte deutlicher werden. Da hatte er recht, verkannte dabei aber, dass eine Homo-»Ehe« eben nicht gleich zu setzen ist mit einer der Natur entsprechenden Ehe zwischen Mann und Frau, wenn die Bibel noch als Maßstab gelten soll. Müsste ein ehemaliger Pfarrer eigentlich wissen, dass es laut Bibel Gott ein Greuel ist, wenn Mann bei Mann und Frau bei Frau liegt.

Josef:
Wie soll er sich daran erinnern, wenn er doch das Theologiestudium nur deshalb wählte, weil er nach eigenen Worten »die Kirche als Raum größerer Freiheit erfahren

habe«. So zu lesen im Buch »Joachim Gauck«, erschienen 2013, 6. Auflage 2014.

Da heißt es weiter: »Er war einer der Schwächsten, deshalb studierte er sehr lange, von 1958 bis 1965. Das Examen hat er erst im 3. Versuch, mit zwei Jahren Verspätung geschafft – und das auch nur, weil man ihm eine Studienarbeit nachträglich als Examensarbeit anerkannt hat«.

Vom Priesterseminar nach Abschluss des Studiums gibt es entsprechende Einschätzungen:

»Gauck hat selten etwas gewusst, aber wenn doch, dann hat er es mit großem Pathos und ungeheuer aufgeblasen verkauft«.

Dazu passt auch eine verbürgte Aussage seiner Ehefrau aus der Zeit der Wende, die er übrigens mit Tochter sitzen ließ, als er sich nach Berlin absetzte. Sinngemäß: »Wenn mein Mann in der Öffentlichkeit und im Mittelpunkt des Interesses steht, neigt er zu Übertreibungen und nimmt es mit der Wahrheit nicht so genau«.

Eigenschaften, die ihn für das Amt des Bundespräsidenten scheinbar prädestinierten.

Mit dem Studium ist es jedenfalls nicht weit her, womit er sich bei manchen politischen Kräften wunderbar einreiht. Da wird auch verständlich, warum er als immer noch verheirateter Pastor zusätzlich in »wilder Ehe« lebt und damit gegen Gottes Wort handelt.

Unser Gauck(ler) sprach sich für eine »stärkere Debatte auch in Deutschland« aus, denn die wäre wünschenswert und notwendig. Auch da hatte er recht. Und zwar in offener Weise, ohne Verunglimpfung von Menschen, die eine abweichende Meinung haben. Warum kann diese dringend erforderliche Diskussion nicht berücksichtigen, dass jeder für sein Leben selbst verantwortlich ist und nach seiner Fasson glücklich werden soll, ohne dass ihm jemand vorschreiben darf, welche Lebensform er gut zu finden hat. Wobei dieser grün-rote K(r)ampf gegen die angeblich allgegenwärtige Diskriminierung, der unter der Fahne des »Gender Mainstreaming« geführt wurde, verwunderlich war, nachdem es nirgendwo mehr eine nennenswerte Diskriminierung Homosexueller und anderer sexueller Minderheiten gab. Die Bürger Sloweniens hatten sich übrigens demokratisch mit Volksbefragung durchgesetzt und die Homo-Ehe abgelehnt. Warum wurde bei uns die Entscheidung über die Köpfe der Bürger getroffen? Oder sollte ich besser sagen, dem »unmündigen Wahlvolk«?

Zwar steht das »C« für christlich noch im Parteinamen, aber wird es auch ernst genommen? Denn laut Bibel und Grundgesetz ist nur die Ehe zwischen Mann und Frau nicht nur die steuerlich zu fördernde Grundlage der Familie, sie ist die Grundlage unserer Gesellschaft. Und nichts Anderes.

Das führt automatisch zu **Fragen des Glaubens.**

Wenn an wichtigen Stellen, ob in Parteien mit dem C im Namen oder geistlicher Führung, Leute sitzen, die ihre Aufgabe im eigenen Leben selbst nicht widerspiegeln oder die Mehrheit des Volkes nicht mehr vertreten, wie kann da noch eine christliche Politik herauskommen?

Sätze wurden zu Leitgedanken stilisiert, die zeigten, wohin sich das Land entwickeln sollte. »Wir schaffen das« – »Der Islam gehört zu Deutschland« – »Das ist alternativlos« – »Es gibt keinen Unterschied zwischen Mann und Frau« – »Ich bin schwul und das ist gut so«

Wenn es einen Gott gibt, dann muss sich jeder Mensch einmal vor ihm verantworten. Er trifft seine Entscheidung, wie er sein Leben verbringt und ob er an diese höhere Instanz glaubt. Deshalb lohnt sich nachzudenken, welcher Weg der richtige ist. Die Bibel beschreibt im Neuen Testament zwei Wege, das Ewige Leben und die Verdammnis.

Römer 10,9: »Denn wenn du mit deinem Munde bekennst: Jesus Christus ist der Herr, und wenn du von ganzem Herzen glaubst, dass Gott ihn von den Toten auferweckt hat, dann wirst du gerettet werden«

Römer 6,23: »Gott schenkt uns in der Gemeinschaft mit Jesus Christus, unserem Herrn, das ewige Leben, das ... niemals aufhören wird«

Matthäus 25:

41: »Zu denen auf seiner linken Seite aber wird er sagen: Geht mir aus den Augen, ihr Verfluchten, ins ewige Feuer, das für den Teufel und seine Helfer bestimmt ist«

46: »Und sie werden der ewigen Strafe ausgeliefert sein. Aber die Gottes Willen getan haben, erwartet unvergängliches Leben«

Das bedeutet nicht, dass Menschen, die sich nicht an der Bibel orientieren, weil sie sie für ein Märchenbuch oder für verfälscht halten, deshalb zu verachten sind, sondern zu lieben und für sie zu beten, wie die Bibel vorgibt. Das schließt selbstverständlich Muslime, Atheisten und was es noch alles gibt, mit ein.

Beispiele gibt es genug, dass sich die Welt immer mehr von der Bibel entfernte:

In England handelte ein Ehepaar als Inhaber einer Pension seit Eröffnung im Jahr 1986 aus Gewissensgründen nach dem Grundsatz, nur an Ehepaare Zimmer zu vermieten. Als sie sich weigerten, einem homosexuellen Paar ein Zimmer zu vermieten, wurden sie wegen »Diskriminierung« verklagt und auf Schadensersatz von jeweils 1.800 Pfund verurteilt. Das Urteil wurde vom Obersten Gericht in London bestätigt.

Im liberalen Schweden wurden Ärzte, Krankenschwestern und Hebammen gezwungen, neben ihrem Dienst für das Leben auch an Abtreibungen mitzuwirken. Wer sich weigerte, verlor seine Anstellung.

Im Sommer 2014 wurde in Polen der Leiter eines Warschauer Krankenhauses, Prof. Bogdan Chazan, von der Oberbürgermeisterin von Warschau nach jahrzehntelanger vorbildlicher Arbeit entlassen, weil er sich nicht nur weigerte, an Abtreibungen teilzunehmen, sondern auch einer abtreibungswilligen Frau die Anschrift eines entsprechenden Arztes mitzuteilen.

Die Kirche von England hatte einen aufwändigen Spot produziert, um für das Beten zu werben. Doch die englischen Kinos wollten ihn nicht haben, weil er Kinobesucher »aufregen und beleidigen« könne«.

Werner:

»Hatte die Politik überhaupt noch ihr Ohr am Wähler, oder agierte sie wie weltweit üblich – einmal gewählt – nach eigenem Gutdünken? Wahlversprechen sind eben nur Versprechen, um Wahlen zu gewinnen. So sagte auch 2002 Sigmar Gabriel gegenüber der Rheinischen Post: »Die Wahrheit vor der Wahl - das hätten Sie wohl gerne gehabt«.

Ein Übriges taten GRÜNE und LINKE. Zwar nicht in der Regierungsverantwortung, unternahmen sie doch alles, um mit absurden Vorschlägen – manche mehr als nur ein bisschen lächerlich – die Regierungsparteien zu beschäftigen und grundsätzlich gegen alles zu sein, was nicht aus den eigenen Reihen kam. Linke zeichneten sich schon immer durch die Fähigkeit aus, Veränderungen zuzustimmen, die sie vehement abgelehnt hätten, wenn sie von rechts gekommen wären.

Aber eigentlich funktionierte es umgekehrt genauso gut.

Reichte es nicht zur Durchsetzung, so wählte man den stillen Weg über die Hintertüre EU, wo manch obskure Verordnungen erlassen wurden. So funktionierte Politik. Wer sollte das noch verstehen, geschweige denn akzeptieren«?

CfB – Parteiprogramm

Horstmann:

»Die meiste Zustimmung in der Bevölkerung werdet ihr erhalten, wenn ihr Mut macht und eine bessere Lösung aufzeigt. Dabei empfehle ich eine Konzentration auf wenige Punkte, um euch nicht zu verzetteln, sondern diese wirklich kompetent rüberzubringen. Man muss nicht alles können, aber was man macht, dafür muss Kompetenz rüber kommen. Ein Grundsatz, der oft vernachlässigt wird, weil es viele Sprücheklopfer gibt. Da könnt ihr euch positiv von so manchem Politiker abheben. Und als christliche Partei, wie ihr euch outet, habt ihr es als Hauptkonkurrenten mit der CSU zu tun. Also, wenn ihr Erfolg haben wollt, dann nur als Ergänzung zur CSU, die naturgemäß das Gros an treuen Wählern stellt. Ihr könnt euch als kritischer Wachturm positionieren, dass eine christliche Linie nicht verlassen wird«.

»Was bewegt die Bevölkerung am meisten? Womit kann gepunktet werden«?
Das Parteiprogramm sollte sich auf die Punkte konzentrieren, die besonders am Herzen liegen, um sich nicht zu

verzetteln, aber auch Kompetenz in anderen Bereichen dokumentieren.

- Hier könnten wir die Bevormundung durch den Brüsseler Zentralismus anprangern. Es kann doch nicht sein, dass ein paar Köpfe über 500 Millionen Menschen bestimmen, die gar nicht mehr gefragt werden. Ein Paukenschlag wäre, für einen Austritt einzutreten, damit sich Bayern an der Finanzierung der Pleitestaaten nicht länger beteiligen muss. Warum stattdessen nicht die einst von den Briten gegründete Freihandelszone EFTA wiederbeleben? Die Briten wären sicher erfreut. Wie man sieht, ist der Brüsseler Superstaatswahn nicht alternativlos.
- *Aufbau eines Integrationsprogrammes für Muslime* bei Wahrung des christlichen Glaubens als Leitkultur. Zurückdrehen können wir das Rad nicht mehr, aber das Beste daraus machen. Keine falsche Toleranz mehr. Integration hat Vorrang. Den Leuten die Angst nehmen. Hierzu brauchen wir Ismail, weil ein Imam einfach glaubwürdiger bei den eigenen Leuten ankommt.
- Fördern von *Bildung und Disziplin im Schulwesen*
- *Anpassung des Steuersystems* im hohen Einkommenssegment für die unterstützende Finanzierung von sozialen Einrichtungen und zum Abbau der sozialen Ungerechtigkeit. Das dürfte auch bisherige LINKE Wähler begeistern.

- *Eindeutige Absage an den Genderismus,* was die Grünen extrem ärgern würde. Aber das wäre wegen deren Bedeutungslosigkeit zu vernachlässigen und würde vielleicht mehr Leuten die Augen öffnen.
- *Abschaffung der Frauenquote* – es muss wieder die Qualität entscheiden. (Ein ganz verrückter Gedanke, den man aber in der Hinterhand halten sollte für eventuelle Koalitionsgespräche). Bei der CSU würden wir da sicher auf offene Ohren stoßen.

Mit diesem konzentrierten Programm, das viel Aufmerksamkeit erregte, weil es sich von den üblichen in der Grundaussage nur allzu deutlich abhob, begann der Wahlkampf. Schon die ersten Prognosen zeigten hinter der traditionsgemäß stärksten CSU das zweitbeste Ergebnis, denn nicht nur Christen, sondern auch andere Strömungen konnten gewonnen werden, die darin eine überkonfessionelle, wichtige Ausrichtung erkannten. Warum auch sollte eine Partei sich nicht nur auf ihre Spezialkenntnisse beschränken um erfolgreich zu sein? Wohin das führt, überall mitreden zu wollen, war noch allzu gut in Erinnerung, als GRÜNE und LINKE auf Bundesebene fleißig Lächerlichkeitspunkte sammelten.

2018
Landtagswahl in Bayern

Der Jubel bei der CfB war groß. Das Programm kam an und führte zur zweitstärksten Partei.
Die CSU verlor die absolute Mehrheit und war auf einen Juniorpartner angewiesen.

Eine christlich orientierte Koalition

Damit war die Überraschung auf der politischen Bühne perfekt. Eine neue Partei, die sich nicht damit zufrieden geben wollte, dass Politik die Kunst des Möglichen bzw. das Abwägen zwischen zwei Übeln ist, sondern sich christlicher Werte verschrieben hatte. Ein Erfolgsrezept, das auch CSU-Wähler umstimmte, neue Mitglieder brachte und der CSU in der Wählergunst dichtauf folgte und diese vor sich hertrieb. Als zweitstärkste Partei in Bayern nahm sie als Juniorpartner auf der Regierungs-bank Platz und konnte maßgeblich das Programm beein-flussen. Der CSU-Hintergedanke - wenn wir da gut zuhö-ren, können wir die wesentlichen Punkte, die zum Auf-stieg führten, auch in unser Programm einbauen und wieder die absolute Mehrheit erreichen. Hinterfotzig, würde der Bayer sagen – aber erlaubt.
An manche christlichen Eigenschaften konnte sich die Volkspartei CSU zwar noch erinnern, hatte aber den Wähler unterschätzt, der fehlende Solidarität, Fairness,

Anstand und Rückgrat bei der Wahl zum Umwelt- und Gesundheitsreferenten für die Stadt München 2015 abstrafte, was Stimmenverluste zur Folge hatte.

Zu christlich für die CSU

Dem gläubigen Bewerber wurde angekreidet, dass er nicht nur passives Mitglied im Verein »Lebensrecht für Alle« (ALfA) ist, sondern dass sich seine Politik aus dem Glauben speist und sein christliches Weltbild auch die Themen Lebensschutz und Schutz weltweit verfolgter Christen beinhaltet. Prompt brandmarkte die Süddeutsche Zeitung ihn als Sympathisanten »rechter Schreihälse« und unterstellte ihm gar rechtsextreme Tendenzen. Damit war er nicht zu halten für die CSU. Er war zu christlich.

Für die CfB war das Signal zur besonderen Aufmerksamkeit bei den Koalitionsgesprächen. Immer den Blick darauf, was die Bibel und damit Gottes Wort zu sagen hat, um sich daran konsequent zu orientieren und den Partner zu »führen«. Wenn man die Mehrheit der braven katholischen Bürger daran erinnerte, konnten sich ja keine Verluste bei der nächsten Wahl ergeben. Luggi, der eigentlich im Hintergrund bleiben wollte, da er ja bekanntlich zum Islam übergetreten war, sich aber vor der korangerechten Tötungsdrohung fürchtete, wenn er wieder austrat, wurde der Bevölkerung als gelungene Integration von Muslimen präsentiert. Außerdem gedeihte ja sein Hof prächtig durch seine muslimischen Frauen. Warum also ändern?

Im Detail waren es schon auch mal schwierige Koaliti-
onsverhandlungen die nächtelange Diskussionen nach
sich zogen. Schließlich besaß die CfB noch keine politische Erfahrung des Überlebens und wie man Menschen
manipulieren kann, um Mehrheiten zu erreichen und
Vorhaben durchzusetzen. Außerdem fehlte in manchen
Ressorts Grundwissen, um sich verantwortlich einzubringen, was man offen zugab. Nach dem Motto: »Schus-
ter bleib bei deinen Leisten«, galt die Konzentration den
eigenen Stärken. Nach diesem Prinzip sollten auch die
Ministerien verteilt werden. Schon wieder etwas, wovon
man sich von der ehemaligen BRD unterschied.

Nicht überall mitreden, aber während der Legislaturperi-
ode überall als Kontrollinstanz wachen, ob sich das Wort
Gottes widerspiegelt. Ohne Rücksicht, ob es immer allen
Menschen gefällt. Damit wird Politik viel einfacher, weil
ein Leitfaden vorhanden ist und menschliche Strömungen keine Rolle mehr spielen. Die CfB wurde damit zum
Gewissen der CSU, um Irritationen rechtzeitig zu erkennen und gar nicht erst festsetzen zu lassen. Es geht nicht
darum, was der Mensch will, sondern was Gott will. Im
Koalitionspapier festgeschrieben, war damit eine klare
Aufgabenteilung und Umsetzung sichergestellt.

Der neue Staat Bayern erforderte neues Denken. Arbeits-
gruppen entstanden, um alles auf den Prüfstand einer
christlichen Politik zu stellen.

Unabdingbar für die CfB waren:

- Einführung der freien Meinungsäußerung. Das Wort Toleranz sollte wieder seine ursprüngliche Bedeutung bekommen, indem die Identität der jeweiligen Position zu achten, sie aber deshalb nicht notwendigerweise für richtig, gut oder angemessen zu halten ist. Davon war man inzwischen bekanntlich weit abgewichen. Vor allem in Bezug auf den Islam. Das Ergebnis konnten inzwischen auch Politiker der Restrepublik schmerzhaft erkennen.

- Vertiefung der Kontakte mit Israel, wovon sich die Reste-BRD infolge der Muslimbruderschaft als Regierungspartei distanziert hatte, sowie die engere Zusammenarbeit im Bereich Wissenschaften und Technologien, wo Israel schon 2005 weltweit führend war. (Wer wusste schon, dass die meisten Innovationen und Nobelpreisträger, bezogen auf die Größe eines Landes, aus Israel stammen?) Konzernen wie Microsoft, Intel, IBM, Motorola und der Schweizer Novartis, einem finanzkräftigen Pharmariesen, blieb dies nicht lange verborgen, um nur einige zu nennen. Sie verstärkten ihre Zusammenarbeit durch Kooperationen oder verlegten Zentren flugs nach Israel, um von der gottgegebenen Intelligenz zu partizipieren. Wir sollten da nicht mehr im Abseits stehen und auch eine klare Linie vertreten, was Boykottaufrufe und Landstreit anbelangt.

2020
Bayerns Stärke – konsequent sein

Muslimisch oder Christlich?

Die Entwicklung in Bayern wurde von der neuen muslimischen Regierung mit Sorge betrachtet. Ein Bollwerk gegen die muslimischen Neuerungen durch eine sture bayrische Regierung konnte man gar nicht brauchen.

So kam es immer mehr zu Meinungsverschiedenheiten und Überwerfungen. Anpassen, islamisch werden und den neuen Gottesstaat Deutschland mit allen Konsequenzen akzeptieren, wobei allerdings durch die anhaltende »Migration«, bekannt auch als friedlicher Djihad, Bayern durch die diktatorisch verordnete Aufnahmezahl, bald in der Minderzahl wären, kam nicht in Frage. Trotz der Möglichkeit, ein Wahlbündnis mit der muslimischen Bruderschaft einzugehen, um vielleicht doch noch ein paar bayrische Traditionen zu retten. Wobei sich Linke und Grüne bereits anbiederten, um auch ihr Gedankengut als Mitregierende durchzusetzen und an alte Zeiten anzuknüpfen, als auf Grünen Parteitagen Plakate mit dem Spruch hingen: »Ausländer, lasst uns mit den Deutschen nicht allein«. Eine Koalition mit den Grünen war bei manchen derer Ansichten verständlicher Weise aus Sicht der Muslime nicht einfach, aber nicht unmöglich, erlaubt doch der Koran zu lügen und zu täuschen (Taqiyya), wenn es der Sache dient, sodass alles jederzeit wieder geändert werden konnte, wenn die absolute Mehrheit erreicht war.

(Sure 3,54) »*Und sie schmiedeten eine List, und Allah schmiedete eine List; und Allah ist der beste Listenschmied*«.

Obwohl im Allgemeinen sehr flexibel, sah Bayern den Islam als Sackgasse und konnte sich letztlich mit dem Gedanken eines islamischen Gottesstaates nicht anfreunden. Für Bayern war klar, dass keine Annäherung stattfinden kann, ohne eigene Werte aufzugeben. Verunsicherte erhielten den Tipp, im Koran zu lesen oder das Internet zu bemühen, denn niemand müsse nur aus seinem Bauchgefühl entscheiden, auch nicht Politiker.

»*Wenn Menschen gottlos werden, dann sind die Regierungen ratlos, Lügen grenzenlos, Schulden zahllos, Besprechungen ergebnislos; dann ist die Aufklärung hirnlos, sind Politiker charakterlos, Christen gebetslos, Kirchen kraftlos, Völker friedlos, Sitten zügellos, Mode schamlos, Verbrechen maßlos, Konferenzen endlos, Aussichten trostlos*« **Das sagte der französische Schriftsteller und Pilot Antoine de Saint-Exupéry (1900-1944) und beschreibt damit zutreffend die aktuelle Situation.**

Auf Augenhöhe, ja, aber wie hätte die katholische Kirche, die sowieso schon Schwierigkeiten mit ihren Schäflein hatte, eine Unterordnung gegenüber dem Islam verkraften sollen? Außerdem war zu verhindern, dass noch mehr

Kirchen in Moscheen umgewidmet, Weihnachtsmärkte in Wintermärkte umbenannt werden und muslimische Lieder Weihnachtsgottesdienste bereichern. Beim muslimischen Frauenverständnis gäbe es dann sicher auch in Einkaufszentren keine extra Frauenparkplätze mehr. Falls Autofahren für Frauen überhaupt noch erlaubt wäre.

Der Weitblick Bayerns Verantwortlicher brachte noch in die Diskussion, dass dann auch die Mehrehe gelten würde, was dem Finanzminister ein Dorn im Auge war, da automatisch nach dem Ableben des Ehegatten alle seine Frauen Witwenrente erhalten müssten, denn die Scharia erlaubt bis zu vier Frauen. Und was sollte man machen, wenn die Frauen Sozialleistungen beantragen, weil sie behaupten, alleinerziehend zu sein und deshalb Unterstützung und eine eigene Wohnung benötigten? Fragen über Fragen, die weitblickend nicht außer Acht zu lassen waren.

Auch den Bierausschank auf dem Oktoberfest wollte man verbieten, was schon allein ein Grund für Widerstand gewesen wäre, da Bier in Bayern schließlich als Grundnahrungsmittel gilt. Dem Entgegenkommen, auf alkoholfreies Bier umzustellen, folgte als i-Tüpfelchen die Forderung, beim nächsten Oktoberfest ein Bierzelt als Gebetszelt für Muslime freizumachen

und für den Gebetsruf des Muezzin den Löwen auf dem Turm des Löwenbräuzeltes zu entfernen, um Platz für den Muezzin zu schaffen. Wobei natürlich die Fahrgeschäfte ihren Betrieb einzustellen hätten, damit laute Musik und Ansagen nicht den Ruf übertönten, was eigentlich schwierig wäre.

Gut gemeinte Kontaktaufnahmen nach der vierten Maß Bier gingen schon bei der letzten Wies'n schief. Eine halbe Stunde habe er mit den Damen gesprochen, um etwas über ihre Kultur zu erfahren, bis ihm die Bedienung sagte, dass das Schirme sind, jammerte ein Wies'n-Besucher vor dem Bierzelt.

Fehlte nur noch die Degradierung des Vollmondes zum Halbmond.

Für Bayerns Regierende war klar: Eine Gesellschaft, in der die Einheimischen die Modalitäten des Zusammenlebens mit einer stetig wachsenden Zahl muslimischer Zuwanderer jeden Tag neu aushandeln muss, geht gar nicht.

Höchste Zeit, sich der christlich sozialen Aufgabe zu erinnern und aus dem allgemeinen, nicht mehr zu entwirrenden BRD/EU-Schlamassel auszusteigen. Die Entwicklung sollte nicht kampflos als »alternativlos« hingenommen werden, um ein Wort der damaligen »Bundes-Mutti« zu bemühen, die sich in die Uckermark zurückgezogen hatte, um ihre üppige Pension zu genießen. Wichtiger war, das Wohl der Wähler im Auge zu behalten und sich wieder christlicher Werte zu erinnern. Bayern konnte einfach nicht mehr zu- oder wegschauen.

Bayern als eigenständige Republik

2020 war es so weit. Der Austritt aus der Resterampe Deutschland war eine von der Bevölkerung voll unterstützte Initiative des damaligen Finanzministers Söder, der damit zwei Fliegen mit einer Klappe schlug. Zum Einen sparte er Bayern als stärksten Nettozahler in den Länderfinanzausgleich mit dem Austritt aus dem völlig überdimensionierten Länderbund der Pleite-BRD weitere Zahlungen. Zum Anderen nahm er in der Beliebtheitsskala enorm zu und legte dadurch den Grundstein für seine

Wahl zum Ministerpräsidenten. Mit einem Bekanntheits- und Beliebtheitsgrad, wie anno dazumal Franz-Josef Strauß, der legendäre, weltmännische Führer Bayerns, dem der absolute politische Erfolg aber versagt blieb. Ein heroischer bayrischer Alleingang, genauso wie der unselige Kampf seinerzeit um die längst fällige Straßenmaut, die nun endlich für Ausländer – vor allem für die jährliche holländische Wohnwageninvasion - eingeführt werden konnte, nachdem keine Blockade der EU mehr drohte. Bayern kann schon auch stur sein.

Eine neue Flüchtlingswelle setzt ein

Bayerns Austritt hatte sich in Windeseile herumgesprochen und setzte eine neue Welle in Gang. Alle drängten nach Bayern und beantragten Asyl. Vielleicht gaben manchmal auch die umfangreichen Sozialleistungen den Ausschlag, die sich bis in die entfernten Winkel der Welt herumgesprochen hatten und auch EU-Bürgern aus den erweiterten Oststaaten Mut machten. Zum Schutz kamen Grenzzäune ins Gespräch, deren Realisierung einige Staaten als einzige Möglichkeit sahen, dem durch unsere Bundeskanzlerin initiierten Ansturm zu widerstehen. Humaner und wirtschaftlicher wäre gewesen, die Flüchtlinge in den regionalen Flüchtlingscamps im Nahen Osten zu versorgen und diesen in Zukunft beim Wiederaufbau zu helfen, anstelle sie nach Deutschland zu holen, wie sich der Bundesminister für Entwicklung äußerte.

Der starke Flüchtlingszustrom nach Bayern erforderte jedenfalls ein neues Zuwanderungsgesetz, um dem nicht enden wollenden Überfall an Wirtschafts- und Kriegsflüchtlingen aus allen möglichen Ländern wirksam zu begegnen und vorrangig deutschen Mitbürgern Schutz zu bieten, die für das Eintreten ihrer christlichen Bürgerrechte in den alten Bundesländern als Ungläubige oder Nazis verfolgt und inhaftiert wurden. Ihnen drohte die wieder eingeführte Todesstrafe - Vollstreckung mit dem Schwert - wie in Saudi-Arabien üblich.

Was Deutschland mit dem Berliner Mauerfall 1989 bewältigte, erreichte ganz neue Dimensionen und Honeckers Spruch »Der letzte macht das Licht aus«! bekam wieder Bedeutung. Ein endloser Flüchtlingsstrom, wie im

Kriegsjahr 1945, als man im Osten vor den Russen flüchten musste, setzte sich in Bewegung nach Bayern. Darunter auch viele Berliner, deren Integration aus Erfahrungen in der Vergangenheit skeptisch machte. Wegen ihrer großen Klappe und der Einbildung, alles besser zu wissen, wäre die Integration eine größere Herausforderung als die von anderen Volksgruppen, meinte ein Mitarbeiter vom Einwanderungsbüro. Doch als extreme Minderheit gesehen, sollte diese Hürde doch zu schaffen sein. Schließlich gelang es auch 1989 mit den Ossis. Was sollte uns also noch schocken?

Überwiegend bestand der Menschenstrom aus Tramper, Zug- oder Fahrradfahrer, weil die Straßen und Brücken bis zur bayrischen Grenze inzwischen derart verwahrlost waren, dass man sie motorisiert kaum mehr benutzen konnte, ohne das Risiko gebrochener Achsen und Plattfüßen in Kauf zu nehmen. Und was will man dann auch mit den Schrottkisten, die in Bayern keinen TÜV mehr schaffen würden.

Bayerns Entwicklung zur Insel der Glückseligkeit, zum Gallien von Asterix und Obelix.

Was Gallier auszeichnete, ist naturbedingt auch im bayrischen Volk vorhanden, wenn es vielleicht auch durch die Entwicklung der Jahrhunderte etwas in den Hintergrund verdrängt wurde, aber im Unterbewusstsein durchaus noch schlummerte. Es wieder zum Leben erwecken, zielstrebig und konsequent den neuen Weg verfolgen, war wichtig für den Erfolg des neu ausgerichteten, unabhängigen Freistaates.

Mutig war die erste nennenswerte Amtshandlung von Ministerpräsident Söder, bei dem das Vertrauen und Wohlwollen der überwiegenden Bevölkerung lag, als er sich erinnern ließ, dass sie ursprünglich für die Interes-

senvertretung des Volkes gewählt wurden, weshalb ein
„Handeln aus Vernunftgründen" wie in ganz frühen Zeiten üblich, auch wieder zur Einführung des G9 an den
Gymnasien führte. Zum Fehler machen war gar keine
Gelegenheit, da zu beschäftigt, die Fehler des Vorgängers
auszuräumen.

Was in der BRD nicht gelang, wurde Realität. Das Amt
des Bundespräsidenten als »Grüß-Gott-August«, Weltenbummler und Mahner wurde abgeschafft. Ein positiver
Effekt auf den Etat. Das Gehalt und die folgenden hohen
Pensionsansprüche konnte man sinnvoller verwenden.
Eine der vielen guten Erkenntnisse. Für die Rolle des
Mahners und Obermotzers wurde der kompetenteste
Mahner,

Mathias Sammer vom FC Bayern, als Wortdirektor auf
624-Euro-Basis verpflichtet, was den Zweck genauso erfüllte. Wenn nicht sogar besser, weil seine direkte Sprache
– trotz seines Akzentes – die Menschen leichter erreichte.

Die LINKE gibt es in Bayern praktisch nicht und wird
auch nicht vermisst, nur ein paar Querulanten und Besserwisser der immer noch – wenn auch nicht nennens-

wert – vertretenen Grünen und aufrechte freie Wähler. Das ist auch gut so, damit alle auf dem Teppich bleiben und wohlüberlegt handeln. Konnte ja durchaus sein, dass aus deren Reihen wider Erwarten hin und wieder ein brauchbarer Gedanke kam. Es bürgerte sich dadurch ein, dass mehr sachlich und damit rational abgewogen wurde – manchmal auch unter Einbeziehung der Bevölkerung über Bürgerentscheid, bevor Entscheidungen getroffen werden – wie es die Schweiz erfolgreich vormacht. Die Vernunft hatte sich wieder durchgesetzt. Aber was wäre das auch für eine Regierung, wenn sie aus alten Fehlern nicht gelernt hätte?

Sogar München, die rote Hochburg, wurde nach kurzer Amtszeit von Seppi Schmid als zweiter Bürgermeister seinerzeit ganz für die CSU gewonnen. Obwohl zu Zeiten des legendären OB Ude auch nicht alles schlecht war.

Entscheidendes für die Wende

Die Grundlage wurde durch kluge, sachliche Überlegungen und Diskussionen der Koalition aus CSU und CfB gelegt, die als Newcomer gleich richtig gefordert wurden. Der Ausstieg aus dem islamischen Gottesstaat Deutschland war die wichtigste und beste Entscheidung, die von beiden Parteien getragen wurde. Aber der Reihe nach, aus den Erzählungen der CfB-Gründungsmitglieder.

Wer vom Glück nur träumt, darf sich nicht wundern, wenn er es verschläft. Nach diesem Grundsatz handelte Bayern. Es ging ja nicht nur darum, soziale und wirtschaftliche Maßnahmen zu ergreifen, sondern auch wieder dem christlichen Weltbild zu entsprechen. In diesem Bereich waren Umdenken und einige Änderungen erforderlich, was die CfB mit ihrem Wahlerfolg zeigte.

Der sogenannte Zeitgeist zeichnete ein Bild, das vom christlichen Glauben in manchen Teilbereichen drastisch abwich. Das Fundament der Gesellschaft hatte sich verändert. Die Meinungen von Menschen bestimmten die Wahrheit (Evolution, Abtreibung, Genderismus usw). In erster Linie ging es darum, sich des Fundamentes zu erinnern, weil nur darauf – wie bei einem Haus – sicher aufgebaut werden kann. Das Fundament, darin war sich die Koalition einig, war der Glaube an einen Schöpfer, der die Erde und das Leben geschaffen hatte. Nicht eine Evolution über Milliarden von Jahren, wo alles aus dem Nichts von selbst entstanden sein soll. Die Menschen sollten die christlichen Lehren und das in 1. Mose gelegte Fundament dieser Lehren verstehen, um diese Lehren im eigenen Leben und im Leben der Kinder praktizieren zu können. Der christliche Glaube wurde durch das Wort gegründet und war deshalb auch durch das Wort wieder herzustellen. In der Familie, in der Wirtschaft und in der Politik. In allen Bereichen des täglichen Lebens.

Reisen bildet und so führte *Josef* als religionspolitischer Sprecher der CfB auf Einladung eines jüdischen Studienkollegen, der inzwischen im israelischen Parlament saß, eine Studienreise nach Israel, um nicht nur die historischen Stätte einmal aus der Nähe betrachten zu können, sondern sich auch ein persönliches Bild von der politischen Situation zu machen. Der Tag als Zuhörer in der Knesset mit Führung brachte ihm Anregungen, die er für die bayrische Politik für durchaus umsetzbar hielt. Bibelstunden, die im israelischen Parlament von den Professoren Avigdor Shinan und Yair Zakovitch geleitet werden, die er bei dieser Gelegenheit auch persönlich kennenlernen konnte und dabei erfuhr, dass die Treffen sechsmal im Jahr in der Knesset stattfanden und als Video ins Internet gestellt wurden. Auch Minister nehmen daran teil. Die Diskussion politischer Fragestellungen tritt dabei in den Hintergrund. Juden und Araber kommen miteinander ins Nachdenken, seien sie nun religiös oder nicht. Bibelstudium um seiner selbst willen, das ist die Idee. Einfach manchmal zusammen zu sitzen, für kurze Zeit alle Debatten und Feindseligkeiten vergessen, auch zu vergessen, was Menschen unterscheidet, und zusammen zu lernen. War zwar für den Partner CSU etwas gewöhnungsbedürftig, aber wenn's hilft … Vielleicht ließ sich dadurch auch die Opposition in manchen Fragen gewinnen. Musste ja nicht grundsätzlich zu allem dem Wort »Opposition« alle Ehre gemacht werden. Manchmal sollte, wenn auch schwierig bei manchen, die Ratio zum Zug kommen.

Der nächste Schritt war die Zusammenstellung eines kompetenten Kabinetts. Dabei wurde Wert darauf gelegt, dass als Minister nur diejenigen bestellt wurden, die von der jeweiligen Materie auch eine Ahnung haben. Ständiges Jobhopping, das in der ehemaligen BRD nachweislich nicht funktionierte, aus welchen Gründen auch immer, sollte vermieden werden; die »richtigen« Parteifreunde, sonstige Unterstützer usw. durften nicht mehr den Ausschlag geben. Kompetenz und Lebenserfahrung waren gefragt. Vor allem auch Lebenserfahrung, mit der ein(e) Hochschulabgänger(in) mit theoretischem Grundwissen zwangsläufig noch nicht dienen kann. Die wirren Gesetzeseingaben und –verabschiedungen in EU und der ehemaligen BRD zeigten deutlich die Notwendigkeit, hierauf besonderes Augenmerk zu legen.

Königreich oder sozialer Staat?

Der Start war nicht einfach und wäre bald an der Abstimmung von Seiten regionaler CSU-Politgrößen gescheitert, die in einer Diskussionsrunde zu Wort kamen. »Des hots ja no nia net gem« und »des war scho imma so« war in Teilfragen häufig zu hören. Sie wollten keine moderne Veränderung und witterten Morgenluft. »Bayern bleibt Bayern« war ihr Credo und zielte darauf ab, wieder einen royalen Staat wie zu seligen Zeiten von König Ludwig einzuführen. Zielstrebig und modern, wie Bayern im Allgemeinen sind, wurden diese besonders konservativen und traditionsgemäß Heimatverbundenen Abgeordneten aber letztlich, ganz in alter Tradition, im Monolog überzeugt. Nahbar sein, offen für die Argumente und Positionen des Anderen (auch des Bürgers), aber bereit zum Perspektivwechsel. Ihre Idee, wieder ein Königreich einzuführen, wurde verworfen. Die Vernunft siegte und die Basis für den Aufstieg war gelegt. Für was so ein Monolog doch gut ist, wenn er von der richtigen Seite geführt wird.

Anstatt eines Königreiches sollte also ein christliches, soziales Staatsgebilde gegründet werden, das man eigentlich schon immer realisieren wollte, worauf *Franz*, inzwischen aufgestiegen zum Staatssekretär im Ministerium für Bildung und Kultur einwarf, warum es eigentlich früher nicht dazu kam? Man konnte doch ohne störende Fremdparteien schalten und walten? Dem widersprach Staatssekretär i.R. Waldi aber sofort auf das heftigste, weil ein Teil der Wählerschaft bekannter Weise damals die treue Gefolgschaft verweigerte und somit die absolute Mehrheit boykottierte, war die CSU-Alleinherrschaft nicht mehr möglich. (Erst mit Inanspruchnahme der Briefwahl und durch das Kreuzlmachen des Familienoberhauptes für die ganze Familie hatte sich das Kräfteverhältnis wieder ein bisschen zur CSU verschoben) Reichte aber nicht zur absoluten Mehrheit, weshalb bekanntlich eine Koalition mit der CfB eingegangen werden musste.

Ein kleines Geplänkel nur am Rande, um die Gesprächsrunde aufzulockern. Es sollte also kein sozialistischer Staat, sondern ein sozial denkender Staat werden, in dem alle Bürger sich (freiwillig) einbringen. Rahmenbedingungen mussten in Gesetzesform gegossen werden, um vom kapitalistischen Grundgedanken den wenigen verbleibenden uneinsichtigen Großverdienern beim Umdenken unterstützend etwas unter die Arme zu greifen.

Die neue Verfassung sollte sich an Sprüche 24,3 orientieren: »*Durch Weisheit wird ein Haus gebaut, und durch Einsicht wird es fest gegründet*«.

Dafür hatte sich Josef als Kenner der Szene und Redakteur des »kath. Boten« damals nachdrücklich eingesetzt, da schließlich Gottes Wort für alle Bereiche etwas hergibt. »Man muss nur korrekt lesen und die Bibel ernst nehmen«, meinte er. »Dann ist alles stimmig und fügt sich nahtlos zusammen«. Dieser Zwischenruf irritierte Luggi im Redefluss nur kurz.

Woher aber kam das plötzliche Umdenken der politischen Elite? Ein Blick hinter die Fassade zeigt, sie ist im Grunde – so wie der normale Durchschnittsbürger – ein verträglicher Typus, der grundsätzlich nur das Beste für seine Mitmenschen will. (Manchmal auch für sich selbst). Doch was ist das Beste? Was die Bibel sagt, oder was die Meinungsvielfalt der ungläubigen Umwelt fordert? Die Entscheidung fiel durch die gute Vorbereitung von Josef und Franz, dem Hochschullehrer, leicht und wurde zur politischen Steilvorlage, der auch die Amtskirchen nichts Ernsthaftes entgegensetzen konnten.

Fragen zum Etat

»Schwierig wurde es, als Überlegungen zur Finanzierung anstanden, weil wir als CfB-Gründer da eigentlich wenig Erfahrung hatten. Deshalb waren wir auch froh, als die Profis im Staatsdienst dieses Thema durchleuchteten. Gut, dass die Arbeitsgruppe damals vom Ministerpräsidenten Söder höchstpersönlich geleitet wurde, zu dem man wegen seiner früheren Erfolge als Finanzminister immer noch ehrfurchtsvoll aufsah. Vor allem, weil er den schlitzohrigen Ösis damals doch noch die Hosen auszog mit der HypoGroupAlpeAdria-Bankengeschichte.

So kam auch Ordnung ins Vorgehen und es wurde als erster Schritt lobenswerter Weise nachgeschaut, was denn nun zusätzlich an Geld durch den Austritt aus dem Mekka Deutschland und der Abschaffung des Postens eines Bundespräsidenten zur Verfügung steht und deshalb für neue, sinnvolle Maßnahmen ausgegeben werden kann«.

»Es ist ja bekannt, dass kluge Politiker in Bayern natürlich nach dem Grundsatz wie jeder Privathaushalt handeln: Du kannst nur ausgeben, was du hast. Und ein bisschen Reserve für Überraschungen wäre auch nicht schlecht. Damit unterscheidet man sich von anderen Regierungen europa- um nicht zu sagen, weltweit. Verständlich, denn in Bayern gehen die Uhren ja bekanntlich anders«.

Ein Krisenmanagement muss her

Als das geklärt war, wurde ein parteiübergreifendes Krisenmanagement installiert, dem interne Diskussionen der Parteien vorausgingen, um sich auf einen einheitlichen Standpunkt zu einigen. Was lief schief und sollte sich ändern. Natürlich mit einem kleinen Seitenblick, wie das Wohlwollen der Wähler bis zur nächsten Wahl erhalten werden kann. (Wer kann schon ganz aus seiner Haut?)

Sehr gut bewähren sich dafür versprochene Rentenerhöhungen und Zuschüsse bei der Altenpflege, weil die

Überalterung der Bevölkerung ständig zunimmt und man viele Rentner aufgenommen hatte. »Siehst du, Holger, darin sieht man, dass Politiker durchaus auch mal nach den Bedürfnissen der Menschen schauen, was deine BILD-Zeitung ja immer wieder penetrant anmahnte. Ob man sie dann befriedigen kann, ist eine andere Sache. Dafür finden sich schon Argumente, warum es jetzt doch nicht geht, aber beim nächsten Mal…«

»Manche handeln ja angeblich nach dem Motto: Das ist dein Etat. Jetzt schau mal, was du damit alles machen kannst«, meinte Franz. Aus seinem früheren Berufsleben wusste er, von was er sprach und ergänzte, dass sich dann der Verantwortliche alle Mühe gibt, das viele, oder wenige Geld mehr oder weniger sinnvoll unterzubringen. Bei Behörden, so seine Erfahrung, stellt sich dabei manchmal die Herausforderung, zum Jahresende noch schnell die restlichen Euro auszugeben, egal ob sinnvoll. Ansonsten wird der Haushalt für das nächste Jahr gekürzt und das scheuen die Abteilungen wie der Teufel das Weihwasser. (Ein schöner Spruch im Volksmund. Dabei scheut er es gar nicht, weil es keine Wirkung hat.) Wissen viele bloß nicht, obwohl die kath. Kirche zur Zeit der Vogelgrippe selbst darauf hinwies, indem sie in einer Pressemeldung vor der Benutzung warnte. Trotzdem werden auch Rösser und Autos zum göttlichen Schutz mit Weihwasser besprengt.

Welches Ressort erhält wie viel Etat?

»Man könnte es doch auch umgekehrt angehen«, warf ein Ausschussmitglied ein. »Schauen, welche Aufgaben unbedingt gelöst werden müssen und dann den einzelnen Ressorts entsprechend den Etat einräumen. Wäre vielleicht nicht nur sinnvoll, sondern auch gerechter. Wobei jedes Jahr das Spiel von neuem beginnen muss. Ich sage bewusst Spiel, weil ja naturgemäß dabei versucht wird, für sich das Beste Ergebnis herauszuholen. Ist ja eine menschliche Eigenschaft und politische Spezialität«. Manche hielten es für eine absurde, weil unübliche Idee.

Gibt es Einsparmöglichkeiten?

Der zweite Schritt war die Suche nach weiteren möglichen Einsparungen und Einnahmequellen, um möglichst viele Aufgaben erfüllen zu können, was sich schon schwieriger gestaltete.

Der Bayer denkt nicht international. Für ihn hört Europa an der Donau (Weißwurstgrenze) auf. Die Entwicklung der EU zu einem diktatorischen Moloch hatte man mit Sorge beobachtet. Etwas, was gar nicht mit dem Naturell der Bayern harmonierte.

Der im Programm der CfB enthaltene Austritt aus der EU wurde einstimmig angenommen, um dem ständigen Verfall des Euro und der nicht endenden Schuldenübernahme der maroden Euro-Staaten zu entkommen. Man hatte es einfach satt, immer der Prügelknabe und Europaretter zu sein.

»Zur Strafe wirst du dein Taschengeld, das du von deinem Vater für deine guten Zensuren bekommen hast, mit allen anderen teilen und ihnen bei den Hausaufgaben helfen«. So oder ähnlich musste die Devise der EU damals für Deutschland gelautet haben, wie der Sprecher mitteilte. Sanktionen wie Strafzahlungen oder der Ausschluss von den EU-Futterkrippen für Staaten die nur am Gemeinschaftstropf hängen wollten, waren auch nicht abzusehen, was einen nationalen Alleingang verständlich machte.

Errungenschaften wie freier Handel und freier Kapital- und Personenverkehr sind auch ohne teure Finanztransfers und ohne eine Superbürokratie zu haben. Zum Beispiel in der Europäischen Freihandelszone Efta, die auch Teil des europäischen Binnenmarktes ist. Efta beschäftigt in ihrem Genfer Hauptquartier und ihren Büros in Brüssel und Luxemburg gerade einmal hundert Mitarbeiter. Der Apparat der EU benötigt knapp 60.000.

Gelder für Bankenrettungen und Verschwendungen durch den Länderfinanzausgleich, vor allem für Berlin - der armen, aber sexy Stadt nach einer Aussage eines ehemaligen Bürgermeisters von Berlin - konnten jetzt auch einer besseren Verwendung zugeführt werden. (Der Name des Bürgermeisters ist übrigens längst Geschichte und nicht wert, dass man sich daran erinnert). Damit wurden Milliarden im zweistelligen Bereich frei. Hinzu kamen erstrittene Millionenrückzahlungen aus dem Vorgang HypoGroupAlpeAdria (ein kleines Versehen der Staatsregierung, das jedem mal passieren kann). Der Bayer würde dazu sagen: „Ja mei" und damit wäre dann wirklich alles gesagt. Diese Gelder konnten nun sinnvoller eingesetzt werden, anstelle zu versuchen, ein Fass ohne Boden zu füllen. Bayern führte wieder die DM ein.

Die Rolle der Kirchen

Einen vernünftigen Ansatz meinten verschiedene unverbesserliche Beamte der Arbeitsgruppe Haushalt bei den Amtskirchen mit ihren subventionierten Einkünften gefunden zu haben. Die kath. Kirche solle, so ihr Vorschlag, für die über 200 Jahre anhaltenden Zahlungen aus dem Staatssäckel, ohne wirklich hilfreiche Gegenleistungen, nun in die Verantwortung einbezogen werden, sich auf ihre eigentliche biblische Aufgabe (Gottes Wort verkünden) konzentrieren, ihre zahlreichen Dogmen abbauen und freiwillig auf den Zahlungsautomatismus durch die Kirchensteuer und damit verbunden hohe Löhnung des Bodenpersonals, repräsentiert durch Bischöfe und Kardinäle, verzichten. Anstelle dessen sich nur noch aus Spendengeldern finanzieren, wie bei Freikirchen üblich und bewährt. Nach dem Motto: Das richtige Produkt (Botschaft) bringt automatisch Erlöse. Ein uraltes Prinzip der Betriebswirtschaft, das leider auch in diesem Bereich oftmals vergessen wird.
Doch wie sollte man diesen Gedanken den Kirchenfürsten näherbringen? Josef in seiner Eigenschaft als Redakteur für den kath. Boten hatte da seine größten Bedenken. Man konnte sich zwar auf den damaligen Kardinal Ratzinger als Referenz berufen, der die Meinung vertrat, dass

das größte Problem der Kirche in Deutschland ist, dass sie zu viel Geld hat und schon 1996 in seinem Buch »Salz der Erde«, feststellte, dass die Kirche dazu neigt, einmal erworbenes Gut und erworbene Positionen zu verteidigen, wobei die Fähigkeit zur Selbstbescheidung und Selbstbeschneidung nicht in der richtigen Weise entwickelt ist. Allein das Erzbistum Köln hortet Wertpapiere im Umfang von 2,3 Milliarden €, meinte Josef mal gelesen zu haben. Die Kirche könnte also mehr helfen, wenn sie nur wollte.

Damit wurde klar, worin das Problem lag. Biblisch ist es nicht, auf seinem Reichtum zu sitzen, während es rund herum an allem fehlt und die Verarmung immer weiter zunimmt. Aber ist für Amtskirchen die Bibel noch der Maßstab oder haben sie ihre eigene Rel(ü)gion entwickelt?

Es müsste ein Umdenken erfolgen, um die Menschen wieder zu erreichen, die Kirchen zu füllen und Zwistigkeiten zu beseitigen. Darunter fiele selbstverständlich die Verkündung biblischer Wahrheit und Abbau von kirchlichen Traditionen, die mit der Bibel nicht vereinbar sind. Die kath. Kirche hatte sich ihr eigenes Glaubenskonstrukt aus mehrheitlich außerbiblischen Mythen, Ritualen und Kulten gezimmert. Katholizismus enthält Irrlehren und hat mit dem wahren Christentum in etwa soviel gemeinsam wie die Feuerwehr mit Brandstiftern.

Veränderungen, natürlich in kleinen Schritten, um die Verstörung nicht zu groß werden zu lassen. Aber ein Anfang, mit dem sich Josef als Bibelkenner identifizieren konnte, sollte sein:

Statt…Erlösung oder Sündenvergebung kommt durch gute Werke oder religiöse Handlungen (Sakramente wie Taufe, Beichte)

Jetzt…die Erlösung geschieht nur aus Gnade und durch den Glauben an das, was Christus am Kreuz vollbracht hat. (Kolosser 2:13, Römer 8:28-39, Joh 5:24, 1. Joh 5:13

Statt…Marienverehrung und Anbetung (Rosenkranz), durch die von der Kirche zugeteilte Rolle als Miterlöserin, Mittlerin und Himmelskönigin. Die in der Bibel im übrigen nirgends zu finden sind

Jetzt…die Anbetung und Verehrung nur von Jesus Christus, da alles andere Götzendienst ist und von der Erlösung abhält. (2. Mose 20:2-5; 1. Kor 10:14

Statt…Messen für die Toten (natürlich gegen Spende)

Jetzt…die Erkenntnis, dass dann keine Korrektur für den Verbleib des Verstorbenen mehr möglich ist

Statt…Dogma der Unfehlbarkeit des Papstes   …

Jetzt…das Anerkennen, dass es keine glaubwürdige Lehre ist. Die Geschichte der Kirche beweist, dass der Papst als Mensch keinesfalls fehlerlos ist,.

Schon dieses Wenige war zuviel verlangt und verschloss den möglichen Geldfluss, hätte es doch gleichzeitig eine Abspaltung von Rom bedeutet. Übereinstimmung wurde also nicht erzielt, obwohl man ihnen als Gegenleistung sogar die schönen bunten Gewänder belassen wollte, damit sie sich weiterhin optisch vom Volk abheben. Auch der Hinweis auf mögliche Enteignung von Ländereien und Gebäuden, die in Milliardenhöhe vorhanden sind, brachte bisher kein Umdenken sondern führte nur zu einem milden lächeln, den erstens weiß man selbst nicht, was alles im Besitz ist und zweitens baue man da voll auf die Hilfe des katholischen Vertreters Gottes auf Erden mit Amtssitz Rom. Die Verhandlungen wurden deshalb erst einmal zurückgestellt.

Eindruck hat diese Drohung bei den Würdenträgern aber hinterlassen und der Glaube stirbt ja bekanntlich zuletzt. Der Grundsatz in der bayr. Verfassung, dass nur das Erbringen von Leistungen zu Wohlstand führen kann und darf, soll sich gedanklich ohne wenn und aber auch bei den Kirchen durchsetzen.

Und solange das nicht der Fall war, wollte man prüfen, aus Fairness neben den Amtskirchen auch freien christlichen Gemeinden als dritte Kraft staatliche Zuschüsse zukommen zu lassen, was ja auch eine gewisse Einkommens-Beschneidung bewirkt hätte, denn am Steuersatz sollte nicht gedreht werden.

Die Großverdiener

Für diese Spezies wurde ein besonderer Vorschlag durch einen scheinbar leicht verwirrten CSU-ler der alten Garde eingebracht. Seine Meinung: »De ham doch eh scho gnua. Wos woins denn damit? Mitnehma kenna's es doch amoi a net. Des letzte Hemd hot koane Taschn.« Ihm waren die veröffentlichten aktuellen Zahlen (DSW/TUM 2015) über die Wirtschaftsbosse in die Hände gekommen, was seinen Unmut sehr erregte. »Als Demokrat musst du viel Geld haben, sonst bist du ein Demokratler«, erhielt er als Antwort.

»Niemand hat verdient, so gravierend mehr zu verdienen als eine Krankenschwester oder Altenpflegerin«, warf an diesem Punkt *Holger* ein, aufgehetzt durch entsprechend polemische Artikel seiner Lieblingszeitung. Er musste ja als Parteimitglied auch irgendwie untergebracht werden und hatte sich für den Finanzausschuss entschieden. Warum auch immer, denn der hellste war er nicht gerade. Eindeutig eine Verletzung des eigenen Grundsatzes.

»Zum Glück gibt es aber viele, die sich ihrer sozialen Verantwortung bewusst sind, reichlich spenden und Stiftungen initiieren«, glättete *Gustl* wieder die Wogen. Als Finanzbeamter musste er es ja wissen.

Für diejenigen, die nicht von sich aus mitzogen, war aber etwas Druck nötig, weshalb ein fairer Schlüssel erarbeitet wurde, der gleichzeitig verhindert, dass jemand in soziale Not gerät.

Alle Menschen mit einem Jahreseinkommen von über eine Million DM (die Währung hatte ja bereits wieder vom Euro zur DM gewechselt) verzichten »freiwillig« jährlich auf einen Teil ihres Einkommens nach einer Staffelung, um etwas der Allgemeinheit zurückzugeben, wobei die Bestimmung zweckgebunden ist. Die Einzahlung erfolgt in einen Topf zur Förderung und Ausbildung der Jugend, Unterstützung der Alten und unschuldig in Not geratenen und in wissenschaftliche Förderungen im medizinischen Bereich, um Krankheiten wie Krebs besiegen zu können.

Der „Spender" konnte selbst eine Organisation bestimmen oder bedürftige Einrichtungen wurden jedes Jahr gemeinsam nach dem Mehrheitsprinzip aus einer Vorschlagliste ausgewählt. Die Verwendung also ausschließlich zweckgebunden, damit die Gelder nicht in einem anderen Ressort auf unerklärliche Weise versickerten. So was soll es ja früher zu Zeiten Old-Germany's gegeben haben. Wo kämen sonst die schlechten Straßen und Brücken her, bei der horrenden Kfz- und Kraftstoffsteuer?

Zum vorgeschlagenen Verteilerschlüssel: (aus dem Geheimprotokoll des Finanzministeriums):

Verdienst nach Steuern	Überschussabgabe
ab 1 Mio. bis 1,5 Mio.	20%
ab 1,5 Mio bis 5 Mio	25%
ab 5 Mio bis 10 Mio	30%
ab 10 Mio bis 15 Mio	40%
Über 15 Mio	50%

Ungeachtet dessen, war der FC Bayern auch hier mit seiner sozialen Einstellung Vorreiter und setzte noch einen drauf. Hoeneß meinte, dass das ja eigentlich seine Idee ist, die man schon lange vorhabe, wegen der ständigen Erfolge und seiner längeren Abwesenheit aus zeitlichen Gründen aber noch nicht umsetzen konnte. Er wollte in Abstimmung mit Rummenigge einen Sockelbetrag von jährlich 5 Mio einbringen, die der Verein spendiert und mit prozentualer Beteiligung aus den Spielergehältern ergänzt. Spielerverträge sollten nur noch so gestaltet werden, dass 10% des exorbitanten Nettoeinkommens sozusagen »freiwillig« ebenfalls in einen Fond einbezahlt werden. Gegebenenfalls wolle man auch noch überlegen, ob nicht ein »Solidaritätszuschlag« wie aus dem reichhaltigen Fundus der alten Bundesregierung bekannt, auf die Mitgliedsbeiträge erhoben wird.

Die soziale Verwendung dieser Gesamterlöse bestimmt der Verein selbst, weil er will, dass das Geld an der richtigen Stelle ankommt. Selbstverständlich sind diese Spenden nicht steuerlich absetzbar. Was wäre das sonst auch für eine Spende. Jeder ist gerne bereit dazu, hat er doch schließlich das Privileg, in einem Land wie Bayern zu leben und Teil des grandiosen FCB zu sein.

Trotzdem wurde warnend darauf hingewiesen, dass sich das auf das qualitative Spielermaterial auswirken könnte.

Sollte der Funke der »Freiwilligkeit« nach dem vorgeschlagenen Schlüssel länger auf sich warten lassen, bestand immer noch die Möglichkeit, das Steuersystem entsprechend anzupassen oder einen extra Soli wieder einzuführen, meinte Gustl, der Finanzbeamte. Als Kompromiss vielleicht nur für die ersten zwanzig Jahre. Dann könne man ja weitersehen. Dieses Vorgehen war ja nicht ganz unbekannt

So weit sollte es im neuen Staat Bayern aber nicht kommen, denn man glaubte an das Gute im Menschen und vertraute, dass sich das soziale Gewissen noch einstellte, auch wenn es etwas dauere, bis es sich bei den Großverdienern im Herzen festsetzte. War halt ein gewaltiges Umdenken, das da verlangt wurde.

Sinnvolle Ansätze erfolgten also. Ergebnisse konnten bis heute nicht erzielt werden, was aber in erster Linie daran lag, dass Behördenmühlen bekanntlich langsam mahlen.

Wobei man den Großverdienern Unrecht täte, sie alle mit kapitalistischem Gedankengut in einen Topf zu werfen. Es gibt wirklich Verantwortungsvolle, die – meist im Stillen – unterstützend und fördernd mit sozialem Engagement tätig sind, bis ein tragfähiges politisches Konzept erstellt ist. Sie wissen: Das letzte Hemd hat keine Taschen. Und danach handeln sie, sozial und verantwortungsbewusst, indem sie Stiftungen ins Leben rufen. Beispielgebend!

Da sei auch ein kleiner Ausflug zu den sogenannten »Sozialschmarotzern« erlaubt, die auf die Stütze der Sozialhilfe bauen anstatt zu arbeiten. Falls es die noch gibt.

Was hat sich Paulus nur gedacht, als er damals an die Thessalonicher schrieb:

»...denn als wir bei euch waren, haben wir euch die Regel eingeprägt: Wer nicht arbeiten will, soll auch nicht essen. Wir hören aber, dass einige von euch ein unordentliches Leben führen und alles Mögliche treiben, nur nicht arbeiten«.

Scheint bei manchen Leuten in Vergessenheit geraten zu sein, weshalb diese Problematik die Menschheit bis in die heutige Zeit verfolgt und die Sozialsysteme über Gebühr belastet. Zeit, den Spruch wieder in Erinnerung zu rufen und ihn wieder zu beleben. Notfalls durch Einsätze in sozialen und kommunalen Diensten. Zur Unterstützung der Allgemeinheit

Bayern startet durch

Die Koalitions- und Etatverhandlungen wurden zügig geführt und standen kurz vor dem Abschluss, da keine großen Differenzen auftraten. Der Haushalt war gesichert, trotz kostspieliger vorerst weiterer Förderung der Kirchen aus den Steuertöpfen, ohne erwähnenswerte Gegenleistung. Da waren natürlich die ergriffenen und konsequent weitergeführten Maßnahmen verantwortlich, die sich auch auf den wirtschaftlichen Aufschwung auswirkten. Darin war man sich einig, denn im Grunde ist es immer die Summe der Maßnahmen, also das Paket, das ineinander greift und den Ausschlag gibt. Hierin besteht kein Unterschied zwischen einem Unternehmen der freien Wirtschaft, der Kirche und dem Staat.

Es gab viel zu tun und viel wurde in Angriff genommen. Bayern sollte überall Spitze sein, war das Credo.

Entscheidendes für die Wende

Wer vom Glück nur träumt, darf sich nicht wundern, wenn er es verschläft. Nach diesem Grundsatz handelte Bayern.

Vorweg: Es ging nicht nur darum, soziale und wirtschaftliche Maßnahmen zu ergreifen, sondern auch wieder dem christlichen Weltbild zu entsprechen. In diesem Bereich waren Umdenken und einige Änderungen erforderlich, was die CfB mit ihrem Wahlerfolg zeigte.

Der sogenannte Zeitgeist zeichnete ein Bild, das vom christlichen Glauben in manchen Teilbereichen drastisch abwich. Das Fundament der Gesellschaft hatte sich verändert. Die Meinungen von Menschen bestimmten die Wahrheit (Evolution, Abtreibung, Genderismus usw). In erster Linie ging es darum, sich des Fundamentes zu erinnern, weil nur darauf – wie bei einem Haus – sicher aufgebaut werden kann. Das Fundament, darin war sich die Koalition einig, war der Glaube an einen Schöpfer, der die Erde und das Leben geschaffen hatte. Nicht eine Evolution über Milliarden von Jahren, wo alles aus dem Nichts von selbst entstanden sein soll. Die Menschen sollten die christlichen Lehren und das in 1. Mose gelegte Fundament dieser Lehren verstehen, um diese Lehren im eigenen Leben und im Leben der Kinder praktizieren zu können. Der christliche Glaube wurde durch das Wort gegründet und war deshalb auch durch das Wort wieder herzustellen. In der Familie, in der Wirtschaft und in der Politik. In allen Bereichen des täglichen Lebens.

Reisen bildet und so führte Josef als religionspolitischer Sprecher der CfB auf Einladung eines jüdischen Studienkollegen, der inzwischen im israelischen Parlament saß, eine Studienreise nach Israel, um nicht nur die historischen Stätte einmal aus der Nähe betrachten zu können, sondern sich auch ein persönliches Bild von der politischen Situation zu machen. Der Tag als Zuhörer in der Knesset mit Führung brachte ihm Anregungen, die er für die bayrische Politik für durchaus umsetzbar hielt. Bibelstunden, die im israelischen Parlament von den Professoren Avigdor Shinan und Yair Zakovitch geleitet werden, die er bei dieser Gelegenheit auch persönlich kennenlernen konnte und dabei erfuhr, dass die Treffen sechsmal im Jahr in der Knesset stattfanden und als Video ins Internet gestellt wurden. Auch Minister nehmen daran teil. Die Diskussion politischer Fragestellungen tritt dabei in den Hintergrund. Juden und Araber kommen miteinander ins Nachdenken, seien sie nun religiös oder nicht. Bibelstudium um seiner selbst willen, das ist die Idee. Einfach manchmal zusammen zu sitzen, für kurze Zeit alle Debatten und Feindseligkeiten vergessen, auch zu vergessen, was Menschen unterscheidet, und zusammen zu lernen. War zwar für den Partner CSU etwas gewöhnungsbedürftig, aber wenn's hilft …

Der nächste Schritt war die Zusammenstellung eines kompetenten Kabinetts. Als Minister sollten nur diejenigen bestellt werden, die von der jeweiligen Materie auch eine Ahnung haben. Ständiges Jobhopping, das in der ehemaligen BRD nachweislich nicht funktionierte, aus welchen Gründen auch immer, sollte vermieden werden, die »richtigen« Parteifreunde, sonstige Unterstützer usw. durften nicht mehr den Ausschlag geben. Kompetenz und Lebenserfahrung waren gefragt. Vor allem auch Lebenserfahrung, mit der ein(e) Hochschulabgänger(in) neben theoretischem Grundwissen zwangsläufig noch nicht dienen kann. Die wirren Gesetzeseingaben und – verabschiedungen in EU und der ehemaligen BRD zeigten deutlich die Notwendigkeit, hierauf besonderes Augenmerk zu legen.

Das Bildungssystem auf dem Prüfstand

Was sich im Laufe der Jahre bis 2015 entwickelte, zeigte recht deutlich, dass großer Handlungsbedarf bestand, denn der Weg zum Spitzenpolitiker war ja seit dem Austritt aus der ehemaligen BRD nicht mehr so leicht. In Bayern musste man schon Qualifikation vorweisen.
Hier konnte Franz in seiner Arbeitsgruppe noch eigene Erfahrungen einbringen und eine Caritas-Statistik aus 2013 vorlegen, die eine dringend notwendige Korrektur aufzeigte. Sie belegte, dass in früheren BRD-Zeiten etwa jeder 20. Jugendliche (5,6%) seine Schullaufbahn ohne Abschluss beendete. In Berlin sah es noch viel drastischer aus. Hier lag er mit 10,9% bei jungen Deutschen fast doppelt so hoch und bei ausländischen jungen Erwachsenen fast dreimal so hoch wie bei jungen Deutschen (30,5% zu 10,9%). (lt. Regierungsbericht zur Lage der Zuwanderer in Deutschland),

Auf seinen Hinweis, dass in unserer Gesellschaft das Arbeitsplatzangebot immer mehr durch Bildung bestimmt wird, erhielt er uneingeschränkten Beifall. Dies betraf auch seine Beobachtungen im Verhalten muslimischer Schulkinder, worauf einzuwirken wäre. Seine Erfahrungen aus Gesprächen mit Schulkollegen waren erschreckend. Sie vertraten ebenfalls die Meinung, dass nicht falsch verstandene Toleranz, sondern nur eine konsequente, neutrale Aufklärung Abhilfe bringen konnte. Jeder entscheidet frei über seinen Glauben, hat aber Andersgläubige zu respektieren, wurde als Ziel ausgegeben.

Chantal meinte dazu: »Stellt euch vor, jemand fährt eine bestimmte Automarke, aus Liebe und Überzeugung zu diesem Auto. Kann er aber jemandem verbieten, oder ihn daran hindern, eine andere Marke zu kaufen und zu fahren? Oder gar die Fahrerlaubnis verweigern?

Doch für alle gibt es nur die gemeinsame Strasse auf der sie sich fortbewegen können. Und es funktioniert nur, wenn alle die Verkehrsregeln achten und jeder, unabhängig von seinem Autotyp mit Strafe rechnen muss, wenn er dagegen verstößt. Und jeder kommt an sein Ziel«. Du kannst auch nicht mit einem Bein den Zug besteigen und mit dem anderen auf dem Bahnhof stehen bleiben, wenn der Zug abfährt, sondern musst dich entscheiden.

Was gleichzeitig bedeutet, dass ein christliches Land seine Wurzeln nicht verlässt und nach diesen auch den Rahmen der Toleranz ausrichtet. Nicht umsonst heißt es in Bayern: »Leben und leben lassen«.

Bayern ist und sollte ein christliches Land bleiben, und die Grundlage dazu musste in den Schulen gelegt werden, da Bildung ein herausragendes Instrument ist, um die nächste Generation und ihr Weltbild zu formen. Für das muslimische Deutschland war der Zug abgefahren, aber Bayern legte großen Wert darauf, dass sich Christen in ihrem eigenen Land weiterhin als Einheimische fühlen und ihren Glauben frei leben können, ohne auf »Befindlichkeiten« anderer Religionen Rücksicht nehmen zu müssen oder von diesen attackiert zu werden, wobei sich viele Muslime in Bayern sowieso schon gut integriert hatten und die demokratische, bayrische Lebensweise schätzten.

Integration fremder Kulturen ...

...war eines der wichtigsten Themen, um den Frieden in Bayern nicht zu gefährden und die Spitzenstellung beim Bildungsniveau an den Schulen zu halten. Eine schwierige Aufgabe, nachdem der Bildungsbericht Defizite nicht nur durch die Emigration aufzeigte. Hier war das Schulreferat mit Unterstützung des moderaten Imam Ismail gefragt, der sich als Integrationsbeauftragter einbrachte und für die Schulen entsprechende Kurse vorschlug, denn ohne Bildung gibt es auch keine Chance für Veränderung.

Ismail:
»Jugendliche müssen Antwort auf die Frage bekommen, wie sie in Bayern als gläubige Muslime und gleichzeitig gute Demokraten leben können, weg von der traditionellen Erziehung im muslimischen Elternhaus oder beeinflusst von Hetzparolen in Moscheen, denn es ist nicht zu akzeptieren, dass vermittelt wird, Männer wären grundsätzlich die Chefs und Jungs wichtiger als Mädchen, was in Bayern schon gar nicht ging! Und dass, wie aus einer Grundschule über die vierten Klassen berichtet wurde, sich Kinder in der Schule weigern, die Symbole der Weltreligionen auf einem Blatt zu malen, weil ihnen gesagt wurde, man komme in die Hölle, wenn man das Kreuz

der Christen anschaut oder malt, mit Christenkindern spielt oder nur durch das Gespräch über das Christentum von Allah verstoßen wird. Ganz im Sinne von Sure 5:51: »*Ihr Gläubigen! Nehmt euch nicht die Juden und die Christen zu Freunden! Sie sind untereinander Freunde (aber nicht mit euch). Wenn einer von euch sich ihnen anschließt, gehört er zu ihnen (und nicht mehr zu der Gemeinschaft der Gläubigen). Allah leitet das Volk der Frevler nicht recht*«.

Franz:

Der Schriftsteller Frederik Douglass (1818 – 1895) sagte: »*Es ist einfacher, starke Kinder aufzubauen, als kaputte Erwachsene zu reparieren*«. Eine Weisheit, die immer noch Gültigkeit hat. Bayern sollte kein zweites Israel werden, wo mangelnde Aufklärung und Hetze zu Hass und Gewalttaten zwischen Palästinensern und Juden führt.

Ein Unterrichtsfach wurde deshalb eingerichtet, das die muslimische, jüdische und christliche Religion in seinen Grundzügen neutral, umfassend und sachlich gegenüber stellt, um den ewigen Kreislauf der antijüdischen und antichristlichen Übermittlungen und Beeinflussungen schon von Kindesbeinen an – sei es durch Elternhaus oder Moscheen – zu unterbrechen.

Dazu war die Unterstützung von islamischen Verbänden und Vereinen erforderlich, indem diese Frauen-, Menschen- und Gleichheitsrechte lehren und begründen. Der Aufruf, sich abzuschotten vom »bösen, ungläubigen Westen«, weil der seit 1.400 Jahren nur darauf aus sei, dem Islam zu schaden und Muslime zu demütigen, wäre als vorsätzliche Brandstiftung zu deklarieren und unter Strafe zu stellen. Vielleicht brachten die gemeinsamen Beratungen mit den Verbänden hier endlich den Anstoß für eine dringend erforderliche Modifizierung des Koran.

Fördern und fordern

Die Probleme mit Unterbesetzung an Lehrern, Schülerverhalten und Lernbereitschaft, aber auch Probleme zwischen den verschiedenen Kulturen, hatten sich zugespitzt. Hier war dringender Handlungsbedarf angesagt.

Der Mensch als wichtigstes Kapital sollte auf jeden Fall mehr gefördert werden, damit er nicht zum »Abbrecher« wird, sondern nach der schulischen Allgemeinbildung den für sich richtigen Berufsweg findet, motiviert in das Berufsleben einsteigt, sich kreativ einbringt und damit als Steuerzahler mithilft, dass die staatlichen Aufgaben erfüllt werden können. Vor allem aber auch, um unbeeinflusst von gewissen Strömungen sich ein Weltbild machen zu können. Dabei waren neue Wege - der bayrischen Mentalität entsprechend - nicht von vornherein auszuschließen, sondern sachlich zu prüfen, ob überhaupt eine Verbesserung möglich wäre, wobei es sich aber maximal um eine »Feinjustierung« handeln könnte, denn die Schulbildung betreffend, war Bayern deutschlandweit schon immer Vorbild. Wer in Bayern sein Abitur machte, konnte sich ohne Übertreibung zur
Elite mit entsprechenden beruflichen Chancen zählen.

Eine Förderung muss deshalb unabhängig von der jeweiligen Altersstufe erfolgen. Von Kindertagesstätten – bereits ab 3 Jahren – bis hin zu den Universitäten. Dieser Herausforderung stellte sich Bayern auf Antrag der CfB, ganz im Sinne der Warnung Luthers, der schon 1520 an den christlichen Adel der deutschen Nation über die Besserung des christlichen Standes schrieb:

»Wo aber die Heilige Schrift nicht regieret, da rat ich fürwahr niemand, dass er sein Kind hingebe. Es muss alles verderben, was nicht ohne Unterlass das Gotteswort studiert. Darum sehen wir auch, was für Volk an den Hochschulen herangebildet wird«.

Und Luther fährt fort: »Ich bin in großer Sorge, dass die Hochschulen weit geöffnete Höllentore sind, es sei denn, sie üben emsig die Heilige Schrift und schärfen sie dem jungen Volk ein«.

Die Sorge war nicht nur damals, sondern ist bis in unsere Zeit immer noch berechtigt und verdient ständige Kontrolle, der sich die CfB im Koalitionspapier verschrieben hatte.

Franz:
»Eine Reporterin hatte 6 Monate den Unterricht an einer Schule begleitet. Ihre Erfahrungen im Film »**Lehrer am Limit**« zeigt die Situation an den Schulen sehr eindrücklich« und wird im Diskussionsforum bestätigt. (http://youtu.be/5vjJSC970V0)

Schüler:»Ich bin strikt gegen die Inklusion! Ich bin jetzt 16 fast 17 Jahre alt und besuche selbst eine Sonder-Schule für Lernbehinderte und was man da erlebt ist kaum vorstellbar, die Hälfte der Klasse hat Migrationshintergrund, das heißt von 10 Schülern haben 5 ausländische Wurzeln und damit nicht genug, selbst die "deutschen Muttersprachler" haben extreme Probleme mit der deutschen Sprache. Z.B. hat einer von diesen "deutschen Muttersprachlern" statt "zog" (die Vergangenheitsform von ziehen) "ziehte" gesagt, das muss man sich erstmal vorstellen. Auch in Mathe haben sehr viele Schüler Probleme, z.B. sollten wir die Aufgabe: "7+9+3" lösen und selbst das haben die meisten nicht hinbekommen. Ich habe mich als einziger gemeldet und "19" gesagt. Der Lehrer sagte, das sei korrekt und wollte wissen wie ich darauf gekommen war, ich habe ihm gesagt, dass ich zuerst "7+3=10" gerechnet habe und dann "10+9= 19", der Lehrer war begeistert.

Das sind nur einige von vielen Beispielen, die beweisen, dass die meisten noch nicht mal den Schulstoff in einer Sonderschule bewältigen können. Also, wie kommt man dann auf die Idee, diese Schüler auf ganz normale Regelschulen wie z.B. Hauptschulen schicken zu können?

Die sind ja hier schon überfordert, wie sollen die dann erst an einer normalen Regelschule zurecht kommen???

Mein Fazit: Inklusion ist für'n Arsch«!

Antwort: »Das ist schön, dass du dich in der Schule anstrengst und wie man merkt, auch interessiert bist :) Jedoch hast du zum Thema Inklusion was falsch verstanden. Um Inklusion umsetzen zu können, muss die Klassengröße verkleinert werden. Das bedeutet, die Lehrer können die einzelnen Schüler individueller fördern und haben mehr Zeit für sie. Somit wäre es auch möglich,

Schüler mit unterschiedlichen Fähigkeiten und Möglichkeiten gemeinsam in einer Klasse zu unterrichten«.

Schüler: »Braucht man dann nicht trotzdem die doppelte Schulzeit, bei dem Aufwand? Ist es nicht sinnvoller, dafür "Sonderschulen" einzuführen, bis die Reife für die Hauptschule erreicht ist? (Eine Art Zwischenschule zwischen Kindergarten und Hauptschule) Wie soll jemand dem Stoff folgen können, der nicht einmal die dt. Sprache beherrscht und keine Kindergartengrundkenntnisse mitbringt. (Soziales, respektierliches Verhalten, Grundkreativität, Mitdenken)«

Neuer Teilnehmer: »Was diskutieren die Lehrer denn so viel. Das ist ja schrecklich. Raus mit den Kindern und fertig. Wer nicht lernen will, muss gehen. Man kann es auch übertreiben mit dem: „der muss doch aber lernen". Und vor allem gehört das ja zu den jeweiligen Familien. Kann doch nicht sein, dass die Schule sich um alles kümmert! Auch dieses unpünktlich sein nach der Pause. Anstatt die Kinder draußen zu lassen oder zum Leiter zu schicken, oder irgendwas anderes, aber nicht einfach in die Klasse marschieren lassen. Wenn das so weiter geht...... traurig für die Kinder, die wirklich etwas lernen wollen«.

»Eine Untersuchung hat ergeben, dass Kinder türkischer Herkunft hierzulande regelmäßig einen niedrigeren Bildungsabschluss erreichen als Kinder deutscher Herkunft. Niemand interessiert z.B. Geschichtsunterricht«, wie

Mustafa versicherte. »Wen interessiert denn, was Hitler damals zu Cleopatra gesagt hat«?

»Außerdem brechen sie die Schullaufbahn häufiger ab. Als übliche Erklärungsmuster werden dafür Diskriminierung, Bildungsferne des Elternhauses und kulturelle Distanz angegeben. Überzeugend klingt das nicht, weil gleichzeitig festgestellt wurde, dass Kinder vietnamesischer Herkunft im Durchschnitt keines der angesprochenen Probleme haben«.

Es gibt auch andere Stimmen:

Roja kam als geborene Afghanin mit 14 Jahren mit Familie nach Deutschland. Heute arbeitet sie als Erzieherin in einer Kindertagesstätte. »Meine Geschwister und ich sind damals vom ersten Tag an – ohne ein Wort Deutsch zu sprechen – auf deutsche Schulen gegangen. Mein Bruder und meine Schwester wurden Ärzte. Für meine Eltern war Bildung immer essenziell. Wie sich ein Kind im neuen Land einlebt, hängt sehr von den Eltern ab. Man muss sich integrieren wollen und Interesse an der neuen Heimat zeigen. Das klappt nur, wenn man sich unters Volk mischt, statt in einer Parallelwelt zu leben. Was sind die Normen im Land, wie lautet das Gesetz, wie leben die Menschen? Ich finde, Deutschland hat tolle Werte: die Ordnung, die Pünktlichkeit zum Beispiel. Diese Werte haben mich geprägt und ich werde mein Leben lang den Menschen hier dankbar sein, dass wir damals aufgenommen wurden«.

Bildung und Disziplin ist kein Selbstläufer

Gedanklich bestand Übereinstimmung, dass jeder Mensch wertvoll und wichtig ist. Gerade in einem kleinen Land wie Bayern, um sich weltweit zu behaupten. Die im Anschluss an den Film folgende Diskussion war informativ und brachte Anregungen.

»Das bedeutet aber nicht, soziale Leistungen und kostenlose Förderprogramme uferlos auszuweiten. Aus einem tiefen Loch kann und muss man Jeden heraus holen, nicht aber aus dem bequemen Fernsehsessel zuhause«, meinte ein Ausschussmitglied. »Da muss er schon selbst hochkommen, oder von den Eltern durch Erziehung dazu motiviert werden. Laut Fachleuten liegt die Ursache, weshalb die Jugend rebelliert, nicht so sehr bei der Obrigkeit, sondern im Elternhaus. Die junge Generation hat zwar Ernährer, aber vielfach keine Erzieher mehr. Diese Aufgabe wurde scheinbar durch den täglichen Druck immer mehr an die Schulen delegiert. Vollzeitjob, Haushalt, Hypothekenzahlungen und abends zum Fitnessstudio rennen, wo soll bei dieser Belastung noch Zeit für die Erziehung bleiben«?

»Verständlich, wenn Kinder sich andere Vorbilder suchen und einer starken Beeinflussung unterliegen, in der sie sich behaupten müssen, was sich auch auf das Verhalten im Schulunterricht auswirken kann. Stören im Unterricht, gewalttätig sein, oder jegliches Lerninteresse vermissen lassen, weil es cool ist oder die Sprache nicht ausreichend beherrscht wird«.

Maßgebend war die Erkenntnis, dass die Erziehung nicht auf die Lehrkräfte abgewälzt werden kann, zumal schon Salomo, König von Israel unter Sprüche 19,18 sagte: »*Erzieh deine Kinder mit Strenge, solange sie noch jung sind, aber lass dich nicht dazu hinreißen, sie zu misshandeln*«.

War halt alles zu weichgespült und die lieben Kleinen tanzten den Erwachsenen auf dem Kopf herum, sodass dringend notwendige Korrekturen erkannt wurden.

Was tun? Eine Neustrukturierung des Unterrichtsstoffes an den Schulen und die Wiedereinführung der Disziplin, beginnend schon in den unteren Klassen, hatte Priorität. Die Lehrkräfte erhielten wieder die Hoheit und wurden als Respektspersonen angesehen. Hilfreiche Maßnahmen waren: Wer ohne nachvollziehbare Entschuldigung zu spät kommt, muss für die schon begonnene Unterrichtsstunde vor der Tür bleiben. Genauso bei Stören des Unterrichtes durch schwätzen, freche Äußerungen, Handybetrieb oder körperliche Angriffe auf seit langem in manchen Klassen in der Minderheit befindliche deutsche Schüler, um nur einige in der Vergangenheit gravierende Unsitten herauszugreifen. Um den dadurch bedingten

Lernausfall zu kompensieren, gab es anstelle von Nachsitzen und Abschreiben sinnfreier Texte zusätzliche Hausaufgaben, denn der Verweis als früher noch zugkräftiges Mittel, was man in keinem Fall haben wollte, mutierte im Laufe der Zeit zum »Stickeralbum-Sammelbildchen« ohne weitere Konsequenzen. Wer sollte diese Maßnahme da noch ernst nehmen?

Wer nicht mitzog, bekam deshalb die Quittung durch schlechte Noten, was unter Umständen zur Wiederholung der Klasse führte. Das solange, bis er/sie kapiert hatte, um nicht mit 14 Jahren als Schulabgänger ohne Abschluss immer noch in einer unteren Klasse zu sitzen und von seinen Freunden ausgelacht zu werden. An eine Versetzung war dann natürlich nicht mehr zu denken und Sozialhilfe gibt es dafür selbstverständlich auch nicht. Nur für den, der unverschuldet in die Arbeitslosigkeit kam!!

Durch diese Maßnahme lockerte sich automatisch der Engpass bei den Wohnungen, da die lieben »Kinder« mangels selbstständiger Einkünfte zwangsläufig weiterhin bei den Eltern wohnen mussten. Eine ungeplante Erziehungsmaßnahme, da die Eltern verständlicher Weise darauf drängten, dass Ausbildungsmaßnahmen aufgenommen wurden, um sie aus der Wohnung aus- und in das Berufsleben eingliedern zu können. Die Erziehungsaufgabe wurde – wenn auch nicht ganz freiwillig – wieder übernommen.

Die Kehrseite der Medaille – das konkurrenzfähige Kind

»Viele Kinder«, so meinte Franz, der neue Bildungsminister, »schleppen die Erwartungen und Ängste der Eltern wie Bleigewichte mit sich. Karriereeltern mit Bestnotenabschluss stellen die gleichen Erwartungen in ihren Nachwuchs, was zu Belastungen führt und den Weg für eine geeignete Berufsausbildung versperrt.

Sport, ein Musikinstrument, zwei Fremdsprachen – Kinder werden neben der Schule oft mit einem straffen Programm gefordert, um nicht zu sagen, überfordert. Schließlich wollen sie Eltern bestmöglich auf das Leben vorbereiten. Wissenschaftler raten jedoch bei der Erziehung zu Gelassenheit und mahnen, dass Eltern ihre Kinder nicht zum eigenen Erfolgsprojekt machen sollten, damit deren Entwicklung nicht zum »Wettrüsten und zur Leistungsschau« wird«.

Franz konnte ein Lied davon singen, weil er früher in Elternsprechstunden häufig damit konfrontiert wurde und den Eltern die Augen öffnen musste, dass nicht jedes Kind die Voraussetzungen für einen höheren Schulabschluss erfüllt, was bei manchen Eltern zur Schnappatmung führte. »Es ist nicht hilfreich, wenn Kinder schon im Kindergarten alle Dinge beherrschen sollen, mehr Gelassenheit wäre hilfreich«, war seine Meinung. »Ob ein Englisch- oder Türkischkurs vor der ersten Klasse, seit dem 2. Lebensjahr Geigen- und Fechtunterricht und in der Altersklasse Schachmeister zu sein, tatsächlich einen Vorsprung ausmacht, sei auch noch gar nicht erforscht«. Den Eltern erzählte ich immer ein prominentes Beispiel für Typen ohne ausgefeilte Vita. »*Er war ein dickliches, stilles Kind, das häufig nichts tat. Daraus wurde eines der größten Genies der Zeit: Albert Einstein*«. Dickliche Kinder sind schon nachgekommen, nur mit den Fähigkeiten scheint es etwas zu hapern«.Aber das ist ein anderes Thema.

Ein Blick über die Landesgrenzen war hilfreich

In Baden-Württemberg ging eine Schule neue Wege, um die Schüler auf das Berufsleben vorzubereiten. Zum Beispiel mit einem Zirkusprojekt in der fünften Klasse, um Gestik und Mimik zu trainieren. Man spricht vor einer größeren Gruppe und bekommt mehr Selbstbewusstsein. In der siebten Klasse müssen die Schüler 20 Sozialstunden in einem Senioren-Pflegeheim ableisten und zwar in ihrer Freizeit. Da ist gutes Zeitmanagement gefragt. Für alle spürbar startet die eigentliche Berufsvorbereitung in der achten Klasse, wo Ordnung, Pünktlichkeit und Umgangsformen regelrecht trainiert werden. Die Schüler erstellen ihre Bewerbungsmappen zusammen mit den Lehrern. Sie üben Bewerbungsgespräche mit »echten Chefs«. Dafür werden Arbeitgeber aus der Region in den Unterricht geladen. Und Fachleute bereiten die Schüler auf Eignungstests vor und trainieren in Rollenspielen Bewerbungssituationen.

Genug Anregungen, die auf Beachtung und Umsetzung warteten.

Ein paar sinnvolle Maßnahmen befinden sich jedoch noch im Diskussions-Stadium. Um unserer Multikulti-Gesellschaft gerecht zu werden und allen gleiche Chancen zu bieten, wurde überlegt, für ausländische Kinder separate Klassen einzurichten, in denen altersübergreifend zuallererst so viel Deutsch beigebracht wird, dass sie dem Unterricht in der Regelschule folgen können, um nicht das Lerntempo der restlichen Kinder zu bremsen. Sprache als notwendige Voraussetzung für gute schulische Leistungen und den Start in das Berufsleben. Die Notwendigkeit brachte die Erkenntnis, dass Mütter auch nach 20 Jahren oftmals noch kein deutsch beherrschen und demzufolge zu Hause mit den Kindern z.B. nur türkisch sprechen, weil sich der Vater in der Arbeit befindet.

Die Evolution und der Gottesbeweis

In der ersten Schulstunde kommt der Pfarrer und erzählt vom lieben Gott, der die Welt und Adam und Eva erschaffen hat. In der zweiten Stunde werden die Kinder dann vom Biologielehrer aufgeklärt, dass die Welt aus einem Urknall entstanden ist und der Mensch sich vom Affen weiterentwickelt hat. Mit diesen Gedanken bleiben die Kinder allein und können sich nun aussuchen, wem sie glauben wollen. Ist es da nicht verständlich, wenn sich Menschen vom Glauben abwenden und ihren eigenen Weg suchen?

»Seit Darwin sein Buch veröffentlichte, versuchten öffentliche Vertreter den Schöpfungsbericht ins Lächerliche zu ziehen. Obwohl es berechtigte Zweifel gibt, haben sich Evolutionisten für die naturalistische Erklärung entschieden. So versuchen sie, sich der persönlichen Verantwortung zu entziehen, die sich aus der Existenz eines Schöpfers ergibt. Vorrangig durch die Verbreitung atheistischen Gedankenguts, kaschiert durch sogenannte wissenschaftliche Erkenntnis.

Selbst ein so toller Film wie »Planet Erde«, der die Vielfalt der Tierwelt zeigt, spricht von einer Entstehung der Erde durch Zufall in Milliarden!! Jahren. Dabei wurde wissenschaftlich inzwischen nachgewiesen, dass die bisher praktizierte und allgemein anerkannte Berechnungsmethode für einen Alterungsprozess zu falschen Ergebnissen führt und demzufolge nicht aussagekräftig ist«.

Wie die meisten Evolutionisten wirklich denken, fasst der Genetiker Richard Lewontin (Harvard Universität) in seiner Buchbesprechung zusammen:

»Wir stehen auf der Seite der Wissenschaft, trotz der Absurdität einiger ihrer Konstrukte, trotz ihres Versagens, viele ihrer extravaganten Versprechungen von Gesundheit und Leben zu erfüllen, trotz der Toleranz von Seiten der wissenschaftlichen Gemeinschaft gegenüber aus der Luft gegriffenen, unbeweisbaren Behauptungen. Wir stehen auf dieser Seite, weil wir einer übergeordneten Sache verpflichtet sind, nämlich dem Materialismus. Es ist nicht so, dass uns die Methoden und Institutionen der Wissenschaft irgendwie dazu zwingen würden, eine materielle Erklärung

der wahrnehmbaren Welt zu akzeptieren. Im Gegenteil, es ist unsere voreingenommene Meinung, dass es für alles eine materielle Ursache gibt, die uns dazu zwingt, Forschungsansätze und Konzepte zu schaffen, welche materialistische Erklärungen hervorbringen, ganz gleich, wie rätselhaft diese für den Uneingeweihten auch sein mögen.

...Der Materialismus ist zwingend, denn wir können die Türe auch nicht einen Spalt breit für die Idee eines Gottes offen lassen«

Themen, die in der Wissenschaft umstritten sind, sollten auch in der Schule entsprechend dargestellt werden. Darauf legte *Franz* besonderen Wert. Der Anspruch der Evolutionstheorie wurde nach seinen Recherchen allerdings an den Schulen einseitig, ohne Berücksichtigung anderer wissenschaftlicher Erkenntnisse, unterrichtet und in den Medien verbreitet. »Die Vertreter der Evolutionstheorie glauben«, so sagte er, »Schöpfung sei Religion, Evolution hingegen Wissenschaft«.

Prof. Dr. Werner Gitt, ehemaliger Direktor der physikalisch-technischen Bundesanstalt in Braunschweig antwortete auf die Frage, warum die Evolutionstheorie nach wie vor als die grundlegende Lehre über die Erdentstehung an den Universitäten konkurrenzlos gelehrt wird:

»Sie wird gelehrt, weil sie sich weithin durchgesetzt hat und von vielen vertreten wird. Der Siegeszug der Evolutionslehre ist nicht naturwissenschaftlich begründbar. Vielmehr hatten starke geistige Strömungen das Feld für eine atheistische Weltdeutung vorbereitet. Da bis heute die meisten

Menschen ohne Gott leben wollen, ist ihnen die Evolution eine willkommene Lehre«.

»Wissenschaft hin oder her. Für Christen – und darunter verstehe ich Menschen, die Jesus als ihren Retter angenommen haben, wie es die Bibel zur Errettung vorgibt« – meinte *Josef*, »ist der Evolutionsgedanke sowieso absurd. Der Mensch selbst ist doch der beste Beweis, dass es Gott geben muss. Wie sind sonst die Einzelteile zu verstehen, aus denen er besteht? Das Gehirn, das Herz, Mund und Stimme, zwei Augen, Füße, Hände, vom funktionierenden, wunderbaren Organismus gar nicht erst zu reden. Und das alles soll sich von irgendetwas automatisch höher entwickelt haben? Warum wollen die nicht verstehen, dass die Evolution atheistische Spinnerei ist und nicht aufzeigt, dass nur Leben Leben hervorbringen kann«? Innerhalb eines geschaffenen Grundtyps entstehen zwar neue Unterarten, aber niemals neue Grundtypen. Das beweisen doch christliche Wissenschaftler, die dafür aber mundtot oder lächerlich gemacht werden. Wie soll sich nach deren Ansicht aus dem Quastenflosser, der aus dem Wasser an's Land kroch, der Mensch entwickelt haben?
Nach christlicher Ansicht kann es auch nicht sein, dass sich irgendwann etwas von selbst höher entwickelt denn es heißt, dass die Werke Gottes von Anfang an fertig waren und sofort perfekt funktionierten, sodass die Schöpfung selbst den Schöpfer bezeugt. Davon lass ich mich als Christ auch nicht abbringen. Mal ehrlich: Anstatt ständig zu versuchen, die Evolution zu beweisen, wäre es doch sinnvoller, den gottgegebenen Verstand dafür einzuset-

zen, um die Existenz Gottes nachzuweisen. Das wäre hilfreicher für die Menschheit und auch für die Glaubensverweigerer«.

Diese Schwärmerei überzeugte seine Kollegen. Evolution wurde deshalb nach Rücksprache mit der kath. Kirche von der bayrischen Regierung als eine Pseudowissenschaft eingestuft, die im Lehrplan des Schulunterrichts auch als das dargestellt werden musste.

Die kath. Kirche war darüber sehr erfreut und bekräftigte den Entschluss mit dem Hinweis auf die Mut machende Geschichte von David und Goliath. Es heißt, dass vor fast 3.000 Jahren der brutale Riese Goliath sah, wie David auf ihn zukam. *Er »verachtete ihn ...denn er war ein Knabe, rötlich und von schöner Gestalt«.* (1.Sam 17:42). Nun, was war Davids Reaktion? *»David aber sprach zu dem Philister: Du kommst mir mit Schwert und mit Speer und mit Wurfspieß; ich aber komme zu dir im Namen des Herrn der Heerscharen, des Gottes der Schlachtreihen Israels, die du verhöhnt hast«* (1.Sam 17:45) Und was war das Ergebnis? Der Riese wurde vernichtend geschlagen! Wie entmutigend ist es, wenn man die „Riesen" sieht, die sich aufmachen, gegen das Wort Gottes Stellung zu beziehen, was vor allem auch auf den Genderismus zutrifft. Doch auch diese Riesen können mit Gottes Hilfe besiegt werden, meinten Kirchenvertreter.

Der Genderismus

Etwas, was absolut nicht in das christliche Weltbild Bayerns passte und deshalb schnellstens korrigiert wurde.

Genderismus und, weil man gerade im Aufräumen war, auch die Frauenquote, obwohl sich Beides europaweit durchgesetzt hatte. Ein Leichtes, nachdem der Austritt aus der EU bereits vollzogen war.

Der Antrag der Grünen (wer sonst), die seinerzeit am Christopher-Street-Day 2015 auch in München installierten Gender-Ampeln weiter stehen zu lassen, wurde schon damals vom Kreisverwaltungsreferat mit der politisch-korrekten Begründung abgelehnt, dass die Verkehrszeichen in München laut Verordnungen einheitlich sein müssten. Man hätte mit etwas Mut schlicht und einfach auch sagen können, dass man diesen Unsinn nicht mitmacht.

Bayern wäre nicht Bayern, wenn nicht Vernunft und Leistung wieder siegen sollte. Ein Alleingang Bayerns, aber wer kennt das nicht? Und wer weiß, für was das europaweit gut wäre. Jedenfalls gibt es immer noch Gespräche mit der EU und da die Genderismus-Fanatikerinnen inzwischen auch schon im Rentenalter oder »abgetreten« sind, bestehen gute Chancen, dass sich auch die EU wieder besinnt und dem Beispiel Bayerns aus Vernunftgründen folgt. Falls Menschen mit Vernunft nachrücken oder die Grünen vom Verfassungsschutz doch noch verboten werden. Vielleicht ließ sich ja in einigen Jahren über eine neue EU-Mitgliedschaft reden, wenn in einigen wichtigen Punkten wieder Vernunft eingekehrt ist. Unsere Staatshoheit lassen wir uns auf jeden Fall nicht mehr nehmen, war zu hören.

Die »echte« Familie, bestehend aus Mutter, Vater und Kind rückte wieder in den Vordergrund. Bayern als christliches Land und damit Rarität in der Einstellung, machte nicht mehr jeden Mist mit. Da bekam die Aussage »Mia san mia« eine sympathische Bedeutung

Anwerbung von dringend benötigten Fachkräften

Auch hier sollten neue Wege beschritten werden. Wer nach Bayern kommt, muss nicht englisch oder bayrisch auf hohem Niveau sprechen, sollte aber der deutschen Sprache mächtig sein. Für die Zuwanderung von Fachkräften diente Australien als Vorbild. Dessen Programm für die Migration bringt es auf den Punkt: »*Unser Programm für die hoch qualifizierte Einwanderung zielt auf Menschen, die bestens ausgebildet sind. Sie müssen Englisch auf hohem Niveau beherrschen und sehr schnell einen Beitrag zur australischen Wirtschaft leisten können*«.

In Kanadas Signal an die Talente der Welt erklingt derselbe Ton: »*Wir sind an der Einwanderung von erfolgreichen Unternehmern interessiert, die mit ihren Fähigkeiten und ihrem Know-how einen Beitrag zum wirtschaftlichen und kulturellen Wohl Kanadas sowie zur Schaffung neuer Arbeitsplätze leisten*«.

Der Erfolg gibt recht. Der Bildungsgrad von Zuwanderern liegt in Australien bei 85%, bei Kanada sogar bei 99%. Bayern befand sich auf einem guten Weg, die gleichen Zahlen zu erreichen.

Heute – 2040

Düstere Wolken ziehen am Horizont auf

Bayern 2040 erweckt verständlicher Weise auch Neid. Nachdem der friedliche Djihad in den letzten Jahrzehnten am Bollwerk Bayern scheiterte, werden durch die aktuelle muslimische Bundesregierung Deutschlands im Sinne des IS jetzt unverhohlen ernsthafte Drohungen ausgesandt, um einen Wiedereintritt Bayerns in der neuen deutschen Leitkultur zu erreichen. Was bei den ethnischen Säuberungen in den arabischen Ländern funktionierte und seinen Beginn im siebten Jahrhundert hatte, als sich ein neuer Glaube durch Kriege etablierte und in der Folge Millionen von Menschen beeinflusste, soll auch Bayern »bekehren«. Übertritt zum Glauben oder freiwillige Abgaben, der sog. Dhimmisteuer, aus den reichlich vorhandenen bayrischen Geldtöpfen. Ansonsten drohe die feindliche Übernahme.

Die Situation ist ernst, aber nicht hoffnungslos, da das neue Bayern nicht nur Gottvertrauen hat, sondern auch die Schweiz als Bündnispartner und letztes verbliebenes freies Land in Europa, militärisch unterstützend bereit steht und Israel als langjähriger Partner seine Hilfe zugesagt hat. Somit steht auch Gott auf Seiten Bayerns, wie selbst die Nationalhymne selbstbewusst vermittelt. Gott mit dir, du Land der Bayern…

Wie geht es weiter in Bayern?

Solange christliche Parteien am Ruder sind, und etwas anderes ist im neuen Bayern völlig ausgeschlossen, ist die Bibel Richtschnur. Und das bleibt so, weil die Überwachung der Regierungspolitik in den Händen der CfB liegt. Gottes Wort lehrt, dass wir entweder im Licht wandeln oder in der Finsternis. Einen neutralen Boden gibt es nicht. In Matthäus 12:30 sagt Jesus Christus: »*Wer nicht mit mir ist, der ist gegen mich, und wer nicht mit mir sammelt, der zerstreut! Denn ich bin nicht gekommen, dass ich die Welt richte, sondern dass ich die Welt rette*«. (Joh. 12,47)

Wer also Kompromisse eingeht, tut dies, um die Zustimmung der Welt zu erhalten. Er folgt einem Herdentrieb. Aber wir wissen auch: Bayern war schon immer anders! Bayern als Vorstufe zum Paradies macht Mut, Mut zu haben.
»*Denn Gott hat uns nicht einen Geist der Ängstlichkeit gegeben, sondern den Geist der Kraft, der Liebe und der Besonnenheit*«. (2.Timotheus 1,7).

Anhänge zum Vertiefen

1. Alles aus Liebe?

Nicht überall, wo Liebe draufsteht, ist auch Liebe drin. Anders gesagt: Nicht alles, was unter dem Begriff »Liebe« praktiziert wird, hat auch wirklich etwas mit Liebe zu tun. Das wird besonders deutlich bei den hohen Abtreibungszahlen, denn schließlich sind alle diese getöteten Kinder ein Produkt der menschlichen Liebe. Wie widersinnig ist das, wenn Kinder getötet werden, weil sich angeblich zwei Menschen lieben? Parolen wie: »Mein Bauch gehört mir«, sind nicht liebevoll, sondern egoistisch und verantwortungslos. Und wo bitte liegt der gesellschaftliche Nutzen gleichgeschlechtlicher »Liebe«? Zwei Menschen frönen ihrer Selbstliebe und der Staat und die Kirche sollen das auch noch fördern und segnen.
Fachkräftemangel, Geburtenrückgang, unsichere Rente liegen neben anderem Fehlverhalten in Politik und Wirtschaft auch darin begründet, dass die Liebe und das „klassische" Konzept der Familie (Mutter, Vater, Kinder) geradezu ausgehöhlt und zerstört werden, und dies wegen des Egoismus und der Gottlosigkeit. Das ist kein Fortschritt, sondern ein Rückfall in die Dekadenz längst untergegangener Völker.

Legalisieren der Homo-Ehe...

im Licht fünf biblischer Wahrheiten betrachtet:

1. Menschliche Gerichte haben nicht die Autorität, die von Gott eingesetzte Ehe umzudefinieren.
2. Gottes Wort erklärt das Gericht über alle Nationen, die das Gute böse nennen, Finsternis zu Licht machen und Bitteres zu Süßem.
3. Die staatliche Legalisierung zeigt, dass wahre Christen tatsächlich eine durch Gott abgesonderte Minderheit sind.
4. Die Bibel verspricht keine religiöse Freiheit.
5. Römer 1 zeigt, dass es ein Ausdruck des Gerichtes Gottes ist, wenn Er Menschen in ihrer homosexuellen Unmoral dahingibt.

Die Welt sagt:

»Nehmt alle so an, wie sie glauben und leben; lasst doch jedem seine Kultur und seinen Lebensstil«!

Gottes Wort sagt:

»*Weist die Unordentlichen zurecht*«*!* (1. Thess 5,14).

»*Wisst ihr nicht, dass die Ungerechten das Reich Gottes nicht erben werden? Lasst euch nicht irreführen! Weder Unzüchtige noch Götzendiener, Ehebrecher, Lustknaben, Knabenschänder, Diebe, Geizige, Trunkenbolde, Lästerer oder Räuber werden das Reich Gottes erben. Und solche sind einige von euch gewesen. Aber ihr seid reingewaschen, ihr seid geheiligt, ihr seid gerecht geworden durch den Namen des HERRN Jesus Christus und durch den Geist unseres Gottes*«*.* (1. Korinther 6,9-11).

2. Boykottaufrufe gegen Israel

Obwohl die Landfrage eigentlich klar sein müsste, kam es immer wieder zu Boykottaufrufen der EU und amerikanischen Universitäten zu israelischen Produkten aus der Westbank. Dabei wurde übersehen, dass diese nicht wie beabsichtigt Israel schädigen, sondern die Palästinenser, von denen ca. 100.000 in Israel arbeiten und pro Arbeiter im Schnitt 9 Personen, also 900.000 Menschen ernährt werden. Warum ist das so? Durch den Umzug z.B. der Firma Sodastream vom israelischen Industriepark Mischor Adumim nach Be'er Scheva erfolgte eine zwangsläufige Entlassung von Palästinensern, die in der Fabrik arbeiteten. Sie haben nun Aussicht auf Gehälter von 1.400 Schekel (325 €), wohin gegen sie vorher ca. 5.000 Schekel (rund 1.160 €) verdienten. Ein Eigentor für die Boykottbewegung. Wobei sich der Verbraucher nicht an's Gängelband nehmen ließ, weil Qualität nach wie vor bei ihm zählt. Etwas mehr Nachdenken wäre hilfreich.

Der amerikanische Komiker Sam Levinson brachte es auf den Punkt, indem er forderte:
»Na los, boykottiert jüdische Produkte! Es ist eine freie Welt und ihr müsst die Juden nicht mögen. Aber wenn ihr sie nicht mögt, dann schlage ich vor, dass ihr auch bestimmte jüdische Produkte boykottiert:
• den Wassermann-Test, um Syphilis festzustellen • Digitalis, entdeckt von Dr. Juslin als Herzmedikament • Insulin, entdeckt von Dr. Minofsky • Chlorhydrat, entdeckt von Dr. Lifreich • Vitamine, entdeckt von Dr. Funk • Streptomycin,

entdeckt von Dr. Woronan • die Polio-Schluckimpfung von Dr. Sabin und die Polio-Impfung von Dr. Jonas Salk • Na los, boykottiert!

Aus humanitären Gründen getroffene Vereinbarungen verlangen vom jüdischen Volk, all diese Geschenke allen Menschen der Welt zur Verfügung zu stellen. Aus fanatischen Gründen motivierte Vereinbarungen verlangen, dass alle Scheinheiligen Folgendes prinzipiell akzeptieren:

Syphilis, Herzschwäche, Diabetes, Krämpfe, Unterernährung, Kinderlähmung, Tuberkulose.

Ihr wollt Juden hassen? Na los! Aber ich sage euch, ihr werdet euch dabei nicht besonders wohl fühlen«

Israel aus dem eingeschränkten Blickwinkel seiner Feinde zu betrachten und danach zu handeln, ist der falsche Weg.

3. Islamisierung Deutschlands

Erinnern wir uns:

- Islamisierung in Schulen und Kindergärten: Keine Zubereitung von Schweinefleisch mehr in vielen Küchen und Kantinen. Vielfach keine Klassenarbeiten im Ramadan und Sonderferien für muslimische Schüler
- Islamisierung in Schwimmbädern: Spezielle Badetage nur für muslimische Gäste. Andersgläubige müssen draußen bleiben.
- Islamisierung christlicher Gebäude: Kirchen wurden Muslimen überlassen und zu Moscheen umgebaut.
- Islamisierung der Zugspitze: Der Kniefall vor dem Islam geht bis hinauf zu Deutschlands höchstem Berg, wo selbst das Gipfelkreuz vom Zugspitze-Flyer auf Moslem-Prospekten ausgeblendet, sowie Gebetsraum und Toiletten für die „Rechtgläubigen" eingerichtet wurden.
- Islamisierung bei Banken und Sparkassen: Entfernung von Sparschweinen. (Nach dem Koran werden Christen ja als „Affen" und „Schweine" bezeichnet.)
- Islamisierung in der Justiz: Sharia-Gerichte und Friedensrichterurteile als Paralleljustiz an vielen Orten Deutschlands.
- Islamisierung auf Friedhöfen: Große Bereiche wurden nur für Muslime reserviert und sie dür-

fen dort Ihre Toten ohne Sarg oder Urne – nur mit Tuch – begraben, was früher aus hygienischen Gründen verboten war.

- Islamisierung im Eherecht: Polygamie durch illegale Hochzeiten in deutschen Moscheen ohne Bestrafung.
- Islamisierung der Städte: Bau neuer Moscheen in deutschen Städten. Selbst der Muezzinruf ertönte in mittlerweile 15 deutschen Städten: Aachen, Dortmund, Duisburg, Bochum, Hamm, Siegen, Düren und anderen.
- Islamisierung in den Medien: Verbot von Islamkritik – nur Islamismus durfte kritisiert werden.

Angst verleiht Flügel

- Islamisierung auf der Straße: In manchen Städten patrouillierte schon eine Schariapolizei und achtete auf islamische (Kleidungs-)Vorschriften.
- Islamisierung beim Demonstrationsrecht: Judenhass auf Islamdemos. Muslime durften straffrei (!) "Jude ab ins Gas" rufen. Salafisten ihre Hasspredigten öffentlich praktizieren.

- Islamisierung der Sprache: Weihnachtsmärkte wurden in „Wintermärkte", Weihnachtsfeste (oder -feiern) in Unternehmen in Jahresabschlussfeiern oder Jahresendfeste umbenannt
- Islamisierung in der Politik: Immer mehr muslimische Politiker, die immer dreistere Forderungen nach Sonderrechten für Muslime stellten
- Islamisierung in öffentlichen Gebäuden und Schulen: Kruzifixe mussten abgehängt werden, genauso wie Kunstwerke in großen Museen.
- Islamisierung christlicher Bräuche: St. Martins Umzüge wurden umbenannt in Lichterfeste.
- Islamisierung in Gefängnissen: Überproportional viele Kriminelle waren Muslime, angestiftet durch Predigten gegen Ungläubige in Moscheen. (In Berlin-Neukölln im Jugendarrest allein 70% Muslime)
- Islamisierung / Verbrechen an Kleinkindern: Immer mehr Genitalverstümmelungen bei kleinen Mädchen mitten unter uns in Deutschland
- Islamisierung / Bedrohung von (europäischen) Mädchen und Frauen: Stark steigende (Überfall-/Vergewaltigungsraten in allen europäischen Ländern mit hoher muslimischer Einwanderung
- Islamisierung bei Zuwanderern: Laut Umfragen des Wissenschaftszentrums Berlin halten zwei Drittel der europäischen Muslime religiöse Gesetze für wichtiger als die Gesetze des Landes, in dem sie leben. (Warum hat die Bibel im Gegen-

zug nicht mehr die gleiche Bedeutung für Christen?)

- Islamisierung der Medien: Öffentliche und große private Medienanstalten werden angehalten mindestens 30% positive Beiträge über den Islam zu bringen.
- Islamisierung in großen Konzernen: Katar und andere Golfstaaten kaufen große Aktienpakete auf und nehmen Einfluss auf die Unternehmenspolitik zum Schaden der europäischen Bürger.
- Islamisierung unserer Einkaufsplätze und Promenaden: Koranverteilungen von Salafisten an (fast) jeder Ecke.
- Islamisierung im Supermarkt: Halal-Nahrungsmittel bei Aldi, Penny, Lidl und anderen. Tiertötung durch das umstrittene Schächten.
- Islamisierung der Gesellschaft: Anstieg der muslimischen Bevölkerung in Deutschland von wenigen Tausend Anfang der 60er Jahre auf mittlerweile 4-5 Millionen (offiziell) oder in Wirklichkeit wohl schon weit mehr...
- Islamisierung der christlichen, jüdischen und atheistischen Europäer: Nichtmohammedaner müssen sich an immer mehr islamische Gebote und Regeln anpassen (vor allem im Ramadan; Schulkinder werden im Pausenhof von muslimischen Mitschülern angepöbelt, wenn sie ihr Pausenbrot essen).
- Islamisierung in der Öffentlichkeit: Immer mehr Kopftücher (und Burkas)

Islamischer Vorteil. Bei Trennung und erneuter Heirat kann das Foto auf dem Schreibtisch stehen bleiben.

https://heplev.wordpress.com/2015/03/06/islamisten-vorteil/vorteil-islamist-ehe

- Islamisierung in den Nachrichten: Ständig Meldungen über Terroranschläge, Enthauptungen und Entführungen, ausgeführt von Muslimen gegen Andersgläubige.

Getrennte Rolltreppen und getrennte Aufzüge fehlen noch!

Islamisierung in den Schulen

Bericht von L.S.Gabriel, PI, 25. Jan 2016

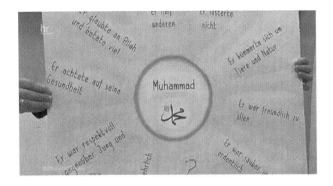

An Hessens Grundschulen wird mit staatlicher Genehmigung und Förderung auf eine der perfidesten Arten und im harmlosen Mäntelchen des ganz normalen Lehrplanes der Islam als Friedenslehre herbeigelogen. Den Hilflosesten und am leichtesten zu Beeinflussenden unserer Gesellschaft, den Kindern, wird der Massenmörder und Kinderschänder Mohammed als Heilsbringer dargeboten, dessen Lehren ins Leben zu integrieren seien. An 46 Grundschulen in Hessen wird mehr als 2.000 Kindern beigebracht, den islamischen »Propheten« Mohammed als Vorbild zu sehen.

An der Käthe-Kollwitz-Grundschule in Dortmund gibt die »staatliche Grundschullehrerin« Nurtem Jetkintek »ganz normalen Religionsunterricht«, berichtet der HR in einer Filmreportage der Hessenschau. Die Zweitklässler malen und sehen Zeichentrickfilme, das kommt an. Zwischendurch werden sie auf den Islam eingeschworen. Die staatliche Islamisierungsbeauftragte im westlichen Style,

erklärt, sie wolle die Kinder langsam an den Islam heran-
führen, um ihn dann zu festigen. Die Kinder sollten zu
»mündigen Gläubigen« erzogen werden.

Diesen angeblich später mündigen Gläubigen werden
allerdings im zarten Alter von sieben und acht Jahren erst
einmal Geschichten verkauft, die den Urvater des moslemischen Terrors zum Wohltäter und Friedensengel
stilisieren. So zeigt die »Lehrerin« auf einem Plakat den
Kindern in Bezug auf Mohammed Mantras wie:

»Er half anderen« - »Er war respektvoll gegenüber Jung
und Alt«- »Er war freundlich zu allen«

Verlogener könnte die Indoktrination für Kinder nicht
sein. Dieser Lehrplan wurde auch nicht, wie sonst in
Deutschland üblich, vom Kultusministerium erarbeitet,
nein, der Islam in Deutschland ist und bleibt fest in mos-
lemischer Hand und da am besten in der der türkischen
Religionsbehörde. Dieses Lügen- und Verharmlosungs-
konstrukt haben nämlich DITIB, der islamische Verband,
der direkt der Religions- und Schariabehörde in der Türkei untersteht und die Verbal-Dschihadisten der
Ahmadiyya-Sekte erstellt.

Mindestens acht Schüler einer Schule sind notwendig,
um eine Klasse zur Islam-Indoktrination bilden zu können. An der Käthe-Kollwitz-Grundschule in Dortmund
werden 13 Schüler zur nächsten mohammedhörigen Generation ausgebildet.

Selucuk Dogruer, Sprecher von DITIB Hessen erklärt, der
Unterricht solle dafür sorgen, dass die Kinder ein Stück
weit »Heimat« empfänden. Und Alexander Lorz, Hessischer Kultusminister (CDU) wünscht sich, dass dieser

Unterricht erfolgreich sein möge und »in die Fläche strahle«. Schulleiterin Martina Steinmetz versichert, man werde außerdem nicht zu verhindernde Terrorängste abbauen, mit denen Kinder in die Schule kommen. Vermutlich passend zum Unterrichtsplan mit der Einheit »Das hat alles nichts mit dem Islam zu tun«.

Wir erinnern einmal kurz an Mohammeds »friedfertiges« Leben und die dazugehörende Heilslehre: Im Jahr 627 ließ Mohammed in Medina rund 800 Juden auf dem Marktplatz öffentlich köpfen, die Frauen und Kinder wurden versklavt.

Sure 47, Vers 4 ist auf Basis dieses Massakers <u>immer noch allzeit gültiger Befehl</u>:

Und wenn ihr die Ungläubigen trefft, dann herunter mit dem Haupt, bis ihr ein Gemetzel unter ihnen angerichtet habt; dann schnüret die Bande. Und dann entweder Gnade hernach oder Loskauf, bis der Krieg seine Lasten niedergelegt hat. Solches! Und hätte Allah gewollt, wahrlich, er hätte selber Rache an ihnen genommen; jedoch wollte er die einen von euch durch die anderen prüfen. Und diejenigen, die in Allahs Weg getötet werden, nimmer leitet er ihre Werke irre.

Und den Kindern wird auch nur die „Kleinigkeit" verschwiegen, dass Allahs Barmherzigkeit laut Mohammed nur für Moslems gültig ist (mit allen anderen ist zu verfahren, wie oben beschrieben mit den Juden von Medina):

Sure 48, Vers 29: *Mohammed ist der Gesandte Allahs, und seine Anhänger sind strenge wider die Ungläubigen, barmherzig untereinander ... Auf dass sich die Ungläubigen* über sie ärgern. *Verheißen hat Allah denen von ihnen, die da glauben und das Rechte tun, Verzeihung und gewaltigen Lohn.*

Sure 2, Vers 191: *Und tötet sie, wo immer ihr auf sie stoßt, und vertreibt sie, von wo sie euch vertrieben haben; denn die Verführung zum Unglauben ist schlimmer als Töten.*

Dieser brutale Hass und die Blutrünstigkeit legen eine Spur des Todes durch die tausendvierhundertjährige Geschichte des Islam und ziehen sich durch den gesamten Koran. Die Kinder werden im Auftrag des deutschen Staates belogen und es wird ihnen beigebracht, der Islam sei gut, friedlich und alltagstauglich. Es wird von der angeblichen Tierliebe Mohammeds geschwärmt, während im Namen dieses Verbrechers vielleicht gerade zur selben Zeit, anderswo auf der Welt, ein kleines Mädchen vergewaltigt, jüdische oder christliche Kinder auf dem Schulhof dahingemetzelt oder andere Ungläubige geköpft werden.

Michael Mannheimer schreibt dazu am 25.1.2016

Erinnert an die Zeiten Hitlers, Stalins, Mao Tse Tungs und Kim Il-sung: Auch diese Diktatoren und Völkermörder wurden in den Schulen ihrer Länder ähnlich besungen und gelobt, wie heute deutsche Kinder durch staatliche Anordnung Mohammed besingen und loben müssen. Doch halten wir fest: Der Tierliebhaber Mohammed hatte Tiere so lieb, dass er das grausame Schächten vorschrieb, die den Tieren oft einen minutenlangen und qualvollen Todeskampf bescherten. Mehr noch: Mohammed liebte Tiere derart, dass er regelmäßig sogar Sex mit ihnen praktizierte – vor allem dann, wenn seine Frauen gerade »unrein« waren. Die Quellen in den Hadithen dazu sind eindeutig:

„Ibn Sharib erzählt, Ib Abdul Talib habe gesagt: »*Immer wenn seine Frauen sich in ihrer monatliche Reinigung (d.h. Menstruation) befanden, sah ich den Gesandten Allahs des öfteren in der Nähe seiner Kamelherde. Dort pflegte er liebevollen Umgang mit den weiblichen Tieren, wandte sich aber mitunter auch den Jungtieren beiderlei Geschlechts zu*«

(Sahih Al-Buchari Bd. 2, Nr. 357).

»Abu Halladj berichtete: *Ich sah den Gesandten Allahs des öfteren nach Einbruch der Dunkelheit bei seiner Viehherde weilen. Dort stand er eines Tages mit hochgezogener Djelabba auf einer Fußbank hinter seiner Lieblings-Kamelstute mit den sechzehn Zitzen, und beiden lag ein beseligtes Lächeln auf dem Gesicht, so als hätten sie das Antlitz Allah erblickt*«

(Sahih Al-Buchari, Bd. 1, Nr. 213).

4. Genderismus

Ist ein Fisch ein Fahrrad und eine Frau ein Mann?

<u>Es gibt keinen</u> Unterschied zwischen Mann und Frau, sagten einige weibliche, besonders fortschrittlich denkende Frauen und stellten damit die Wissenschaft auf den Kopf. Jeder kennt diese Exemplare in der Regel aus seinem persönlichen Umfeld unter den Begriffen „Emanzen" oder „Feministinnen". Bleibt noch Hoffnung, dass die feministische Phase vergeht, wenn diese Damen erwachsen werden?

<u>Es gibt einen</u> Unterschied zwischen Mann und Frau, denn Frauen gebrauchen laut einer Studie täglich im Schnitt 20.000 Worte, im Gegensatz zu Männern mit nur 7.000. Da kann es schon mal vorkommen, dass gesprochen wird, bevor das Gehirn eingeschaltet ist. Wie soll man es sich anders erklären?

Was waren das doch noch für Zeiten. Damals, als man Frauen für ihr »wunderbares Zuhören« lobte, sowie für die Erfrischungen und die angenehme Atmosphäre, aber nicht für das, was sie zum Gespräch beitrugen.

Die Mehrheit hält jedoch nichts von diesem absurden Gedankengang mit der Bezeichnung Genderismus. Aber worin liegt der Ursprung? Ist es der Gedanke der Unterdrückung der Frau, der sich aus der Geschichte bis in die heutige Zeit in verschiedenen Köpfen zementiert hat?

Auch wenn Mann und Frau biologisch doch unterschiedlich sind, was Feministinnen nur widerwillig anerkennen, sind sie ihrer Meinung nach in allem gleich, weil dieser Unterschied auf Zufall beruht. So sagen die Erfinder der Gender-Ideologie. »*Geschlecht ist keine „natürliche" Gegebenheit. Die Tatsache, dass es Frauen und Männer gibt und diese als zwei unterschiedliche Gruppen von Menschen wahrgenommen werden, ist vorrangig das Ergebnis einer Reihe von gesellschaftlichen Zuschreibungen und Erwartungen, die durch Erziehung, Medien, Rollenvorstellungen und Normen vermittelt werden.*«

Die „neue Familie" sieht nach der Chefideologin der Gender-Theorie, *Judith Butler*, (geb. 1956, lesbisch, kinderlos, lebt mit einer Frau zusammen) wie folgt aus: »*Familien konstituieren sich nicht mehr durch Ehe und Abstammung, sondern durch willkürliche Akte vorübergehender Zugehörigkeit. Kinder werden deshalb im Butler'schen Paralleluniversum nicht empfangen, sondern „designed" und unter Zuhilfenahme aller technischen Möglichkeiten wie Samenspende, Leihmutterschaft, künstliche Gebärmutter und Genmanipulation »gezüchtet«* (Gabriele Kuby, Die globale sexuelle Revolution – Zerstörung der Freiheit im Namen der Freiheit, 2012, S. 84)

Das jedenfalls versucht uns das Gender-Kompetenz-Zentrum zu vermitteln. Und zu dieser Manipulation der Gesellschaft steht endlos Geld zur Verfügung – rückblickend über eine Milliarde Euro in Deutschland alleine von 2000-2006. Und das ist nur der Anfang. So gibt es bereits etwa 200 Gender-Lehrstühle an deutschen Hochschulen und mehr als 2.000 staatliche Gleichstellungsbeauftragte, die nur damit beschäftigt sind, nach angeblichen Gender-Ungerechtigkeiten zu suchen. Da steht viel Arbeit an, denn zu überprüfen und ggf. ersetzen sind auch Begriffe wie

- statt des Verkehrsschildes »Zufahrt nur für »Anwohner« dann „Zufahrt nur für »Personen«, die in dieser Straße wohnen?
- statt Zapfhahn künftig »Zapfhenne« in den Kneipen?
- Ergänzung des Duden um »Blödfrau« statt nur »Blödmann«?

Dem Genderismus geht es aber nicht um Gleich**berechtigung** von Mann und Frau, wie viele meinen, sondern um die Gleich**stellung** im Sinne von Gleich**sein** von Mann und Frau. Gewollt und das eigentliche Ziel, ist die Auflösung der Geschlechtsidentität. Der Unterschied zwischen Männern und Frauen sei, so behauptet diese Ideologie – aller sichtbaren Lebenswirklichkeit widersprechend – nur ein Produkt der Erziehung. Relevant sei nicht, welches Geschlecht wir biologisch haben, sondern nur, als was wir uns gerade so fühlen. Demnach gibt es nicht nur Mann und Frau, sondern auch noch viele andere Geschlechter. Und jeder soll sich seines aussuchen, wie beispielsweise die Religion. Bei Facebook outeten sich bereits 60 „Geschlechter", wobei der Verband der Intersexuellen sogar von über 4.000 spricht.

Wissenschaft kontra Genderologie

Gender Mainstreaming ist keine Wissenschaft, sondern Ideologie. Auch wenn es Feministinnen nicht gerne hören - viele Unterschiede zwischen Männern und Frauen sind angeboren, und nicht etwa sozial produziert.

Susan Pinker schreibt in ihrem Buch: »*Man wird als Frau geboren, denn schon im Mutterleib setzt der Ansturm von Hormonen völlig unterschiedlich auf das Gehirn ein und das bewirkt, dass Frau von Geburt an anders ist als Mann*«. Welche Überraschung.

Die Wissenschaft, insbesondere die Hirnforschung, widerlegt ganz klar die Gender-Annahme dass Mann und Frau gleich seien und das soziale Geschlecht deshalb frei wählbar.

Schon in der achten Schwangerschaftswoche zerstört der Anlauf der Testosteronproduktion beim männlichen Embryo Zellen im Kommunikationszentrum des Gehirns und unterstützt dafür die Zellproduktion im Aggressions- und Sexualzentrum. Bei den weiblichen Embryos hingegen kann sich die für die Kommunikation zuständige Gehirnregion ungestört weiterentwickeln.

Das Ergebnis: Bei der Geburt hat ein Mädchen durchschnittlich elfmal mehr Gehirnmasse für Kommunikation und Emotionsverarbeitung als ein Junge. Deshalb sind sie von Natur aus überlegen (Frauen gebrauchen täglich 20.000 Worte, Männer kommen mit nur 7000 aus - deshalb kann Frau mit Mann gar nicht reden). Wer kennt das nicht? ⊠

Diese Überlegenheit musste natürlich genutzt werden – ob sinnvoll oder idiotisch. Feministinnen hatten sich als Minderheit für die Aktivierung auf die letztgenannte Weise entschieden, denn sie sind der Meinung, dass ihr krankes Gedankengut nicht ausreichend akzeptiert wird. Es gibt aber noch mehr Gründe:

Schon wenige Tage nach der Geburt betrachtet die Mehrzahl der neugeborenen Mädchen mit größerem Interesse ein menschliches Gesicht als ein mechanisches Mobile, während es bei den Jungen umgekehrt ist. Wer mehr wissen will, besorge sich das Buch von *Susan Pinker*.

Die Politik tat nun so, als müsste um jeden Preis der »gendergleiche« Pegelstand an Karrieren erreicht werden. Im Zeichen der politischen Korrektheit begab man sich auf jenen Irrweg, der in den USA in der Rassenfrage einmal beschritten, aber längst wieder verlassen wurde. **Überall muss es zumindest eine Quote geben, egal ob sie überhaupt erfüllbar ist und ob unter dem Diktat der Zahl im Namen der Geschlechter-Gerechtigkeit dann überhaupt noch die Qualität ausschlaggebend für die Besetzung eines Postens ist.**

In einem Quervergleich internationaler Studien fand Pinker heraus, dass sich die Berufswahl umso stärker nach »typisch männlich« und "typisch weiblich« unterscheidet, je größer, reicher und stabiler ein Land ist: *»Wären Frauen eine Version von Männern, würde man erwarten, dass sie sich bei mehr Auswahlmöglichkeiten in größerer Zahl für männliche Berufe und männliche Arbeitszeiten entscheiden. Aber nirgends ist der Unterschied zwischen männlichen und weiblichen Karrieren größer als* *in Ländern wie Kanada, Großbritannien, Deutschland, Norwegen und Japan, die Frauen ein Höchstmaß an Optionen bieten«.*

»Es ist schon ein bemerkenswertes Phänomen, dass der Applaus von allen Seiten groß ist, wenn ein erfolgreicher Manager plötzlich »aussteigt« (was schon vorgekommen sein soll). Wenn er statt Millionen zu scheffeln und sich dafür im Berufsgrab einzubunkern, wieder mit Menschen lebt und Bienen züchtet. Reportagen werden geschrieben, alle finden das toll. Findet eine erfolgreiche Frau, dass man dem Beruf auch dosiert nachgehen und sehr glücklich damit leben kann, nicht der rund um die Uhr eingespannte Boss zu sein, sondern befriedigende Arbeit mit (man wagt es kaum zu sagen) Familie oder Freunden, also mit allem, was das Leben ausmacht, zu kombinieren, gibt es zwei Reaktionen darauf: Manche Frauenbewegte sehen die »Verräterin« an der gemeinsamen Sache. Andere wissen, dass die Freude am Karriereverweigern nur ein Bemänteln der Tatsache ist, dass »die« Männer es wieder einmal geschafft haben, einer Frau den Zugang zum Erfolg zu versperren. Was nicht bedacht wird: Wichtige Lebenszeit an den Beruf vollständig abtreten zu müssen, ist auch Arbeitsleid. Für Männer wie für Frauen.

Frauen, die keinen Zweifel an der Gleichberechtigung der Geschlechter haben, erscheint die Art, wie Karrieremänner ticken, nicht erstrebenswert. Gleich zu sein muss nicht zu denselben Fehlern führen. Diese zweite Erklärungs-Variante wird von Feministinnen meist nicht in Erwägung gezogen. Vielleicht wäre es an der Zeit, sich klar zu machen, dass nicht der Mann das Ideal ist. Sein

Leben ist nicht das Maß aller Dinge, wie uns Feministinnen immer noch Glauben machen wollen. Würde sich die Einsicht durchsetzen, dass das Gleiche nicht zwangsläufig das Selbe ist, wäre das vielleicht besser für alle - für Frauen, für Männer und vor allem für die Kinder«.
Susan Pinker: *The Sexual Paradox. Extreme Men, Gifted Women and the Real Gender Gap. Random House Canada, 2008, 340 Seiten.*

Mann und Frau? Gibt es nicht mehr. Alles ist gleich gültig, deshalb ist alles gleichgültig.
Die Anrede musste deshalb auch neutral sein. Die Uni Leipzig machte als Vorreiter den ersten Schritt. Aus »Herr« Professor wurde »Frau« Professor, um den Männern gleich mal eins kräftig auszuwischen. Wobei, bei einem Herrn der Grünen würde die Bezeichnung »Frau« passen, urteilt man nach seiner nicht mehr zeitgemäßen Haarpracht.
Einige Universitäten nahmen sich das Recht, verpflichtende Gender-Sprache auch für schriftliche Arbeiten einzuführen. Sogar CSU-Männer würden ihre Parteifreunde mit »liebe Delegiertinnen und Delegierten" ansprechen. Da ist der Schritt zur Unterscheidung nach »Saalmikrofoninnen" und »Saalmikrofonen« nicht mehr weit.
Das Gleichstellungsbüro Düsseldorf empfahl die Verwendung von »Ansprechpersonen« statt »Ansprechpartnern«.

Statt Mama und Papa hieß es Elter 1 und Elter 2. Klingt ja auch vernünftiger im Sinne des Zeitgeistes, um Schwulen- und Lesbenpaaren, die gesetzlich eingegliedert wurden und damit heiraten durften, steuerlich gleichzustellen und die Adoption von Kindern zur Vervollkommnung der glücklichen »Familie« zu ermöglichen. Biologisch geht es zwar bei Lesben nur über eine Samenspende. (Man merke: Der Mann ist doch noch zu etwas nutze) Aber auch da wird die Evolution sicher noch einen Weg finden.

Quellen:
http://www.genderkompetenz.info/w/files/gkompzpdf/gko mpz_was_ist_gender.pdf
http://eur-lex.europa.eu/LexUriServ/LexUriServ.do?uri= COM:2002:0748:FIN:DE:PDF S. 17)

Gender gefährlich für Christen?

Auch Papst Benedikt erteilte der Gender Ideologie eine klare Absage: »*Was in dem Begriff »Gender« vielfach gesagt und gemeint wird, läuft letztlich auf die Selbstemanzipation des Menschen von der Schöpfung und vom Schöpfer hinaus. Aber so lebt er gegen die Wahrheit, lebt gegen den Schöpfergeist. Die Regenwälder verdienen unseren Schutz, aber nicht weniger der Mensch als Geschöpf, dem eine Botschaft eingeschrieben ist, die nicht Gegensatz zu unserer Freiheit, sondern ihre Bedingung bedeutet«. (22.12.2008)*

Dass es auch anders geht, bewies Norwegen
Norwegen hatte 2008 im Gender Equality Ranking den ersten Platz inne. Die Theorie, nach der das »soziale Geschlecht« (Gender) eines Menschen vom biologischen gänzlich unabhängig sei, hat sich als unhaltbar erwiesen.

Nachdem Norwegens bekanntester Komiker, der Soziologe Harald Eia, sich in einer Sendereihe der Thematik angenommen hatte, entbrannte erstmals eine öffentliche Diskussion. Eia reiste in die USA und nach England und befragte international führende Hirnforscher, Psychologen und Genforscher zu den angeborenen Unterschieden zwischen Männern und Frauen. Die Unterschiede im Testosteronhaushalt von Mädchen und Jungen machen sich schon kurz nach der Geburt eines Kindes bemerkbar, wenn die Säuglinge auf visuelle Reize geschlechtsspezifisch reagieren, wie der britische Psychologieprofessor Simon Baron-Cohen erklärt. Zurück in Norwegen konfrontierte Eia die Genderforscher mit all diesen Ergebnissen. Jene zeigten sich unbeeindruckt und bezeichneten die Studien als schwach, altmodisch, uninteressant und irrelevant, gar als gefährlich. Stichfeste Gründe konnten sie dafür nicht vorlegen. Die erwiesenen Unterschiede zwischen den Geschlechtern, die die Wissenschaftler mit verschiedenen Ansätzen zu erklären versuchen, werden von der Genderforschung schlichtweg geleugnet. Harald Eia hatte alle Interviews filmen lassen. Sie wurden in der Reihe »Gehirnwäsche« vom staatlichen TV-Sender NRK ab März 2010 ausgestrahlt. Dort ist dann das Jahresbudget von 56 Mio. Euro Fördergeldern für Genderstudies vom Nordic Council nach einstimmigem Beschluss gestrichen worden. Am 19.Oktober 2011 erschien eine Pressemitteilung, die die Schließung des Nordic Gender Institutes 31.12.2011 ankündigte. In Deutschland ist man davon noch weit entfernt. Hier stritt man derweil um diskriminierende, sexistische, rassistische Pixie-Bücher.

5. Die Rolle der Amtskirchen

Die Gräuel und Intrigen der katholischen „Mutter" Kirche mit ihrer Inquisition und Einverleibung von Gütern im Mittelalter, sind bestens bekannt. Ursprung für die Anhäufung unermesslichen Reichtums und Beeinflussung der Menschen, denen damals verboten war, lesen zu lernen. Messen hielt man bewusst in Latein, um nicht das Nachdenken zu provozieren. Erinnert irgendwie an Moscheen mit dem Koran in arabischer Sprache. Die Inquisition war ein gewaltiger Apparat aus weltlicher und kirchlicher Autorität, die mit Folter und Denunzierung ihre Macht wahrte und lästige Konkurrenz im Denken und Glauben, auch unter den Herrschern, ausschaltete.

Seinen „Glauben" oder besser gesagt, seine Religionszugehörigkeit bekam man damals wie heute automatisch von den Eltern und dem Land, in dem man geboren wird, ohne freie Willensentscheidung. Richtig kann es wohl nicht sein, denn man wird ja auch nicht automatisch zum Esel, nur weil man in einem Stall steht. Obwohl … darüber könnte man manchmal ernsthaft sinnieren. Aber Spaß beiseite. Das Thema ist zu ernst, um es lächerlich zu machen.

Wie geht es weiter? Man wird unterrichtet und damit geprägt. Entweder der Glaube verfestigt sich in den weiteren Jahren, man handelt aus Tradition oder man verliert die Bindung, was mit Desinteresse und fehlender Kenntnis gleichzusetzen ist. Die „Unterrichtung" unabhängig, welcher Glaubensrichtung oder Denomination, (oder heißt es Dämonisation?) prägt einen Menschen. Vor allem wenn er sich nicht öffnet und selbst prüft.

Albert Schweitzer sagte: »*Wer glaubt, ein Christ zu sein, weil er in die Kirche geht, irrt sich*«. Für diese Spezies wurde der treffende Begriff „Namenschrist" geprägt, den man durch die Taufe automatisch erhält.

Bei den Muslimen ist es noch krasser. Ein Nachdenken oder Abweichen vom erworbenen Glauben durch Geburt ist hier auch in der heutigen aufgeklärten Zeit nicht erlaubt. In manchen Ländern unter Bezug auf den Koran sogar mit dem Tode bestraft. Was der Prophet Mohammed von einem »Engel« über 600 Jahre nach Vollendung der Bibel als Offenbarung Allahs mitgeteilt bekam, ist allein gültig. Die vorherigen auch im Koran anerkannten Propheten der Bibel zählen nichts mehr, denn Allah gibt Besseres und kann widerrufen. Dazu ist auch das Lügen erlaubt, wenn es der Sache dient. Zur Bibel steht das im totalen Widerspruch wobei sich schon die Frage ergibt, ob der Gott der Bibel mit dem Gott des Koran identisch ist. Aber das will keiner sehen oder zugeben. Zumindest nicht in der Öffentlichkeit.

Aber zurück zu den Christen. Wäre damals nicht Luther gewesen – manche evangelikalen Pastoren erinnern sich noch daran – hätte es keinen neuen und besseren Blickwinkel auf das Wort Gottes gegeben. Doch das schien nun auch vorbei zu sein, wie Äußerungen der Ratspräsidentschaft und mancher evangelischer Zeitgenossen immer wieder bewiesen. Dabei handelte es sich ja nicht um vereinzelte »verwirrte« Theologen, die verunsicherten und über die Stränge schlugen. Es waren im Gegenteil Führungsgremien und maßgebliche Amtsträger, die sich als Vorreiter beim Kurs „weg von der Heiligen Schrift" profilierten. Es waren „moderne" Theologen, die sich hauptsächlich damit beschäftigten, Gott beizubringen, was heute alles nicht mehr Sünde ist. Und die Gemeinden der Amtskirchen wandten sich mit atemberaubender Geschwindigkeit von der Wahrheit der Bibel und ihren moralischen Grundsätzen ab. Aber leider waren sich die meisten Menschen nicht bewusst, was vor sich ging. Sie glauben es nicht? Dann lesen sie die Aussagen im Anhang. Ob allerdings diese Anpassung oder bestimmte kath. Botschaften schlimmer sind, mögen andere entscheiden. Auf beides kann man verzichten.

Die Zitate sind beispielhaft dafür, dass die christliche Grundstruktur, die einst vorherrschend war, in sich zusammen gebrochen ist. Die Moral schwindet dahin. Wo früher noch glasklare Richtlinien herrschten (z.B. Sexualität, Ehebruch, Pornografie), haben sich die Menschen geöffnet und das Gespür für richtig und falsch verloren.

Und wenn selbst die Kirche als Leitfigur – die sie einmal war – versagt, wie soll dann der Gläubige noch richtig oder falsch unterscheiden? Wen verwundert es dann, dass in Deutschland inzwischen mehr Menschen an die magischen Kräfte einer schwarzen Katze glauben, ihre Wünsche sich auf den Ausspruch „toi, toi, toi beschränken und weitaus mehr Deutsche laut dem Umfrageinstitut Allensbach an UFOs als an das Jüngste Gericht glauben oder esoterischem Gedankengut anhängen? 68% der deutschen »Christen« sind nur noch in der Kirche, um wichtige Ereignisse im Leben wie Hochzeit, Taufe und die traditionellen Feste wie Kommunion oder Firmung zu feiern, wie die Kirche selbst feststellte. Wie kann da noch verwundern, dass der Raum für alle möglichen anderen Glaubensrichtungen größer wird und die christliche Generation unaufhaltsam ausstirbt, vor allem, wenn Dinge als normal eingestuft werden, die vor einigen Jahren noch tabu waren? Abtreibung, Sterbehilfe, Geldgier, Homosexualität, Ehescheidung, Ehebruch, Pornographie usw.

Zitatensammlung:

Die nachfolgenden Zitate sind nur eine kleine, willkürliche Auswahl und könnten noch beliebig erweitert werden. Sie sind gewissermaßen nur die Spitze des Eisberges, erfordern aber schon Bibelkenntnisse, um die verdrehten Ansichten dieser weltlichen »Spezialisten« ohne Führung des Geistes Gottes, zu erkennen. Sie haben die Unverfrorenheit, die Aussagen der heiligen Schrift so lange auseinander zu reißen, bis sie Abtreibung, Homosexualität und eine völlige Neuinterpretation des Christentums damit verteidigen können. Man kann sie deshalb geistlich gesehen nur für krank und teilweise auch für gottlos halten. Sie gleichen Schiffen, die sich von ihrem Ankerplatz lösten und nun langsam und führerlos auf's Meer hinaustreiben.

Nicht jeder Spruch erfordert einen eigenen Kommentar. Es sollte genügen, an folgende Bibelverse zu erinnern, wenn die Welt sagt: »Werdet alle eins, denn alle Religionen verehren denselben Gott!«

Gott spricht

»Ich bin der HERR, dein Gott ... Du sollst keine anderen Götter neben Mir haben«

(Erstes Gebot - 2. Mose 20,2 f.).

»Ihr sollt nicht den Gottesdienst der Heiden annehmen ... Denn ihre Götter sind alle nichts ... nichts als Vogelscheuchen im Gurkenfeld«

(Jeremia 10:2,3,5).

»Der irdisch gesinnte Mensch aber lässt sich nicht auf das ein, das vom Geist Gottes kommt. Torheit ist es für ihn und er kann es nicht verstehen, weil es nur mit Hilfe des Geistes beurteilt werden kann«

(1. Kor 2:14)

»Sie wollen Gesetzeslehrer sein, verstehen aber nichts von dem, was sie sagen und worüber sie so sicher urteilen«

(Titus 1:10)

Doch nun zu den Aussagen:

Thema Homosexualität

»Die Homosexualität berührt nicht das christliche Bekenntnis. Evangelische Christen müssen sich immer um das Schriftverständnis mühen. Die Bibel enthält sowohl veränderliches Menschenwort als auch unveränderbares Gotteswort. Wir müssen immer wieder neu herausfinden, was Gotteswort ist«. *(Bischof Jochen Bohl, Freie Presse Zwickau, 23.4.2012).*

»Die evangelische Kirche soll sich deutlicher für die gesellschaftliche Anerkennung von homosexuellen Beziehungen engagieren. Die Kirche soll vor allem solchen Homosexuellen helfen, die in einer Partnerschaft in Liebe und Treue leben wollen. Homosexuelle Pastoren können gute Vorbilder für Jugendliche sein, wenn sie ihr Leben verantwortlich führen und vorleben«. (Bischöfin Maria Jepsen, idea 19/2012 S.31).
»Die Ordination homosexueller Theologen ins Pfarrhaus ist nicht mehr umstritten. Aber es gibt auf dem Land vereinzelt noch ganz naive Gemeindeglieder, die das anders sehen«.
(Bischöfin Maria Jepsen, idea 25/1999).

»In der Bibel gibt es kein Verbotsschild für Homosexuelle. Es hat lange, viel zu lange gedauert, bis unsere Gesellschaft, unsere Politik und vor allem unsere Kirche das begriffen hat. Es ist unsere Aufgabe, uns dieser Schuld (der Ausgrenzung homosexueller Menschen) bewusst zu bleiben und sie vor Gott zu bringen, dass er uns und den Generationen vorher Vergebung schenke.« *(Bischöfin Maria Jepsen, »Aufblick und Ausblick« 4/2007).*

»Homosexualität ist etwas Normales wie das Linkshänder sein und muss von Christen akzeptiert werden. Zwar gibt es Bibelstellen, die Homosexualität ablehnen, allerdings gilt Gottes Liebe jedem Menschen« (*Präses Alfred Buß, idea 26/2009 S.35*).

»Die Kirchenleitung geht davon aus, dass Homosexualität keine sündhafte Verfehlung und auch keine heilbare Krankheit ist. Mit ihrer Entscheidung hat die Kirchenleitung den homosexuell lebenden Pfarrerinnen und Pfarrern die Möglichkeit geschaffen, ihre Partnerschaft in Liebe und gegenseitiger Verantwortung auch im Pfarrhaus offen zu leben«
(*Johannes Minkus, Pressesprecher der Landeskirche, idea 5/2011 S.23*).

»Die EKD läuft mit der von Ihnen so scharf kritisierten Einstellung zu homosexuellen Beziehungen nicht dem Zeitgeist nach, sondern drückt darin ihre gegenwärtige Einsicht in Gottes Wort und Willen aus. Es ist nicht so, dass Homosexualität grundsätzlich als Sünde abzutun wäre, wie wir auch völlig zu Recht auf Frauen im Pfarramt bestehen. Die Frage ist nicht die nach Homosexualität – ja oder nein, sondern wenn Homosexualität – dann wie«?
(*Superintendent Dr. Helmut Kirschstein, ebd. März-April 2012 S.38*).

»Für mich ergibt sich aus zentralen biblischen Geboten der Impuls zu einer Öffnung der Kirche gegenüber gleichgeschlechtlichen Partnerschaften«
(*EKD-Ratsvorsitzender Heinrich Bedford-Strohm*)

Anmerkung: Soviel zum Bibelwissen und historischen Verständnis der Evangelischen Kirche in Deutschland. Die Entwicklung ist bezeichnend, denn viele große Denominationen lassen schon offen bekennende Homosexuelle als Pastoren zu. Andere diskutieren darüber. Und das, obwohl das Wort Gottes zu diesem Thema absolut klar und eindeutig ist.

Homosexualität ist Sünde laut Bibel. In welcher Form, spielt dabei keine Rolle. Der Evangelist Reinhard Bonnke sagte dazu einmal treffend: „Jeder weiß, wo beim Tanken der Füllstutzen ist. Ich stecke den Tankstutzen deshalb ja auch nicht in den Auspuff".

Gott liebt den Sünder, aber er hasst die Sünde! Und Homosexualität bezeichnet er als Sünde, da es keine Krankheit, sondern eine Neigung ist, die man ablegen kann, was viele Menschen auch geschafft haben, nachdem sie sich Gott zuwandten.

»Ich empfinde es als tiefe Bereicherung wenn ich bei einer multireligiösen Feier auch Musik, Texte und Gebete anderer Religionen höre und dabei erfahre, was anderen in ihrem Glauben und Leben wertvoll ist. Die Begegnung mit anderen Glaubenstraditionen macht mich zu einem glücklicheren Menschen« *(Landesbischof Bedford Strohm, »Glauben bewahren« Freundesbrief 36 S.3)*

Die evangelische Kirche bringt derzeit mehr politische Persönlichkeiten hervor als die katholische Kirche. Die evangelische ist etwas mehr gegenwartsbezogen, weltlich, diesseits orientiert. Die Synode der evangelischen Kirche diskutiert stärker gesellschaftspolitische Themen als die katholische« *(Edmund Stoiber, idea 21/2012 S.7).*

Anmerkung: …und verlässt mit dieser Einstellung immer mehr den Boden des christlichen Glaubens

Thema Islam:

»Beim Katholikentag in Mannheim geriet alles zum Aufbruch. Aufgebrochen wurde in die Nachhaltigkeit und in ein langes Leben, zur christlich-muslimischen Partnerschaft und in eine gerechte Gesellschaft. Alle packen die Koffer – nur wohin die Reise geht, bleibt unklar. Es war ein Aufbruch in alle Richtungen, zu allem und zu nichts« *(idea 21/2012 S.20).*

»Der Islam ist eine großartige Religion. Manche aus meiner christlichen Kirche sind mit mir überzeugt: Der Islam hat viel Segen über die Welt gebracht. Für mich sind alle Religionen gleich großartig und segensreich« *(Superintendent Burkhard Müller, ARD, „Wort zum Sonntag" 19. 2. 2006).*

»Zwischen dem Gottesbild des Alten Testaments und dem Koran bestehen sehr viele Gemeinsamkeiten. Muslime und Christen haben ein fast identisches Gottesbild. Allah und der alttestamentliche Elohim sind ein und der Selbe. Der einzige wesentliche Unterschied besteht nur darin, dass Muslime zu dem gnädigen und barmherzigen Allah im Islam keine persönliche Beziehung aufbauen können« *(Johannes Reimer, topic Juni 2012 S.3).*

»Der Kern der biblischen Botschaft ist: Gott vergibt uns die Schuld, weil er Gott ist, weil er barmherzig und gnädig ist. Und nicht, weil Jesus am Kreuz gestorben ist« *(Pater Anselm Grün, topic September 2010 S.1)*

Anmerkung: Wenn zu Allah keine persönliche Beziehung aufgebaut werden kann, dann kann es auch nicht der selbe Gott sein und warum verhält er sich dann so unterschiedlich in seinem Wort zu den Menschen?

»Es gibt in unserem Land keine Rückkehr zu einer christlichen Einheitskultur. Es gibt in Deutschland eine verbreitete Angst vor dem Islam. Auch Christen disqualifizieren islamische Frömmigkeit als Götzendienst und trauen dem Vater Jesu Christi nicht zu, dass er auch Gebete der Menschen anderer Religionen hört« *(Präses Manfred Kock, idea 2/1999).*

Anmerkung: Die *hört* er zwar, aber er *erhört* sie bestimmt nicht, weil sie eben nicht dem Gott der Bibel bestimmt sind.

Bibel und Koran sind im Kern diametral. Wer Gemeinsamkeiten darin feststellt, verleugnet Gott und Jesus Christus mit seinem Erlösungswerk.

Titus 1,16: Sie geben vor, Gott zu kennen, aber mit den Werken verleugnen sie ihn, da sie verabscheuungswürdig und ungehorsam und zu jedem guten Werk untüchtig sind.

1. Tim 4,1: Der Geist aber sagt ausdrücklich, dass in späteren Zeiten etliche vom Glauben abfallen und sich irreführenden Geistern und Lehren der Dämonen zuwenden werden.

»Die Lehre von der Dreieinigkeit Gottes ist ein Produkt der menschlichen Vernunft. Da die Welt durch Evolution entstanden ist, muss man das Reden über den Schöpfer und die Schöpfung ändern. Ich glaube nicht an den Allmächtigen« *(Superintendent Burkhard Müller, idea 23/2011).*

Anmerkung: Der Glaube an eine Evolution ist mit einem christlichen Glauben nicht vereinbar.

Die Bibel sagt: Die Botschaft, dass Jesus Christus unsere Rettung ist, bleibt nur für die dunkel, die verloren sind. Diese Ungläubigen hat der Satan so verblendet, dass sie das helle Licht des Evangeliums und damit die Herrlichkeit Christi nicht sehen können *(2.Kor 4:3).*

Dieser Spruch ist bezeichnend für mehrere hier aufgeführte Aussagen.

»Ich kann ungefähr dreiviertel des Glaubensbekenntnisses nicht mitsprechen. Das ist für mich eine fundamentalistische Zumutung. Die Jungfrauengeburt Jesu ist eine fromme spätere Legende, zudem ist Jesus Analphabet gewesen. Ich rechne nicht mit der Wiederkunft Jesu zum Jüngsten Gericht. Die Kirche rechnet sicher mit allerlei, aber auf keinen Fall mit der Wiederkunft Jesu« *(Superintendent Herbert Koch, idea 23/2011).*

»Kern der biblischen Botschaft ist: Gott vergibt uns unsere Schuld, weil er barmherzig und gnädig ist und nicht, weil Jesus am Kreuz gestorben ist. Jesus darf nicht als der große Retter verstanden werden. In manchen Köpfen schwirrt immer noch die Idee herum, dass Gott seinen Sohn sterben lässt, um unsere Sünden zu vergeben. Doch was ist das für ein Gott, der den Tod seines Sohnes nötig hat, um uns vergeben zu können« (Anselm Grün, topic 7/2009).

Anmerkung: Bleibt nur zu hoffen, dass ihm inzwischen Bibel-Studium zum Thema Erlösung, Erkenntnis brachte.

»Die Bibel steckt voller Widersprüche, sie enthält Fälschungen und deutlich über hundert Irrtümer. Von den Jesus-Worten im Neuen Testament sind etwa 15 Prozent echt. Jesus hat kein Wunder vollbracht und die Bergpredigt nicht gehalten. Das Apostolische Glaubensbekenntnis ist für mich das Murmeln einer antiken Religion. Ich würde es sofort abschaffen« *(Gerd Lüdemann, ev. Theologe, idea 8/1996 S.6).*

Anmerkung: Es gibt weltweit kein Buch, das so stimmig ist wie die Bibel, denn der Autor ist Gott selbst. *2. Tim 3,16:* Alle Schrift ist von Gott eingegeben.

Und das, obwohl etwa 45 Menschen ganz verschiedener Herkunft und Ausbildung an der Niederschrift der Bibel beteiligt waren. (Könige, Priester, Schriftgelehrte, Propheten, Minister, Hirten, Fischer, ein Mundschenk, ein Arzt, ein Zollbeamter).

2. Petrus 1,21: Denn niemals wurde eine Weissagung durch den Willen eines Menschen hervorgebracht, sondern von Gott her redeten Menschen, getrieben vom hl. Geist.

»Das Gebot »Du sollst nicht ehebrechen« hat keinen normativen Charakter mehr. Es hat einst nur zur Sicherung von Sippe und Familie im antiken Judentum gegolten« *(Pfarrerin Kathrin Jahns, idea 25/1999)*.

Anmerkung: Das macht sprachlos!

»Gott schaut nicht darauf, ob wir in die Kirche gehen oder regelmäßig beten. Gott interessiert es auch nicht, ob wir Christ, Muslim oder Hindu sind. Wichtig ist nur, wie man mit den Mitmenschen umgeht. Es gibt viele, die sagen, der Islam ist böse und gewalttätig, aber das stimmt nicht. Im Koran steht nicht, töten und Stehlen ist gut« *(Erzbischof Desmond Tutu, idea 24/2007 S.13)*.

Anmerkung: Hat er sicher nicht selbst gelesen sondernsich auf Erzählungen „friedlicher" Muslime gestützt. (Im Koran ist die Lüge erlaubt, wenn sie der Sache nützt. Suren 3,54; 14,4).

»Die Bestimmung, dass die Ehe und Familie Leitbild bleiben sollen, ist zu eng gefasst. Hier wird ein Leitbild von gestern zur Norm erhoben. Dann kann der evangelische Theologe Joachim Gauck, der von seiner Ehefrau Gerhild getrennt mit seiner Lebensgefährtin Daniela Schadt zusammenlebt, zwar Bundespräsident sein, aber keine Pfarrstelle bekommen. Dieses Dienstrecht ist ideologisch und verletzend« *(Pastor Bernd Klingbiel-Jahr, Bremen, idea 22/2012 S.33)*.

Anmerkung: Die Gültigkeit der Bibel hat auch heute noch Bestand, also kann er (Gauck) eigentlich auch nicht als Leitbild in seiner Aufgabe als Bundespräsident fungieren. Armes »buntes« Deutschland.

»Jesus hielt sich selbst nicht für den Sohn Gottes, auch verstand er seinen Tod nicht als Sühnetod für die Sünden der Menschen. Er hat weder die Bergpredigt gehalten noch das Abendmahl eingesetzt noch den Missionsbefehl erteilt. Das leere Grab, die Begegnungen mit dem Auferstandenen und die Himmelfahrt sind Legenden. Was man über den Menschen Jesus weiß, steht dem Glauben im Wege« *(Prof. Andreas Lindemann Spiegel 50/1999 S.130).*

Anmerkung: Spricht hier ein Christ?

Zur Verdeutlichung: Das AT wurde ca. 400 Jahre vor Christi Geburt anerkannter Weise abgeschlossen. Darin gibt es über 300 prophetische Voraussagen auf den jüdischen Messias, die sich ausnahmslos im Leben Jesu Christi erfüllt haben.

Die markantesten sind:

- die Herkunft nach Stamm (Juda), Geschlecht (Isai) und Haus (David). 1. Mose 49:10, Jesaja 11:1-2, Jeremia 23:5
- von einer Jungfrau geboren (Jesaja 7:14)
- Geburtsort Bethlehem (etwa 700 Jahre vorher durch Prophet Micha 5:1)
- Ankündigung durch Stimme in der Wüste (Jesaja 40:3)
- Verraten für 30 Silberlinge, das Geld in den Tempel geworfen (Sacharia 11:12-13)
- Geschlagen und angespien (Jesaja 50:6)
- Von seinem Volk verachtet und abgelehnt

- (Jesaja 53:3)
- Hände und Füße durchbohrt (Psalm 22:17) Als David 1000 Jahre vor Christi Geburt den prophetischen Psalm 22 schrieb, war eine Todesstrafe durch Kreuzigung noch völlig unbekannt. Sie wurde erst von den Römern eingeführt.
- Die Verlosung seines Gewandes (Psalm 22:19)
- Galle und Essig trinken (Psalm 69:22)
- Kein Bein zerbrochen (Psalm 34:21)
- In die Seite gestochen (Sacharja 12:10)
- Sein Grab bei Gottlosen u. Reichen (Jesaja 53:9)
- Die 70 Jahrwochen Daniels (Daniel 9:25-26)

»Dass sich Teile der Evangelikalen dafür aussprechen, den biblischen Schöpfungsbericht wörtlich zu verstehen und an eine Sechs-Tage-Schöpfung zu glauben, ist ein Verrennen in falsche Alternativen zwischen Bibel und Naturwissenschaft. Es ist ein Denkfehler, die biblischen Schöpfungsberichte als Weltentstehungsmodelle zu lesen« *(Kirchenpräsident Hermann Barth, EiNS Dezember 2006 S.20)*

Anmerkung: Was ist die Alternative? Kommt nur der »Urknall« in Frage, wo aus toter Materie Leben entstand?

»Ich bete hin und wieder den Rosenkranz. Er bereichert mein Gebetsleben. Auch evangelische Christen können Maria um Fürbitte anrufen. Genauso wie wir hier auf Erden Mitchristen um Fürbitte ersuchen, können wir auch die Heiligen im Himmel anrufen« *(Pfarrer Wolfgang Hering, idea 38/2000 S.10).*

Anmerkung: Jesus sagt ganz klar: „Ich bin der Weg, die Wahrheit und das Leben. Keiner kommt zum Vater, denn durch mich. Andere Fürbitter braucht es nicht.

»Der Tod Jesu war nicht notwendig, damit Gott sich mit uns versöhnt und uns vergibt. Die Behauptung einer solchen Notwendigkeit ist eines der größten Missverständnisse der christlichen Geschichte. Versöhnung kann auch aus Liebe und in einem Akt der Zuwendung geschehen« *(Propst Horst Gorski, idea 23/ 2008).*

»Jesus Christus, hat nicht gesagt: Ich bin der einzige Weg und die einzige Wahrheit und das einzige Leben, sondern er ließ das Wort „einzig" dabei aus, als ob er geahnt hätte, dass es einmal darauf ankäme, alle Absolutheitsansprüche auszuschließen« *(Bischöfin Maria Jepsen, idea 25/2008*

Anmerkung: Stimmt, denn bei dieser Aussage erübrigt sich das Wort »einzig« Er ist der Weg, die Wahrheit und das Leben!! Genau das beinhaltet die Aussage Jesu!

»Wir haben es in der Bibel mit einem religiös bedeutsamen Legenden- und Märchenbuch zu tun. Unter uns Theologen gesagt: Nichts oder fast nichts stimmt in der Realität. In Wirklichkeit war alles natürlich ganz anders. Und doch ist mein Glaube an das in der Bibel Geschriebene unerschütterlich« *(Professor Dr. Andreas Lindemann, „Bibel und Gemeinde" 2/2000 S. 106).*

»Die leibliche Himmelfahrt Christi, die Höllenfahrt Christi und die Geburt aus der Jungfrau Maria gehören nicht in die evangelische Verkündigung hinein, sie sind auch in der ersten Christenheit nicht Gegenstand der christlichen Verkündigung gewesen. Einen Adam im Paradies hat es ganz gewiss nicht gegeben; er ist keine geschichtliche Persönlichkeit. Die ersten Menschen sind auch nicht unsterblich gewesen, sondern der Tod gehörte von Anfang an mit in die Schöpfung hinein« *(Prof. Dr. Emil Brunner, ebd. S.68/69).*

Und das ist nur ein kleiner Ausschnitt. Unglaublich, traurig, aber wahr!

Was ist da los? Da klammern sich geistliche Würdenträger an falsche Lehren, wie ein Heroin-Junkie an seine Spritze und haben den wahren christlichen Glauben verloren, dessen Fundament das Wort des lebendigen Gottes ist. Jesus als Zuflucht für die Sünder zu bezeugen, ist scheinbar nicht mehr das eigentliche Ziel ihres Dienstes. Für sie zählen keine Normen mehr, sie kippen christliche Werte und definieren Begriffe wie Ehe, Familie und Moral schnell neu.

Über Schriftgelehrte und Pharisäer sagt die Bibel: »Sie halten die Türklinke in ihrer Hand, sie gehen selbst nicht hinein und die, welche hineingehen wollen, hindern sie daran«

Obwohl die kath. Kirche von ihrem Führungsanspruch als einzig richtigem Glauben nicht ablassen wollte, fand man es auch dort toll, sich immer mehr mit anders Gläu-

bigen zusammen zu kuscheln und gemeinsame Gottes-
dienste zu feiern. Haben diese Gottesmänner nur einen
zu tiefen Zug aus einem Weihrauch-Pfeiferl genommen?
Ein Regenbogenzentrum, man kann auch Gemischtwa-
renladen sagen, wurde immer mehr gepflegt und führte
sogar so weit, dass in Schweden Gebetsnischen für Muslime anstelle der Heiligenecken in den Kirchen eingerichtet werden sollten. Eine irrationale, nicht mehr nachvollziehbare Entwicklung. Wobei Menschenrechte und das
Recht auf freie Meinungsäußerung nicht mehr gilt, wenn
es um den Islam geht.

Dazwischen standen diejenigen Christen, die diesen Unsinn nicht unterstützten. Sie gründeten immer mehr freie
christliche Gemeinden und Hauskreise, die das Wort
Gottes wieder in den Mittelpunkt stellten. Der Zulauf war
gewaltig, weil man die Nase von den Amtskirchen voll
hatte. Menschen, die bedrückt und mit Sorgen in die
Amtskirche gehen, kommen genauso bedrückt wieder
heraus. Bei freien Gemeinden ist das anders. Auch das
Verhältnis zueinander. Man spürt eine Liebe und Hilfsbe-
reitschaft, die jeder gerne für sich in Anspruch nehmen
würde.

Den Menschen, die an nichts glauben, war es egal. Obwohl: sie glaubten ja auch. Nämlich dass es nichts gibt.
Oder dass die Erde durch einen Urknall und Leben in
seiner Vielfalt durch eine Ursuppe entstanden ist und der
Mensch vom Quastenflosser, der aus dem Meer kam,
oder vom Affen, abstammt. So hat jeder seinen eigenen

Knall, den er pflegt. Der Mensch ist aber keine willkürliche Zusammenfügung von Molekülen, sondern das Werk eines Schöpfers.

»An Gott den Schöpfer darf man offensichtlich nur glauben, wenn man zugleich augenzwinkernd zu verstehen gibt, dass dieser Glaube nichts mit der Wirklichkeit zu tun hat, sondern in das Reich der Märchen gehört. Halten diese Kritiker uns Christen eigentlich alle für Heuchler oder Vollidioten, wenn wir im Gottesdienst das Apostolische Glaubensbekenntnis sprechen« *(Ulrich Parzany, idea 7/2008 S.17).*

»Die Christenheit hat das Christentum beseitigt, ohne es selbst recht entdeckt zu haben« *(Sören Kierkegaard, dänischer Philosoph, Theologe und Dichter, 1813-1855).*
Der Rat der EKD unterstützt eine Islamisierung Deutschlands mit seinem rätselhaften Verhalten und blendet aus, dass es keine Kirche mehr geben wird, wenn der Islam auch bei uns die Macht ergreift. Für sie gilt weiter: Der Islam ist eine friedliche Religion und wir sollten uns davor hüten, jetzt die richtigen Schlüsse zu ziehen.
Außerdem macht er mit seinem Engagement das Lebensrecht ungeborener Menschen unglaubwürdig. Wer sich dem Rat anschließt, steht im Widerspruch zur Glaubensbasis der Evangelischen Allianz, weil Psalm eins die Mitgliedschaft in einem Rat der Gottlosen verwirft. Der Rat der EKD fragt nicht nach dem Willen Gottes und es ist gegen den Willen Gottes, was der Rat der EKD praktiziert:

- Beihilfe zur massenhaften Tötung ungeborener Menschen zu leisten,
- homosexuelle Paare kirchlich zu trauen,
- die Bibel als Sammlung von Legenden zu bezeichnen, das Apostolische Glaubensbekenntnis für falsch zu erklären,
- sich als "zuverlässigen Partner der islamischen Welt" zu bezeichnen, die brutal Christen verfolgt,
- den antichristlichen Islam zu fördern,
- Proteste gegen die Islamisierung des Abendlandes zu bekämpfen.

Passt etwas besser für die heutige Zeit, als Paulus Worte an die Christen in Rom?

Römer 1 18 Sie führen ein gottloses Leben, voller Ungerechtigkeit, und unterdrücken dadurch die Wahrheit. [19]Dabei wissen sie ganz genau, dass es Gott gibt, er selbst hat ihnen dieses Wissen gegeben.

[20]Gott ist zwar unsichtbar, doch an seinen Werken, der Schöpfung, haben die Menschen seit jeher seine göttliche Macht und Größe sehen und erfahren können. Deshalb kann sich niemand damit entschuldigen, dass er von Gott nichts gewusst hat.

[21]Obwohl die Menschen Gott schon immer kannten, wollten sie ihn nicht anerkennen und ihm nicht danken. Stattdessen beschäftigten sie sich mit belanglosen Dingen und konnten schließlich in ihrer Unvernunft Gottes Willen nicht mehr erkennen.

[22]Sie meinten, besonders klug zu sein, und waren in Wirklichkeit die größten Narren

[23]Statt den ewigen Gott zu ehren, begeisterten sie sich für vergängliche Idole; abgöttisch verehrten sie sterbliche Menschen...

[25]Indem sie die Schöpfung anbeteten und nicht den Schöpfer, haben sie Gottes Wahrheit verdreht und ihrer eigenen Lüge geglaubt. ...

[26]Ihre Frauen praktizieren gleichgeschlechtliche Liebe [27]ebenso schamlos wie die Männer. Damit haben sie die natürliche Ordnung mit einer unnatürlichen vertauscht.

[29]Sie sind voller Unrecht und Schlechtigkeit, voll von Habgier, Bosheit und Neid; Mord, Streit, Hinterlist und Verlogenheit bestimmen ihr Leben.

[30]Einer wie der andere sind sie gemeine Verleumder und Gotteshasser, dazu anmaßend und überheblich. Um sich Erfolg zu verschaffen, ist ihnen jedes Mittel recht. Sie verachten ihre Eltern.

[31]sind unvernünftig, treulos, lieblos und unbarmherzig.

[32]Dabei wissen sie ganz genau, dass sie nach dem Urteil Gottes dafür nichts anderes als den Tod verdient haben. Trotzdem lassen sie sich nicht von ihrem schändlichen Tun abbringen, sondern freuen sich noch, wenn andere es genauso treiben.

6. Thema Israel

Israel hat viele Gegner, ob das nun die Entwicklungen im Land betreffen, den weltweiten Antisemitismus oder die Medien.

Das kriegerische Israel in deutschen Schulbüchern

Im Rahmen einer Studie wurden Schulbücher der Fächer Geschichte, Geografie und Sozialkunde bzw. Politik fast fünf Jahre lang untersucht. Von den 1.200 zugelassenen Büchern dieser Fächer haben Experten 400 Titel aus fünf Bundesländern (Bayern, Berlin, Niedersachsen, NRW und Sachsen) untersucht. Im Fokus standen 94 Texte zur Darstellung Israels und 25 Kapitel aus Geschichtsbüchern zum Holocaust. Für die deutsch-Israelische Schulbuchkommission (DISBK), die vom Auswärtigen Amt und vom israelischen Erziehungsministerium gefördert wurde, war auf deutscher Seite das Georg-Eckert-Institut / Leibniz-Institut für internationale Schulbuchforschung, zuständig, während in Israel das Mofet-Institut für Forschung, Lehrplan- und Programmentwicklung für Lehrerbildner in Tel Aviv mit der Durchführung betraut war. Den jeweiligen Teams waren auch Lehrkräfte als Experten zur Seite gestellt.

Im Bericht hielten sie fest, dass Israel vorwiegend als eine kriegerische Entität des krisengeschüttelten Nahen Ostens porträtiert wird und in den meisten Fällen andere Aspekte wie beispielsweise die israelische Gesellschaft und ihre Entwicklung, die Errungenschaften des jüdischen Staates und das demokratische Wesen des Staates, überhaupt nicht vorgebracht werden.

Zudem wird in dem Bericht festgehalten, dass die Besatzung und die Siedlungen des Westjordanlandes das wesentliche Hindernis bei der Erlangung eines Friedens sind. Andererseits fällt auf, dass sich die Texte der meisten Schulbücher mit einer solchen Darstellungsweise schwer tun, die palästinensischen Gewalttaten gegen israelische Zivilisten als „terroristische Aktivitäten" darzustellen.

In den Empfehlungen wird deutlich festgehalten, dass hochgradig wünschenswert ist, in den deutschen Schulbüchern die israelische Geschichte umfassender und auch in unterschiedlichen Aspekten aufgeblättert darzustellen. >Geschichtsschulbücher sollten den Nahostkonflikt in historischer Perspektive analysieren und hierfür die für sein Verständnis jeweils relevanten regional- und weltpolitischen Zusammenhänge verdeutlichen«

Zu diesem Thema sagte Staatsministerin Maria Böhmer: »Wir müssen lernen, den Blick des anderen in unsere Wahrnehmung der Welt mit einzubeziehen. Nirgendwo gilt dies stärker als im Verhältnis zwischen Deutschland und Israel, da unsere Beziehungen in besonderer Weise durch die Geschichte und vom Blick auf die Geschichte geprägt sind«.

Nahostkonflikt im Schulfernsehen

»Planet Schule«, das multimediale Schulfernsehen von WDR, bot vier kurze Filme zum Thema Nahost-Konflikt an. Sie wurden im Mai 2012 zweimal ausgestrahlt und standen mit Gebrauchsanleitung für das Lehrpersonal auch online zur Verfügung. Leider fallen sie unter die Rubrik »verdreht und völlig einseitig«.

Drei der Streifen geben Einblick in die Lebenswelten junger Palästinenser und Israelis und deren Friedenssehnsucht. Aber durch die Augen der Israelis beleuchtet der Film lediglich die Notlage der Palästinenser, nicht umgekehrt. Der 13-jährige Nadav, der Augenzeuge eines Selbstmordanschlages wurde und nun mit palästinensischen und israelischen Kindern eine Friedensinitiative gründen möchte, zeigt Verständnis für die Wut der Steine werfenden Teenager. Julia, die alleinerziehende Mutter an der Grenze zum Gazastreifen, die unter dem ständigen Raketenhagel leidet, klärt ihre kleine Tochter über die arabischen Nachbarn auf: »Sie wollen nicht auf uns schießen, und sie wollen uns auch nicht töten«, und sie bekennt: »Ich schäme mich, zum auserwählten Volk zu gehören – auserwählt, um zu töten«.

Der vierte Streifen, ein 15minütiges Video mit dem Namen „Der Nahost-Konflikt – eine Chronik der Gewalt" suggeriert die Richtigkeit der palästinensischen Darstellung des Konflikts. Während berichtet wird, dass die Juden »die arabische Bevölkerung, die dort seit Jahrhunderten« lebte, angeblich »systematisch« aus Palästina vertrieben hätte, bleiben die Vertreibungen von Juden aus arabischen Ländern unerwähnt. Der Teilungsplan der Vereinten Nationen von 1947 sei von den Arabern »als ungerecht« empfunden worden, was mit einer bunten Karte und Einwohnerzahlen unterstützt wird, die weder Europas »Displaced Persons« noch den Teilungsplan von 1922 berücksichtigen. 1948 seien die arabischen Armeen zwar zahlenmäßig überlegen gewesen, aber Israel habe den »entscheidenden Vorteil moderner Waffen« gehabt. Dieses Detail muss schlichtweg erfunden worden sein. Anfangs war Israel nahezu unbewaffnet, viele in der »Armee« waren Holocaustüberlebende, während die fünf arabischen Heere vergleichsweise hoch gerüstet waren. Die Wirklichkeit der jüdischen Tragödie beschreibt der mehrfach mit Preisen ausgezeichnete Schriftsteller Amos Oz in seinem Roman »Eine Geschichte von Liebe und Finsternis«.

Die Information, dass das Westjordanland mit der Klagemauer in der Zeit jordanischer Verwaltung bis 1967 von Juden nicht betreten werden durfte, wird unterschlagen. Hingegen werden die Siedlungen undifferenziert als völkerrechtswidrig bezeichnet (trotzdem lässt die Weltgemeinschaft Israel gewähren), und Ariel Scharon hätte im Jahr 2000 mit seinem Besuch des Felsendoms und der al-Aqsa-Moschee »das Fass zum überlaufen« gebracht. »Für die Palästinenser pure Provokation« – dabei war Scharons Betreten des Bezirks, den man als Tempelareal und heilige Stätte des Judentums bezeichnen muss, mit den palästinensischen Behörden abgesprochen, und mittlerweile ist belegt, dass die Al-Aqsa-Intifada schon lange davor geplant wurde.

Historische Erläuterung

Wenn der Großmufti Jerusalems, Scheich Muhammad Ahmad Hussein, 2015 erklärte, dass niemals ein jüdischer Tempel auf dem Areal bestand und Engel die Al-Aqsa-Moschee unmittelbar nach der Schöpfung der Welt zu Lebzeiten des ersten Menschen Adam errichtet haben, dann ignoriert und verfälscht er die Geschichte und sorgt bewusst für Hetze und weitere Unruhen. Er bedient sich der Taqyya-Taktik, indem er unterschlägt, dass die Fundamente der Al-Aqsa-Moschee von David gelegt wurden, was noch 1924 in einem arabischsprachigen Reiseführer zu finden war, der darauf hinwies, dass diese heilige islamische Stätte einst Ort des Ersten und Zweiten jüdischen Tempels war. (Erster Tempel errichtet unter König Salomo und durch die Babylonier zerstört, Zweiter Tempel 515 n. Chr. und somit nur wenige Jahrzehnte nach der Rückkehr der Juden aus dem Babylonischen Exil vollendet und 70 n. Chr. von den Römern zerstört).

Ein weiterer Hinweis befindet sich im archäologischen Museum von Istanbul, wo eine 2000 Jahre alte Inschrift zu betrachten ist, die aus Jerusalem stammt und als eines der wenigen Überbleibsel aus der Zeit des Zweiten Tempels aus der Herrschaftszeit König Herodes stammt. Die griechische Inschrift ist so etwas wie eine Verhaltensanweisung für Nichtjuden, denn die Worte erklären allen, die nicht zum jüdischen Volk gehören, welche Areale des Tempelberges sie betreten dürfen. Eine Ironie des Schicksals?

Schließlich scheint es, dass Israel immer unlautere Motive unterstellt werden, egal, wie es sich verhält: »2005 zieht Israel alle Siedler aus dem Gazastreifen ab. Eine Geste des Friedens? Oder weil es schlicht zu teuer ist, sie bewachen zu lassen«? So schwierig es ist, beide Seiten in der Berichterstattung fair zu behandeln: Mit den antiisraelischen Bildungsprogrammen an deutschen Schulen wird ein »Friedensprozess" der sowieso nicht möglich ist, sicherlich nicht vorangetrieben werden.

Der Kampf um Palästina

Biblisch betrachtet und bestätigt aufgrund des Völkerrechtes gehört das Land Israel. Wer die Geschichte kennt, weiß: ein Volk der »Palästinenser« und einen Staat namens Palästina hat es nie gegeben! Den dort lebenden Arabern wurde das Land keineswegs entwendet und besetzt! »Palästinenser« sind Araber, die eine »Nation« erfunden haben, die nur einem einzigen politischen Zweck dient: die Juden von ihrem Territorium zu vertreiben, unterstützt von allen arabischen Staaten.

Das Gebiet zwischen Kinnereth und Eilat am Roten Meer gehörte im 19. Jh privaten Grundbesitzern aus Libanon, Ägypten, Syrien und Jordanien. Die hatten es ihrerseits dem maroden osmanischen Reich abgekauft, die dort lebenden Fellachen und Beduinen vertrieben und es als Spekulationsobjekt an europäische und asiatische Juden verkauft. Bis 1882 die organisierte jüdische Einwanderung begann, lebten nur 150.000 Araber auf dem öden

Landstrich. Es war eine Entscheidung des Völkerbundes 1922, dieses Land von seinen Besitzern zu kaufen und einem zu errichtenden jüdischen Staat zur Verfügung zu stellen. Das ist geschehen und rechtmäßig.

Wer nur eine Lösung kennt: "Alle Israelis ins Meer werfen" etc, wer jede Terrortat als großartige Märtyrerleistung feiert - mit dem kann es keinen Frieden geben. Weder aktuell noch in Zukunft. **Ein weiser Beobachter des Nahostkonflikts sagte einmal: »Legen die Palästinenser die Waffen nieder, gibt es Frieden. Legt Israel die Waffen nieder, gibt es am nächsten Tag kein Israel mehr«!**

1.Mo.12,3: ...ich will segnen, die dich segnen, und verfluchen, die dich verfluchen; und in dir sollen gesegnet werden alle Geschlechter auf Erden.

Zur Verdeutlichung der fehlenden Aufklärung

Nur ein paar Stunden hatten die Israelis Zeit, um sich am 15. Mai 1948 über ihren gerade gegründeten Staat zu freuen. Dann wurden sie von Jordanien, unterstützt durch seine Verbündeten Libanon, Syrien, Irak, Ägypten, Saudi-Arabien und Jemen angegriffen.

Man muss verstehen: Die Gründung eines Staates auf islamischem Boden durch »die Feinde des Islam« war ein schlimmer Schlag für die Muslime, denn nach islamischer Anschauung zerfällt die Welt in zwei Teile:
1. Dar ul-Islam = Gebiet des Islam;
2. Dar ul-Harb = Gebiet des Krieges (d.h. für den Islam durch Krieg noch zu eroberndes Land);
Die grandiosen Eroberungserfolge der islamischen Krieger in der Zeit Muhammads und in den Jahrhunderten danach sind aus Sicht der Muslime ein deutlicher und entscheidend wichtiger Beweis für die Überlegenheit ihrer Religion über das Judentum, das Christentum und das Heidentum. Daher kann man auch verstehen, weshalb die Eroberungen großer islamischer Gebiete (= Dar ul-Islam) durch europäische Kolonialmächte (Franzosen und Engländer) im 19. und 20. Jahrhundert unfassbare Verwirrung ausgelöst hatten. Die Welt des Islam wurde dadurch bis in die Grundfesten erschüttert.

Dass es mit der Gründung des Staates Israel 1948 (die Feinde des Islam) auf islamischem Boden einen jüdischen Staat gibt, stellt deshalb eine unerträgliche Demütigung dar. Der Islam wird dadurch in seinem Wahrheitsanspruch infrage gestellt.

Dies führte zu den bekannten sechs Existenzkriegen seit 1948, aus denen das jüdische Volk aber immer als Sieger hervorging. Als Folge dieser Kriege kam es zudem zu beträchtlichen territorialen Vergrößerungen für Israel.

Zu »Dar ul-Islam« unter israelischer Herrschaft wurde noch mehr »Dar ul-Islam« hinzugefügt. Unfassbar über alles war dabei, dass 1967 sogar die drittheiligste Stätte des Islam in Ostjerusalem von Israel erobert und in der Folge zudem auf ewig annektiert wurde. Wenn man sich diese Hintergrundinformationen vor Augen hält, wird deutlich: Solange es den Islam gibt, darf es keinen Judenstaat in »Palästina« geben. Aus muslimischer Sicht muss er früher oder später durch den »Djihad«, den „Heiligen Krieg" um jeden Preis beseitigt werden. Dieses Ziel kann aber, gemäß islamischer Lehrauffassung, falls nicht anders möglich, auch über den Umweg zeitweiliger Friedensschlüsse angestrebt werden.
(Roger Liebi, »Jerusalem – Hindernis für den Weltfrieden?«)

Aus dieser Sicht wird verständlich, dass die Araber alle Nachbarstaaten alarmierten, um Israel zu vernichten. Den Kampf, den wir bis heute gegen Israel erleben, hat Gott schon 520 Jahre vor Christus angekündigt.

Sacharija 12:2-3: Siehe, ich mache Jerusalem zum Taumelkelch für alle Völker ringsum. Und es soll geschehen, dass ich Jerusalem zum Laststein für alle Völker machen werde. Und sie werden sich daran wund reißen … Und alle Heidenvölker der Erde werden sich dagegen versammeln.

Diese Länder sind heute alle muslimisch. Und die meisten von ihnen reagieren heute nicht mehr sachlich, sobald es um Israel geht. Die Auseinandersetzung der arabischen Liga mit Israel zieht unweigerlich die anderen Nationen in den Konflikt hinein.

Auf politischer Ebene ist die Jerusalemfrage nicht lösbar. Sie ist eine Last, die nicht wegzuheben ist. Genau diesen vorhergesagten Konflikt haben wir heute vor Augen. Wobei vergessen wird, dass das Schicksal Jerusalems keine Frage der Politik sondern eine Frage des jüngsten Gerichts ist.

In Psalm 83, Verse 3 – 9 finden wir die arabische Liga und ihr Ansinnen beschrieben: »Denn siehe, deine Feinde toben und sie erheben das Haupt. Machen listige Anschläge gegen dein Volk und wollen sie vertilgen, dass an den Namen Israel nicht mehr gedacht werde«.

Warum versuchten arabische Nationen in der Vergangenheit, Israel zu vernichten? Warum will die iranische Regierung Israel von der Landkarte eliminieren? Weil Satan die Wiederkunft Jesu verhindern will! Darum macht er mobil. Es wird ihm aber nicht gelingen, denn es steht geschrieben in *Jesaja 41,11:* »Siehe, beschämt und zuschanden werden alle, die gegen dich erzürnt sind«.

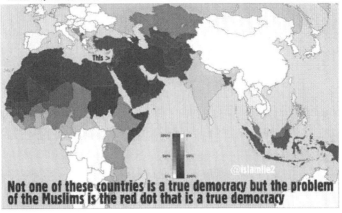

Poor Muslims, It's that little red dot causing all their problems
Poor Muslims, they stole 1/3 of the Earth, to Christians, Jews,
Hindus, Buddhists etc. but the bad invader is that little dot

This >

@islamlie2

Not one of these countries is a true democracy but the problem
of the Muslims is the red dot that is a true democracy

Arme Muslime! Dieser kleine rote Punkt auf der Landkarte verursacht alle ihre Probleme. Arme Muslime! Sie haben 1/3 der Erde gestohlen, von Christen, Juden, Hindus, Buddhisten usw. aber der böse Eindringling ist der kleine rote Punkt, so groß wie eine Briefmarke unter den arabischen Ländern.

Keines dieser Länder ist eine echte Demokratie, aber das Problem der Muslime ist der rote Punkt, der eine echte Demokratie ist. Eine kleine Luftblase, die platzen soll.

Auch in europäischen Ländern, in denen viele Muslime leben, scheint es nur eine Frage der Zeit, bis eine »Explosion« stattfindet. Denn auch hier gilt: Christentum und Islam vertragen sich auf Dauer nicht; da prallen in der unsichtbaren Welt die Geister aufeinander. Es ist ein fataler Irrtum vieler europäischer Regierungen, zu glauben, eine dauerhafte friedliche Koexistenz mit dem Islam sei möglich. Bibelkenner wissen, dass die Entwicklung anders verlaufen wird. Die Vermischung mit dem Islam wird dem Abendland zum Verhängnis. Ob das Regierun-

gen und unverbesserliche Friedensaktivisten jemals sehen?

Zurück zu den Palästinensern

Die Palästinenser hätten eigentlich genauso wie die Juden
ihren eigenen Staat gründen können. Denn im Jahr 1947
hat die UNO mit ihrem Teilungsplan 181 das damals
noch Palästina genannte Land aufgeteilt. So bekamen die
Juden den kleineren Teil und die Araber den größeren.
Aber die Gelegenheit wurde einseitig verpasst, denn nur
die Juden haben bis heute einen blühenden Staat errichtet.
In ihrer Gründungsurkunde erklärten sie: Im Land Israel
entstand das jüdische Volk. Hier prägte sich sein geisti-
ges, religiöses und politisches Wesen. Hier lebte es frei
und unabhängig. Durch Gewalt vertrieben blieb das jüdische Volk auch in der Verbannung seiner Heimat in
Treue verbunden. Nie wich seine Hoffnung, nie ver-
stummte sein Gebet um Heimkehr und Freiheit.
Später sagte der damalige israelische Ministerpräsident
David Ben Gurion: »*Wir Juden erhielten kein Mandat für
das Land Israel von Großbritannien, den USA oder den
Vereinten Nationen. Politisch schon. Aber historisch und
rechtlich kommt unser Mandat aus der Bibel*«.

Wenn ein selbstständiger Staat wirklich der Wunsch der
Palästinenser wäre, dann muss man fragen, warum sie
ihn nicht schon damals, gleichzeitig wie die Israelis,
gründeten. Stattdessen annektierte Jordanien Westjor-

danland und Ägypten den Gaza-Streifen im israelischen Existenzkrieg 1948 und hielten sie bis zum Sechstagekrieg 1967 neunzehn Jahre lang besetzt. Interessanterweise gab es damals keine Empörung in der arabischen Welt über dieses Vorgehen. Und seltsamerweise wurde während der neunzehnjährigen Besatzungszeit durch Ägypten und Jordanien auch nicht lautstark die Forderung nach einem unabhängigen Palästinenserstaat erhoben. In dieser Zeit unternahmen diese Staaten nichts, ihre arabischen Brüder bei der eigenen Staatsgründung zu unterstützen.

Erst als Israel diese Gebiete eroberte, wurde von »besetzten Gebieten« gesprochen und es kam der lautstarke Ruf nach einem eigenständigen Palästina auf.

Neunzehn Jahre lang, bis zum Sechstagekrieg, genossen die Palästinenser die absolute Freiheit, ihren eigenen Staat zu gründen. Keiner hätte sie daran gehindert. Sie taten es nie, es war auch nie im Gespräch. Es ging um etwas ganz anderes. Es ging um den kleinen jüdischen Staat, dessen Grenzen völkerrechtlich Israel zugesprochen wurden. Biblisch betrachtet von Gott sogar in deutlich größeren Dimensionen versprochen, was vom Islam nie anerkannt werden wird.

Ein palästinensischer Staat war unter ihnen damals noch kein Begriff und wurde auch in keinem politischen Gespräch erwähnt, weil das nicht ihr Wunsch war. Erst viele Jahre später, als Jasir Arafat die PLO gründete, tauchte dieser Begriff zum ersten Mal auf. Arafat schuf die Idee, aus den verschiedenen Arabern die in Israel lebten, ein Volk zu machen. Das gelang ihm aber nur, weil sie ein und denselben Feind hatten – Israel. Also nicht, weil sie schon immer ein Volk gewesen waren. Denn jedes Volk hat eine Geschichte und eine Kultur. Es ist aber in keinem Geschichtsbuch weder über die Geschichte noch über die Kultur eines palästinensischen Volkes etwas zu finden.

Woran liegt aber der bis heute anhaltende Hass begründet? Ist es Neid, weil man seitdem nichts auf die Reihe brachte oder ist die Ursache doch der Koran?

Das kleine „Staat-Palästina"-Quiz

- Wann wurde der Staat Palästina gegründet und von wem?
- Wo waren die Grenzen?
- Nenne zumindest ein wichtiges Staatsoberhaupt vor Arafat
- Wie hieß die Sprache des Landes Palästina?
- Da es heute kein solches Land Palästina gibt, was war der Grund für sein Verschwinden u. wann geschah es?
- Warum versuchten die Palästinenser, bis zu der verheerenden Niederlage der arabischen Staaten im 6-Tage Krieg im Jahr 1967 niemals, unabhängig zu werden?

Wer diese Fragen beantworten kann, erhält einen Preis für kreatives u. phantasievolles Schreiben

Zusammenfassend ist deshalb zu sagen, dass es sich bei der Bezeichnung „Palästinenser" um eine ethnische

Gruppe ohne Staatsstatus handelt, die die ganze westliche Welt mit ihren unberechtigten Forderungen terrorisiert. Und diese Welt kuscht, weil sie die Wahrheit nicht sehen will oder blind dafür ist. Eine unverantwortliche Naivität gegenüber den Gefahren des Islam für das Land Israel.

Israel ist das einzige Land im Nahen Osten, in dem Frauen volle Rechte genießen.

Zwischen den Fronten stehen die Menschen beider Seiten, die leiden. Ja, auch die Palästinenser leiden. Doch auf die Frage, warum sie leiden, gibt es eine eindeutige und recht einfache Antwort: Ihre Anführer und ihre Regierung haben sich für Terror und Gewalt entschieden. Auf diese Weise wollen sie den Konflikt lösen. Indem sie den Terroristen Märtyrerstatus verleihen, macht sie diese zu Idolen. Es sind Terroristen, die unschuldige Männer, Frauen und Kinder ermorden. Sie haben sich für den Terrorismus entschieden, den sie aus islamischen Motiven zum Djihad, zum heiligen Krieg, erklärt haben. Dadurch wird die Ermordung unschuldiger Menschen zu einem heiligen Akt.

Wenn deshalb Medien Bilder präsentieren, die das Leid der Palästinenser veranschaulichen, sollte über den wahren Grund dafür nachgedacht werden und dass Israel das Recht hat, sich zu verteidigen. Es lohnt sich auch, nachzudenken, warum dieses kleine Israel immer im Mittelpunkt steht, wo es doch weltweit so viele Krisenherde gibt! Die Antwort liegt eindeutig in der Bibel.

Jeder, der sich über das Thema nicht nur oberflächlich informiert, wird erkennen, dass es nicht um den Staat Israel geht, sondern um die Juden. Man hat sie über Jahrhunderte verfolgt, vertrieben, getötet, was als Höhepunkt im Holocaust endete.

Man gönnt ihnen in der arabischen Welt nicht ihr völkerrechtlich und biblisch begründetes eigenes Land und versucht – nicht nur wortgewaltig – sondern durch terroristische Maßnahmen die als Ziel vorgegebene Auslöschung zu betreiben. Die Worte der verschiedenen Anrainerstaaten und der Hamas dazu sind eindeutig. Aktuell durch 2015 veröffentlichte Videobotschaften des IS auf Hebräisch und Arabisch die verkünden, dass Juden der Feind Allahs ebenso wie der gesamten Menschheit und somit eine Krankheit sind, die man ausrotten muss. Die auf Arabisch gesprochene Botschaft richtete sich an die in Israel lebenden Araber und an alle Palästinenser. Sie wurden aufgefordert, ihre Angriffe auf Juden fortzusetzen. Übertitelt mit dem Schlagwort: »Projekt der Enthauptung von Juden«

Das traurige ist, dass die UNO – ob aus Unkenntnis oder bewusst – dabei mitspielt, indem sie ständig einseitig Sanktionen und Resolutionen gegen Israel verabschiedet.

Nachrichten aus dem UNO-Menschenrechtsrat

Im Zeitraum von 01/2006 bis 02/2015 erfolgten folgende Verurteilungen durch den UNO-Menschenrechtsrat:

Israel	57
Iran	4
IS	1
Al-Quaida	0
Boko Haram	0
Hisbollah	0
Hamas	0
Fatah	0
Syrien	0

Ist die Bezeichnung »Antisemitismus« für dieses Messen mit zweierlei Maß übertrieben?

Das Existenzrecht Israels ist ganz sicher kein »schwieriges Thema«. Es ist ein ganz einfaches Thema, denn es ist unantastbar und unumstößlich. Israel ist ein Staat, der für Juden gegründet wurde und sich bemüht, den Umständen entsprechend, so demokratisch wie möglich zu sein.

Woher kommt der Name Palästina?

Die Briten nannten ihr Mandatsgebiet »Palästina«, wie es im Jahre 135 n. Chr. erstmals der römische Kaiser Hadrian genannt hat. Daher ist es auch eine Geschichtsfälschung, wenn man im Anhang (!) vieler Bibelausgaben über den Landkarten liest: »Palästina zur Zeit des Alten Testamentes« und »Palästina zur Zeit des Neuen Testamentes« – zu beiden Zeiten gab es kein Palästina in den Grenzen Israels. Vor der Staatsgründung Israels 1948 war jeder, der in Palästina lebte, ein Palästinenser – ob Araber oder Jude. Sogar Israels erster Ministerpräsident war ein Palästinenser, das beweist sein Pass.

Historischer Rückblick

Das Gebiet zwischen Kinneret (biblische Stadt im Nordwesten des Sees Genezareth) und Eilat am Roten Meer gehörte im 19. Jh privaten Grundbesitzern aus Libanon, Ägypten, Syrien und Jordanien. Die hatten es ihrerseits dem maroden osmanischen Reich abgekauft, die dort lebenden Fellachen und Beduinen vertrieben und es als Spekulationsobjekt an europäische und asiatische Juden verkauft. Bis 1882 die organisierte jüdische Einwanderung begann, lebten nur 150.000 Araber auf dem öden Landstrich. Es war eine Entscheidung des Völkerbundes 1922, dieses Land von seinen Besitzern zu kaufen und einem zu errichtenden jüdischen Staat zur Verfügung zu stellen. Das ist geschehen und rechtmäßig.

Biblischer Rückblick

Welche Gebiete gehören zum »ganzen Land Israel«?

Nach dem Willen Gottes umfasst das »ganze Land Israel« nicht nur das Israel in den Grenzen von 1948, sondern auch das Israel in den Grenzen von 1967 mit Ausnahme des Sinai, der Israel nie wirklich gehört hat. Zum „ganzen Land Israel« gehören also auch die Gebiete, die Israel im Sechs-Tage-Krieg 1967 »besetzt« hat: Das Westjordanland mit ganz Jerusalem, der Gaza-Streifen und die Go-lan-Höhen.

Das heute umstrittene Westjordanland besteht aus den biblischen Gebieten Samaria und Judäa mit Jerusalem. Hier lebten schon 1200 Jahre v. Chr. die israelitischen Stämme Juda, Benjamin, Ephraim und Manasse. Im heutigen Westjordanland befinden sich auch die „Berge Israels«, von denen die Bibel wiederholt spricht: »Auf den Bergen Israels will ich ein Volk aus ihnen machen unter einer Regierung« (Hesekiel 37, 22; 5. a. 39, 2-4; 36, 8 u. a.). Danach besteht das Souveränitätsrecht Israels auch auf das Westjordanland. Im Neuen Testament heißt das Westjordanland auch »jüdisches Land«: »Als Jesus geboren war zu Bethlehem im jüdischen Land zur Zeit des Königs Herodes...« (Matthäus 2,1).
Zum „ganzen Land Israel« gehört auch Jerusalem. Es liegt inmitten des biblischen Judäa. Jerusalem war schon vor rund 3000 Jahren die religiöse und politische Hauptstadt Israels. Sie soll es nach dem Willen Gottes auch für immer bleiben: »Jerusalem ist erbaut als eine Stadt, in der die Stämme des Herrn hinaufziehen, wie es geboten ist dem Volke Israel, zu preisen den Namen des Herrn« (Psalm 122,4).
Für die Juden war und ist deshalb ganz Jerusalem stets Sehnsucht und Ziel ihrer Hoffnung. Jerusalem ist für sie »biblische Metropole«, Ort der Gegenwart Gottes und ihrer Anbetung. Jerusalem ist für sie Zion und Mittelpunkt der zukünftigen Heilszeit. Hier liegen die Jahrtausende alten Heiligtümer Israels: Die alte Davidsstadt, der

Zionsberg, der Ölberg, das Kidrontal mit den Königs- und Prophetengräbern, der Tempelplatz, auf dem einst der Tempel stand, die Westmauer als heiliger Überrest aus biblischer Zeit.

Den Felsendom und die El-Aksa-Moschee haben die Araber auf dem Tempelberg erst im 7. Jahrhundert n. Chr. gebaut. Jerusalem ist darüber hinaus für die Juden Zuflucht und Heimat. Jerusalem ist für sie Israel, und Israel ist für sie Jerusalem. Kein Jude kann sich darum Israel ohne Jerusalem und Jerusalem ohne Israel vorstellen.

Auch die Golan-Höhen gehören zum »ganzen Land Israel«. Bereits vor der Landnahme teilte Mose auf Befehl Gottes dem halben Stamm Manasse das Gebiet des Königs von Basan zu *(5 Mose 3:13-15; Josua 12: 1,6,13,29,31; 1. Chronik 5:23)* Dieses Gebiet des Königs von Basan lag im Nordosten des Jordanlandes und ist heute weitgehend mit den Golan-Höhen identisch. Sogar der Gaza Streifen gehört zum »ganzen Land Israel«. Nach *Josua 15:47* wurde er dem Stamm Juda zugesprochen. Allerdings waren die Israeliten wegen der dort lebenden kriegerischen Philister nur zeitweise im Besitz dieses Gebietes. Der Gaza-Streifen liegt eindeutig auch innerhalb der von Gott verheißenen zukünftigen Grenzen Israels *(Hesekiel 47,15-20)*.

Als Erbteil und zu ewigem Besitz
Alle sogenannten »besetzten Gebiete« gehören also nach dem erklärten Willen Gottes zum „ganzen Land Israel".

Und dies nicht nur für eine bestimmte Zeit, sondern für immer.

In *1. Mose 13:15* heißt es: »für alle Zeit«, und in *1. Mose 17:8* »zu ewigem Besitz«. Danach ist der biblisch-rechtliche Anspruch Israels auf »das ganze Land Israels« zeitlich unbegrenzt. Er hat nie aufgehört und wird nie aufhören. Darum hat es in den vergangenen 2000 Jahren auch immer Juden in diesem Landstrich westlich des Jordan gegeben. Ab dem 18. Jahrhundert war sogar die Mehrheit der Bevölkerung Jerusalems jüdisch.

Nicht besetzt, sondern befreit

Wer hat eigentlich die »besetzten Gebiete« besetzt? Im Sechs-Tage-Krieg 1967, der damals von den Arabern eindeutig provoziert wurde, kehrten dann die alten biblischen Gebiete, die die Vereinten Nationen und die arabischen Staaten den Israelis verweigert hatten, nach Israel zurück. Sie wurden nicht von Israel besetzt, wie immer wieder weltweit behauptet wird, (auch von Christen) und mit einer Zweistaatenlösung deshalb zurückzugeben wären - sondern befreit. Dies entspricht voll und ganz der biblischen Wahrheit!

Drei Wochen nach der Einnahme von Ost-Jerusalem wurde die Stadt mit dem Westteil vereinigt. Ende 1980 wurde dann »ganz Jerusalem zur ungeteilten und ewigen Hauptstadt Israels« erklärt. Das übrige Westjordanland stand seit 1967 unter israelischer Militärverwaltung, ebenso der Gaza-Streifen. Die Golan-Höhen wurden 1981 von Israel rechtmäßig annektiert und juristisch zum

Staatsgebiet Israels erklärt. Dies entspricht ganz und gar dem erklärten Willen Gottes: »*Israel will ich wieder heim zu seiner Wohnung bringen, dass sie auf dem Karmel und in Basan (= Golan-Höhen) weiden und sich sättigen sollen auf dem Gebirge Ephraim*« (= Westjordanland) (Jeremia 50, 19) sowie Hesekiel 28 und 36.

Kurz gesagt: Die Palästinenser zusammen mit 6 arabischen Nachbarstaaten haben den Krieg 1948 begonnen und verloren; doch den Preis dafür wollen sie nicht bezahlen. Es wäre so, wie wenn Deutschland alle Gebiete, die es im Krieg verloren hat, wieder zurückforderte!

Es verwundert deshalb schon, wenn die gleichen Menschen, die wie selbstverständlich auf einem Rückkehrrecht der Palästinenser beharren, den deutschen Vertriebenenverbänden aber Revanchismus vorwerfen, wenn sie über ihre Heimat Schlesien oder Ostpreußen reden.

Was sagt der Koran?

Es gibt kein „Palästina" im Koran sind auch die Worte des jordanischen Islamgelehrten Scheich Ahmad Adwan, wie Eliyokim Cohen im August auf Jewsnews.co.li berichtete. Daniel Heiniger hat diese Meldung auf seinem Blog heiniger-net.ch ins Deutsche übersetzt und zitiert den Scheich mit u. a. folgenden Worten: »*Ich sage jenen, die des Herrn Buch verfälschen, den Koran: Woher nehmt ihr den Namen Palästina, ihr Lügner, ihr Verfluchten, wenn Allah es bereits ‹das Heilige Land› genannt und es den Kindern Israels zugesprochen hat bis zum Tag des jüngsten Gerichts. Es gibt nichts Derartiges wie ‹Paläs-*

tina> im Koran. Euer Anspruch auf das Land Israel ist *eine Falschheit und sie stellt einen Angriff auf den Koran dar, auf die Juden und ihr Land. Daher werdet ihr keinen Erfolg haben und Allah wird euch verlassen und euch beschämen, weil Allah derjenige ist, der sie (die Juden) beschützen wird«*

Ein katholischer Theologe und Islamexperte, der auch zeitweise unter Palästinensern lebte, stellt fest:

Auszug: *»Wenn der Koran nach dem Glauben der Muslime und nach islam-theologischer Gewissheit der Niederschlag verpflichtender Offenbarungen Allahs ist, die ewig und überall gültig sind, dann kann man an diesen Texten nicht einfach vorbeigehen, auch wenn sie nicht in ein politisches Konzept passen«*

Deutlich gesagt: Nicht nur der jüdische Gott Jahwe verheißt Seinem Volk in ihren Heiligen Schriften das Heilige Land, sondern auch der islamische Gott Allah spricht diese Verheißung im Koran aus. Dort offenbart er in Sure 5, 20ff. ausdrücklich, dass das Heilige Land (geheiligtes Land) den Juden versprochen (bestimmt) ist. In allen 14 Koranausgaben ist wörtlich oder inhaltlich zu lesen: Dann sprach Mose zu seinem Volk: *»O mein Volk, besinnt euch auf Allahs Huld gegen euch, als er aus eurer Mitte Propheten erweckte und euch zu Königen machte und euch gab, was er keinem anderen der Welt gegeben hat. O mein Volk; betretet das Heilige Land, das Allah für euch bestimmt hat, und kehret (ihm) nicht den Rücken zu; denn dann werdet ihr als Verlorene umkehren«*

Gemäß Allahs Offenbarung gehört also das Heilige Land den Juden! Muslime sind demzufolge aufgefordert, das Land Israel als Heimstätte der Juden anzuerkennen. Trotz unzähliger Zerstreuungen und Verfolgungen sowie mehrfacher Zerstörung Jerusalems haben gemäß Allah die Juden ihr Besitz- und Wohnrecht im Heiligen Land niemals verloren.

Allah hat in keiner Offenbarung das Heilige Land Mohammed und den Muslimen in naher oder ferner Zukunft zugesprochen.

Auch in *Sure 17 Vers 103,104* offenbart Allah, dass das Heilige Land – je nach Übersetzung – bis zum Tag der Auferstehung bzw. Verheißung des Jenseits den Juden gehört. Moslemische Korangelehrte vom 9. Jahrhundert bis heute sind in Übereinstimmung mit der Auslegung der vorstehend zitierten Offenbarungen.

Warum findet sich diese Wahrheit nicht in den schulischen Lehrbüchern, warum beachtet sie die arabische Welt nicht, warum wird sie nicht in die politische Diskussion um Palästina einbezogen?

Palästinensische Gesprächspartner und alle gläubigen Muslime sollten diese Tatsache nachdenklich stimmen, damit sie den Hass auf Israel aufgeben.

Muss nicht endlich ein neues Denken unter den Palästinensern, den arabischen Staaten und der westlichen Welt beginnen? Erst wenn Palästinenser aufhören, ihr Image als machtlose Opfer zu vermarkten, diese Tatsachen anerkennen und ihre Kräfte nicht länger in immer neuen Kämpfen und im Terror gegen Israel verzehren, sondern ihr Leben organisieren und eine friedliche Zukunft für ihre Kinder schaffen, kann es zu einem friedlichen und fruchtbringenden Miteinander kommen. Das Angebot Israels dazu steht und wurde trotz ständiger Angriffe immer wieder erneuert.

Wie weit dieses friedliche Miteinander noch entfernt ist, zeigen Ausführungen Abbas schon kurz nach dem Kriegsende 2014, in denen er Israel jede Existenzberechtigung abspricht und die anhaltende Aufhetzung der palästinensischen Öffentlichkeit verstärkt. »*Es gebe gar kein jüdisches Volk, noch ein Recht für seine Souveränität*«, so seine Worte. Und weiter: »*Die Juden seien falsche Wesen und alle Mittel, sie zum Verschwinden zu bringen, seien legitim. Die Palästinenser seien Opfer der Israelis und der Europäer*«.

Auch der Iran träumt immer noch von Israels Auslöschung. So verkündigte nach dem Atomdeal 2015 mit dem Westen der frühere Präsident Ajatollah Akbar Hashemi Rafsanjani öffentlich: »*Israel ist ein vorübergehend existierender Schwindel-Staat. Es ist ein fremdes Objekt im Körper einer Nation und wird bald ausgelöscht werden*«.

Unglaubliche Verdrehungen von Tatsachen und Feindseligkeiten haben zu allen Zeiten bestanden, um Volk und Land Israel zu vernichten. Schon König David betete um Schutz und Befreiung *(Psalm 7)*, was auch gegenüber Abbas und dem Iran gilt. »*Das Unheil, das er anderen bereitet hat, bricht nun über ihn herein*« Psalm 7,17.

Das sollten jene beachten, die sich wider besseren Wissens gegen Israel stellen oder sich neutral verhalten. Bayern wollte dazu nicht gehören!

7. Im Blickfeld der Medien

Das Beispiel Israel macht die mediale Ver(w)irrung sehr deutlich und verzerrt das Weltgeschehen ständig durch einseitige Berichterstattung.

Der wichtigste Aspekt des vergangenen Gazakonfliktes hat keinen Platz in den Medien gefunden. Das beobachtet der israelisch-kanadische Journalist Matti Friedman. In seinem Artikel kritisiert er scharf die internationale Berichterstattung.

»Die westliche Presse ist kein Beobachter des Konfliktes mehr, sondern viel mehr ein Handlungsträger. Diese Rolle hat Konsequenzen für Millionen von Menschen, die versuchen, die aktuellen Ereignisse zu verstehen« *Matti Friedman*, der als Reporter zwischen 2006 und 2011 im Jerusalemer Büro der Nachrichtenagentur Associated Press (AP) tätig war, fasst die Missstände der westlichen Presse zusammen. Sein Artikel, basierend auf eigenen Erfahrungen, ist in der amerikanischen Monatszeitschrift »*The Atlantic*« erschienen.

Die Aufmerksamkeit der Medien in Bezug auf den Nahostkonflikt sei unverhältnismäßig verglichen zu anderen Geschehnissen auf der Welt. Hier fielen Redaktionsentscheidungen nicht mehr nach journalistischen Aspekten, sondern viel mehr nach ideologischen Erwägungen, schreibt Friedman. Der Wahrnehmung des Konfliktes liege ein Denkmuster zugrunde, das tief in der westlichen Gesellschaft verwurzelt sei. Der Journalist bezeichnet es als »eine Art modernes moralisches Theaterstück, in dem die Juden in Israel – mehr als alle anderen Völker der Welt – ein Beispiel des moralischen Versagens darstellen«. Doch erhält sich dieses Denkmuster von selbst oder ist es das Erzeugnis der Medien?

Was ist eine Nachricht wert?

Was sollte gemeldet werden, was nicht? Nach welchen Maßstäben beurteilen Redaktionen täglich die Ereignisse im Nahen Osten? Friedman greift Beispiele auf.

Eine Demonstration bewaffneter Djihadisten auf dem Gelände der arabischen Al-Quds-Universität in Ostjerusalem scheint in den Augen der örtlichen AP-Redaktion für eine Meldung nicht zu genügen. Reporter sind bei der Veranstaltung gewesen und Fotos lagen im Büro vor. Dennoch entschied die Redaktion, diese Begebenheit, die jedem rational denkenden Israeli Angst einflößt, nicht zu melden. Stattdessen wurde ein Bericht über amerikanische Spenden an die Palästinensische Autonomiebehörde veröffentlicht. Erst nachdem die Brandeis Universität von Boston ihre Beziehungen zu der Al-Quds-Universität wegen der radikal-islamischen Demonstration abbrach, wurde auch von dem Aufmarsch berichtet.

So etwas sei Standard, schreibt Friedman. Auch das Schmuggeln von 100 Raketen in den Gazastreifen sei nur in Ausnahmefällen eine Nachricht wert. Der Bau von 100 Wohnungen in einer jüdischen Siedlung gelte im Gegensatz dazu immer als eine Nachricht. Derartiges Vorgehen sei keine kleine redaktionelle Panne, sondern bewusstes Verschweigen und Entfremden der Realität.

Die Person hinter der Presse

»Um den internationalen Journalismus über Israel zu verstehen, ist es zuerst wichtig, zu begreifen, dass die Nachrichten uns viel weniger über Israel erzählen als über die Personen, die berichten«, erklärt Friedman. Deshalb sei es von Bedeutung, das gesellschaftliche Umfeld der Journalisten zu betrachten. Im Nahen Osten erhielten Reporter ein breites kulturelles Angebot von internationalen Organisationen wie den Vereinten Nationen und Nichtregierungsorganisationen (NGO). Ansässig in den Palästinensergebieten, setzten sie sich besonders für die arabischen Interessen ein. Bereitwillig fügten sich die Reporter in diesen Gesellschaftskreis ein und übernähmen deren Ansichten und Verhalten. Ein journalistisch kritischer Abstand bleibe kaum.

Besonders neue Reporter, von denen meist ein sofortiges Expertenwissen verlangt wird, neigten dazu, allgemein vertretene Meinungen zu übernehmen. Dabei komme es gelegen, die komplexen Ereignisse auf eine Erzählung von guten und bösen Menschen zu reduzieren. Genügend – meist Israelkritisches – Material stehe dazu von internationalen Organisationen zur Verfügung.

Bedeutend ist aus Sicht des Autors, dass nicht über die UN und NGOs, sondern von ihnen berichtet wird. Sie gelten unter den Journalisten nicht als Akteure in der Landschaft des Nahen Ostens, sondern werden als Informationsquellen genutzt. Aus journalistischer Sicht müssten sie jedoch analysiert und kritisiert werden. Mit dem Wunsch, auch eine »helfende« Rolle einzunehmen, positioniere sich die Presse neben den internationalen Organisationen und vernachlässige ihre neutrale Aufgabe, zu beschreiben und zu berichten. »Und das ist die Stelle, an der Reporter in Schwierigkeiten kommen«, meint Friedman, »denn ‚helfen' ist immer ein unklares, subjektives und politisches Unterfangen, das noch problematischer wird, wenn man nicht mit der nötigen Sprache und Geschichte vertraut ist«.

Friedman sieht enorme negative Auswirkungen, da diese Organisationen großen Einfluss in der Region hätten. Mit einer Anpassung der redaktionellen Leitlinien würden allgemeine Denkmuster unterstützt. Eine Nachrichtenagentur wie die »Associated Press« präge zusätzlich das allgemeine Denkmuster maßgeblich, gründeten doch tausende von Zeitungen ihre Berichterstattung auf den Artikeln der AP.

Die Presse erzählt eine Geschichte und die Hamas nutzt sie

Das Abwenden von einer objektiven Berichterstattung führe dahin, dass die Medien nur noch eine »Geschichte« erzählten, und diese müsse von ihnen aufrechterhalten werden. »Eine schmutzige palästinensische Politik und Gesellschaft sind für die internationale Presse undenkbar, weil das ihre ‚Israel-Story' zerstören würde, denn sie ist eine Geschichte des moralischen Versagens der Juden«. Damit werde die Berichterstattung unausgewogen und die Wahrheit zu berichten »unangebracht«. »Unangebracht für die Palästinenser, weil es den Israelis in die

Hände spielen würde.« Unpassende Nachrichten brächten nur unangenehme Fragen auf.

»Die meisten Konsumenten verstehen nicht, wie die ‚Israel-Story‘ entstanden ist – die Hamas schon. Sie haben verstanden, dass viele Reporter der ‚Geschichte‘ verpflichtet sind, in der Israel der Unterdrücker ist und die Palästinenser die passiven Opfer mit vernünftigen Forderungen sind. Für Gegensätzliches besteht kein Interesse«. Es geht nur darum: »Hier sind tote Menschen, und Israel hat sie umgebracht«, schreibt Friedman. Es sei irrelevant, dass das Presseaufgebot eins der größten der Welt ist – völlig unproportional zu anderen Regionen. Die Strategie der Hamas, sich hinter Zivilisten zu verstecken, existiere nicht. Bedrohungen der Journalisten durch die Hamas seien nur die Herausforderung der Berichterstattung und kein Stoff für eine eigene Nachricht. Es gebe keine Charta der Hamas, welche die Juden der Niederträchtigkeit beschuldige. Die Raketen auf Israel seien harmlos. Das sei alles nicht wert, berichtet zu werden.

Damit hat die Presse aus Friedmans Sicht »aufgehört ein vertrauenswürdiger Beobachter zu sein und ist stattdessen ein Verstärker der Propaganda einer der intolerantesten und aggressivsten Mächte der Erde geworden«. »Und das ist«, folgert der Journalist, »wie man sagt, die eigentliche ‚Story‘«.

Wie der Medienkrieg die Recherche beeinträchtigt

Ursprünglich wollten sie herausfinden, wie sich ein israelischer Soldat fühlt, der ein palästinensisches Kind erschossen hat. Doch dann stießen die ARD-Redakteure

Georg M. Hafner und Esther Schapira auf ein Dickicht aus Widersprüchen und plötzlich verschlossene Türen. Die Frage, was wirklich mit Mohammed al-Durah geschah, bleibt indes offen.

»Die Authentizität der Medien ist eine Illusion, eine der vielen Selbsttäuschungen unserer Zeit, die in kritiklosem Kinderglauben hingenommen wird. Die Bilder gelten als wahr, weil sie von technischen Geräten aufgezeichnet werden; man vergisst, dass es Menschen sind, die die Kameras führen«. Dies stellt der in der DDR aufgewachsene und heute in Israel lebende Schriftsteller Chaim Noll fest, als er einen Tag in Hebron beschreibt. Die ARD-Journalisten Georg M. Hafner und Esther Schapira haben ähnliche Erfahrungen gemacht – bei ihren Recherchen über den Tod des zwölfjährigen Palästinensers Mohammed al-Durah.

Der französische Fernsehsender »France 2« strahlte die bekannten Bilder vom 30. September 2000 aus: An der Netzarim-Kreuzung im Gazastreifen stirbt ein Junge in den Armen seines Vaters, offensichtlich tödlich getroffen von einer israelischen Kugel. »Wir konnten es alle sehen«, schreiben Hafner und Schapira im Vorwort zu ihrem Buch »Das Kind, der Tod und die Medienschlacht um die Wahrheit«. »Aber was haben wir tatsächlich gesehen? Welche Bilder hat die Kamera gefilmt und welche Bilder sind nur in unserem Kopf entstanden«? Die Redakteure schildern ihre Recherchen für mehrere ARD-Beiträge zu Mohammed al-Durah, die zwischen 2002 und 2009 ausgestrahlt wurden.

Diese Bilder sind eine Sensation

Das Originalmaterial der Kamerabilder erhielten sie nicht, obwohl das unter Journalistenkollegen üblich ist. 55 Sekunden lang ist die Szene, die in der seinerzeit veröffentlichten Fernsehaufnahme zu sehen ist. Der palästinensische Kameramann Talal Abu Rahme hat nach eigenen Angaben sechs Minuten Material geliefert. Der Mitarbeiter des US-Nachrichtensenders CNN war an jenem Tag exklusiv für »France 2« unterwegs. Er ist der Hauptzeuge der umstrittenen Szene, die trotz der Dramatik niemand sonst aufgenommen hat. Jahre sollten vergehen, bis die Autoren und andere Journalisten weitere Bilder zu Gesicht bekamen: am 27. Februar 2008 in einem französischen Gerichtssaal. Anlass war eine Klage von »France 2« gegen den französischen Geschäftsmann Philippe Karsenty, der dem Sender vorwarf, gefälschte Bilder verwendet zu haben.

Schapira und Hafner schreiben dazu, der Jerusalemer Korrespondent Charles Enderlin habe eingeräumt, »die Szene um wenige Sekunden gekürzt zu haben, um den Todeskampf des Kindes nicht zu zeigen, weil diese Bilder zu grausam gewesen seien«. Sie ergänzen: »Werden wir also gleich hier im Gerichtssaal die unerträglichen Bilder des Leidens von Mohammed al-Durah sehen«? Die Spannung im Saal ist mit Händen zu greifen. Vorgeführt wird allerdings auch jetzt nicht das Masterband, also tatsächlich das Videoband, das Talal Abu Rahme am 30. September 2000 bespielt hat, sondern eine notariell beglaubigte Kopie auf DVD. Zu sehen sind 10 weitere Sekunden des brisanten Materials. Und diese Bilder sind eine Sensation, denn ganz offensichtlich lebt Mohammed al-Durah da noch. Die Bilder zeigen, wie Al-Dura Hand und Bein hebt, nachdem ihn der Reporter bereits für tot erklärt hat. Auf seinen Kleidern sind keine Blutspuren zu sehen.

Kameramann Abu Rahme hatte kurz nach der ersten Veröffentlichung seiner Bilder unter Eid ausgesagt, dass nur israelische Soldaten für Mohammeds Tod in Frage kämen. Doch genau zwei Jahre nach dem Vorfall teilte er in einem Fax an »France 2« mit, er habe die damalige Aussage unter Zwang gemacht.

Den Autoren fällt auf, dass der Vater nach dem angeblichen Tod seines Sohnes Israel offenbar nicht mehr kennt. Er verwendet konsequent den Ausdruck »zionistisches Gebilde« und findet kein gutes Wort für den jüdischen Staat. In seiner Darstellung gibt es viele Unstimmigkeiten, auf welche die Reporter in ihrem Buch hinweisen. So stimmt etwa das von ihm angegebene Datum für seinen Transport in ein jordanisches Krankenhaus nicht mit den Aufzeichnungen der israelischen Grenzpolizei überein. Sein damaliger israelischer Arzt erklärt zudem auf Nachfrage, dass die Verletzungen nicht von dem Vorfall im Gazastreifen stammen könnten. Vielmehr rührten sie von einer früheren Operation her. Ferner hätte der Palästinenser so schwere Verwundungen, wie er sie angeblich erlitten habe, auf keinen Fall überleben können, meint der Mediziner.

Georg M. Hafner und Esther Schapira bringen viele weitere Beispiele für die schwierigen Bedingungen ihrer ausführlichen Recherchen. Diese haben sich durch die Alleinherrschaft der Hamas im Gazastreifen seit dem Juni 2007 noch verschärft: »Damit waren alle unseren palästinensischen Quellen versiegt«. Die Autoren ergänzen: »Niemand wagte auch nur, mit uns zu reden oder gar für uns zu arbeiten. Sobald wir nur den Gegenstand unseres Filmes erwähnten, schlossen sich die Türen. Sowohl Jamal al-Durah als auch Talal Abu Rahme hatten einen Maulkorb bekommen, nicht nur durch die Hamas, sondern auch durch France 2«.

Statt sich einer wahrhaftigen Berichterstattung zu verpflichten, haben die Medien in Frankreich meine Kollegen und mich als Leugner einer aus ihrer Sicht unumstößlichen Wahrheit dargestellt.

Immer wieder reflektieren die beiden Redakteure über die Macht der Bilder und die Rolle der Journalisten im »Medienkrieg«: »Dennoch wirft es einmal mehr die Frage auf, wie sehr die Medienpräsenz die Realität verändert. Hätte es die Bilder auch ohne Kamera gegeben? Würden die Steine und Brandsätze auch dann fliegen, wenn kein Journalist dabei wäre? Das mag eine abstrakte Frage sein, aber sie macht deutlich, wie sehr Journalisten im Medienkrieg Beteiligte sind, wie leicht sie instrumentalisiert werden können. Und wie sie zuweilen sogar aktiv die Seiten wechseln und nicht abbilden, sondern inszenieren, nicht berichten, sondern fälschen.« An anderer Stelle heißt es: »Krieg findet nicht nur auf den Schlachtfeldern statt, sondern auch in den Medien, die über ihn berichten. Starke Bilder sind stärker als jede Munition und Bilder verletzter oder gar toter Kinder sind die stärkste Munition im Medienkrieg«.

Desillusioniert stellen die Autoren fest: »Israel ist das Land mit der mit Abstand größten Korrespondentendichte und ist doch nicht größer als das deutsche Bundesland Hessen. Nach Washington und Moskau ist Israel einer der größten Standorte für die ausländische Presse. Die Hoffnung, wir würden deshalb besonders differenziert und vielfältig über den Nahostkonflikt informiert, erfüllt sich leider nicht«.

Dabei wird deutlich, welche Auswirkungen eine tendenziöse Berichterstattung haben kann und welche Fragen zu Mohammed al-Durah bis heute nicht beantwortet sind. Dazu gehört die Frage, ob der Junge überhaupt getötet wurde, und wenn ja, durch wen.

Georg M. Hafner/Esther Schapira: „Das Kind, der Tod und die Medienschlacht um die Wahrheit. Der Fall Mohammed al-Durah", Edition Critic, 164 Seiten, mit 22 Abbildungen, 18 Euro, ISBN 978-3-9814548-7-1

Georg M. Hafner/Esther Schapira: „Israel ist an allem schuld – Warum der Judenstaat so gehasst wird" Eichborn-Verlag

Wasserstreit im Nahen Osten:
Ein weiteres, interessantes Beispiel aus dem Jahr 2014.

In seiner Rede vor dem israelischen Parlament am 12. Februar bemängelte EU- Parlamentspräsident Martin Schulz Israels Verhalten gegenüber den Palästinensern. Er zitierte einen jungen Palästinenser: »Wie kann es sein, dass Israelis 70 Liter Wasser am Tag benutzen dürfen und Palästinenser nur 17«? Diese Aussage löste in der Knesset und in Israels Öffentlichkeit einen Sturm der Entrüstung aus. *Haim Gvirtzman,* Professor für Hydrologie an der Hebräischen Universität Jerusalem, antwortete dem europäischen Parlamentspräsidenten in folgendem Artikel, verfasst von *Dana Nowak und Johannes Gerloff*

Zunächst ist bemerkenswert, dass der israelische Wasserexperte, der Mitglied des Rates der israelischen Wasserbehörde und langjähriger Berater des gemeinsamen israelisch-palästinensischen Wasserausschusses ist, den gravierenden Unterschied im Blick auf die Wasserversorgung der Bevölkerung Israels und der palästinensischen Autonomiegebiete mit keinem Wort in Frage stellt. Entscheidend sind aus seiner Sicht die Gründe, die zu diesem Ungleichgewicht führen. Die Wasserfragen zwischen Israel und der Palästinensischen
Autonomiebehörde (PA) sind in den Oslo-Abkommen vertraglich geregelt. Demnach haben die Palästinenser das Recht, aus dem Aquifer, dem Grundwasserträger, in den östlichen Hebronbergen 70 Millionen Liter Wasser pro Jahr zu pumpen. Trotz finanzieller Unterstützung

urch die internationale Gemeinschaft hat die PA in den vergangenen zwei Jahrzehnten nur an einem Drittel der vereinbarten Stellen gebohrt. Der Großteil dieses Wassers läuft ungenutzt ins Tote Meer

Hausgemacht: Wasserverlust

Ein Drittel des palästinensischen Wassers geht durch undichte Wasserleitungen verloren. Laut Gvirtzman geben sich die Palästinenser keine Mühe, ihre Wasserrohre zu reparieren. In Israel hingegen liegt der Wasserverlust durch schadhafte Leitungen bei nur 10 Prozent. Die Palästinenser weigern sich, Wasseraufbereitungsanlagen zu bauen, obwohl sie nach den Oslo-Abkommen dazu verpflichtet sind. Vielfach fließt das Abwasser ungeklärt in die Bach- und Flussläufe. Die Folgen für die Umwelt sind katastrophal. Obwohl Geberländer bereit sind, den Bau von Kläranlagen vollständig zu finanzieren, entziehen sich die Palästinenser dieser Pflicht. Erst seit zwei Jahren ändert sich in dieser Hinsicht allmählich etwas, weil Israel Druck ausübt. Bislang weigern sich die Palästinenser außerdem, ihre Felder mit geklärtem Abwasser zu bewässern. In Israel dagegen wird mehr als die Hälfte aller landwirtschaftlichen Flächen mit aufbereitetem Abwasser versorgt. Einige palästinensische Bauern bewässern ihre Felder durch Überflutung. Durch Tropfbewässerung würde der Wasserverbrauch um mehr als 50 Prozent reduziert. Eine Überflutung der Felder ist eine enorme Wasserverschwendung, nicht zuletzt durch die große Verdunstung. Die Internationale Gemeinschaft hat ange-

boten, im Gazastreifen eine Meerwasserentsalzungsanlage zu bauen. Die Palästinenser haben dieses Geschenk abgelehnt, obwohl eine solche Anlage das Wasserproblem für den gesamten Gazastreifen lösen könnte. Die Palästinenser konsumieren im Westjordanland heute etwa 200 Millionen Kubikmeter Wasser pro Jahr. Sie könnten diese Menge ohne weiteres um mindestens 50 Prozent erhöhen, ohne jegliche Unterstützung von außen oder weitere Wasserzuteilung durch
den Staat Israel.

Hilfreich: Einfache Maßnahmen

Dafür sind, laut *Gvirtzman*, einige einfache Maßnahmen erforderlich: »Die Erschließung der Wasservorkommen in den östlichen Hebronbergen könnte schnell zusätzliche 50 Millionen Kubikmeter Wasser jährlich liefern.

Durch die Reparatur der großen Lecks in den städtischen Wasserleitungen könnte der Verlust von 33 auf 20 Prozent reduziert werden, was ohne großen Aufwand weitere 10 Millionen Kubikmeter pro Jahr erbrächte.

- Durch das Sammeln und die Aufbereitung von Abwasser aus den palästinensischen Städten würden unmittelbar 30 Millionen Kubikmeter Frischwasser für private Haushalte freigesetzt und eine Erweiterung der landwirtschaftlichen Nutzflächen ermöglicht.

- Durch den Einsatz von Tropfbewässerung könnten die Palästinenser weitere 10 Millionen Kubikmeter Wasser im Jahr sparen.
- Im Gazastreifen könnte eine Meerwasserentsalzungsanlage, die Reparatur von schadhaften Rohrleitungen, Abwasseraufbereitung und der Einsatz von Tropfbewässerung die bislang zur Verfügung stehenden 60 Millionen Kubikmeter Wasser pro Jahr nahezu verdoppeln«.

Gvirtzman folgert: »Die Wasserknappheit in den Autonomiegebieten ist das Ergebnis einer palästinensischen Politik, die Wasser verschwendet und die regionale Wasserökologie zerstört«. Der Hydrologe spricht von einem „Wasserkrieg gegen Israel" und wirft den Palästinensern vor, Wasser als Waffe einzusetzen. Er meint, die PA sei mehr daran interessiert, Israel das Wasser abzugraben, natürliche Wasserreserven zu verschmutzen, israelischen Landwirten Schaden zuzufügen und Israels Ruf in der Welt zu schaden, als das Wasserproblem der Palästinenser zu lösen«. Vor diesem Hintergrund erklären sich einige weitere, ansonsten völlig irrationale Phänomene.

Nicht existent: Wasserrechnungen

Bis 2010 hatten die Palästinenser mehr als 250 Brunnen im westlichen und nördlichen Aquifer gebohrt. Das ist eine Verletzung der Abkommen von Oslo. Seither hat das Bohren illegaler Brunnen mit alarmierender Geschwindigkeit zugenommen. Dadurch wurde etwa der natürliche Fluss von Wasser durch die Täler von Beit Schean und Harod in Israel verringert. Israelische Landwirte wurden gezwungen, ihre landwirtschaftlichen Pflanzungen zu reduzieren. Der Staat Israel musste die Wassermenge, die aus dem Aquifer in den Bergen gepumpt wird, von jährlich 500 Millionen Kubikmetern im Jahr 1967 auf Heute 400 Millionen Kubikmeter reduzieren. Palästinenser stehlen Wasser, indem sie Leitungen der staatlichen israelischen Wassergesellschaft Mekorot anzapfen. Infolgedessen bekam Mekorot Schwierigkeiten bei der Lieferung von Wasser – nicht nur an Israelis, sondern auch an Palästinenser. Zur Weigerung, Wasserleitungen zu reparieren, Abwasser zu sammeln und aufzubereiten, aufbereitetes Wasser in der Landwirtschaft zu nutzen, kommt noch, dass die PA ihren Bürgern keine Wasserrechnungen ausstellt. In vielen Pumpstationen und Privathäusern gibt es nicht einmal Wasseruhren.

So ist es unmöglich, den Wasserverbrauch einzelner Kunden festzustellen. Die meisten palästinensischen Einwohner im Westjordanland und im Gazastreifen bezahlen – im Gegensatz zu ihren jüdischen Nachbarn – nicht für das Wasser, das sie zu Hause oder auf ihren Feldern verbrauchen. Dies führt selbstverständlich zu einer ungeheuren Wasserverschwendung.

Nur in Israel, dem Westjordanland und den Golf-Staaten gibt es in 96 Prozent der Haushalte ausreichend trinkbares Leitungswasser. Die Bewohner in fast jedem anderen Land der Region Nahost leiden unter schrecklicher Wasserknappheit. In der jordanischen Hauptstadt Amman etwa werden Privathaushalte nur einmal in zwei Wochen mit Wasser beliefert. Weil die Türken das Wasser der Ströme Euphrat und Tigris umleiten, trocknen landwirtschaftliche Flächen in Syrien und im Irak aus. Millionen von Bauern verlieren im eigentlich fruchtbaren Zweistromland ihre Lebensgrundlage. In den Jahren unmittelbar vor Beginn des „arabischen Frühlings" sind mehr als drei Millionen Landwirte aus den Euphrat-Tälern in die Vororte von Damaskus ausgewandert. Doch dort wird das Flusswasser, das als Trinkwasser genutzt wird, mit Abwasser vermischt.

In Ägypten gehen enorme Mengen Wasser durch Überflutungsbewässerung verloren. Der Nil stellt dreißig Mal mehr Wasser zur Verfügung, als Israels jährlicher Wasserverbrauch umfasst. Die Bevölkerung Ägyptens ist nur zehn Mal so groß wie die Israels. Dennoch leidet Ägypten an Hunger und Durst. Der Grund dafür ist eine schwerwiegende Wasserverschwendung. Ähnliches gilt für ganz Nordafrika. In Israel dagegen gibt es trotz einer Reihe von Trockenjahren keine Wasserknappheit, weil der Staat Meerwasser entsalzt, Abwasser aufbereitet und mit den Ressourcen sparsam und effektiv umgeht.

Israel wurde so sogar zum Wasserexporteur. Mittlerweile liefert es jährlich 55 Millionen Kubikmeter Wasser an Jordanien und verkauft weitere 50 Millionen Kubikmeter

an die Palästinenser. **Frieden und regionale Kooperati-
on würden dem Staat Israel ermöglichen, seinen Nachbarn zu helfen, ihre Notlage in den Griff zu bekommen.**
Gerade ein EU-Präsident sollte sich besser informieren,
bevor er zum Mikrofon greift!

Israels know how bei der Wasseraufbereitung wird z.B.
andernorts dankend angenommen.
Eine norwegische Firma will alte Öltanker in schwim-
mende Wasseraufbereitungsanlagen umwandeln und
braucht dafür die Unterstützung Israels.

Der Geschäftsführer des norwegischen Unternehmens
»EnviroNor«, Sigmund Larsen warb für eine engere Zusammenarbeit der beiden Länder, »um Zugang zu den
besten Wasser-Technologien der Welt zu haben«, sagte
Larsen im Interview mit der Tageszeitung *»Jerusalem
Post« am 25.8.15 in Tel Aviv*.
»EnviroNor« biete eine preiswerte Lösung für die Be-
kämpfung des weltweiten Wassermangels: Wasseraufbereitung an Bord ausgemusterter Öltanker. Norwegen
habe zwar Erfahrung im Schiffsbau und als Ölnation auch
mit Unterwasser-Pipelines, Israels Fähigkeiten sowohl im
Bereich der Entsalzungs- als auch der Abwasser-
Technologie seien für den Fortgang des Projektes aber
»ausschlaggebend«, erklärte der Geschäftsführer.
Die von *»EnviroNor«* entwickelten Schiffe seien wesent-
lich günstiger als vergleichbare Anlagen an Land. Zudem
ermöglichten sie den Einsatz in Regionen, in denen es an
der nötigen Baufläche mangelt. Bis zu 500.000 Kubikme-

ter Abwasser ließen sich mit den schwimmenden Anlagen täglich aufbereiteten und damit etwa 2,5 Millionen Menschen versorgen. Die Schiffe seien zudem in der Lage, 200.000 Kubikmeter Meerwasser pro Tag zu entsalzen. Das Unternehmen plane die Inbetriebnahme der ersten Anlage in Mosambik Ende 2017«, so *Larsen* weiter.

Undurchsichtig: Die Verwaltung

Die PA kauft jedes Jahr 50 Millionen Kubikmeter Wasser von Israels Wassergesellschaft Mekorot. Dieses Wasser wird aber nicht direkt, sondern zunächst vom Staat Israel bezahlt. Der jüdische Staat zieht dann diese Kosten von Steuer- und Zolleinnahmen ab, die er für die PA an israelischen Häfen einnimmt. Tatsächlich bezahlt die PA auf diese Weise aber nur 80 Prozent des von ihr verbrauchten Wassers. Da der palästinensische Wassermarkt auf undurchsichtige Art geführt wird, bezuschusst so letztendlich der israelische Verbraucher den palästinensischen Verbraucher. Ein Israeli bezahlt im Durchschnitt zehn Schekel pro Kubikmeter (= ca. € 2,50)

Christenvertreibung in arabischen Ländern

Umfassende und ehrliche Berichterstattung erfordert auch die Christenvertreibung in den arabischen Ländern. Die Konrad-Adenauer-Stiftung hat in einer Studie festgestellt: In 102 von 198 untersuchten Ländern werden Christen bedrängt oder verfolgt.

- für das muslimische Publikum:
"Töte die Ungläubigen, wo immer
du ihnen begegnest."
- für das westliche Publikum:
"Islam ist Frieden."

Die gesamte Kulturgrenze zwischen dem muslimischen Norden Afrikas und dem eher christlichen Süden wird blutiger. Kenia sieht sich Angriffen von muslimischen Terrorgruppen aus Somalia ausgesetzt, der Krieg in Mali ist ein Brennpunkt der religiösen Gewalt, die von Somalia im Osten bis in den Senegal nach Westen reicht. Dauerterror herrscht mittlerweile in Nigeria.

Dort werden Menschen von der islamistischen Terrororganisation Boko Haram gejagt, verfolgt und getötet, nur weil sie Christen sind, aber auch muslimische Mädchen massenhaft entführt und missbraucht. Nun ist auch die Zentralafrikanische Republik betroffen. Dort sickern islamistische Kämpfer aus dem Tschad und Sudan ein und terrorisieren die christliche Bevölkerung. Plünderungen christlicher Dörfer und Kirchen, systematische Vergewaltigungen, Serienmorde. *pro/Christliches Medienmagazin, 3.2015*

Christen sind die Religionsgruppe, die weltweit am meisten der Verfolgung ausgesetzt ist. Was wird darüber berichtet? Was unternimmt die Welt zum Schutz von Minderheiten in arabischen und afrikanischen Ländern?

Kirchen werden zu Moscheen

Ein kleines Zahlenspiel am Rande zum Argument «Aber in der Türkei gibt es sehr viele Kirchen». Vor über 100 Jahren lebten in der Türkei ca. 2 Millionen Christen. 2015 waren es nur noch ca. 100.000!

Die Maidan-al-Jazir-Platz-Moschee am Algeria-Platz war früher die Kathedrale von Tripolis, bevor sie in eine Moschee umfunktioniert wurde.

Zur Geschichte:

Sie wurde von den Italienern während der Kolonialzeit in den 1920-er Jahren gebaut und 1928 eröffnet. Gaddafi befahl, dass sie in eine Moschee umgewidmet wird.

Christen und Muslime nutzten eine Zeit lang [1970-er bis zum Jahr 2000] gemeinsam, doch schließlich wurde sie zum ausschließlich muslimischen Besitz." Ein Produkt der islamischen Kolonisierung dieses Teils der Welt. Genauso wie die islamische Kolonisierung Libyens und des Rests von Nordafrika. Diese ‚muslimischen Länder' waren einst ‚christliche Länder'. Nach dem Tod Jesu Christi verbreiteten Christen ihren Glauben in ganz Europa, Nordafrika und dem Nahen Osten auf friedliche Weise und die Bevölkerung dieser Länder übernahmen freiwillig das Christentum als Lebensstil.

Dasselbe kann über den Islam nicht gesagt werden. Seit dem 7. Jahrhundert eroberten Muslime den Nahen Osten, Nordafrika und Teile Europas mit dem Schwert, unterwarfen die örtliche Bevölkerung, indem sie ihr die Wahl zwischen Konvertierung, Zahlung der Jizya – einer Kopfsteuer für Nichtmuslime – oder dem Tod ließen. Es scheint deshalb, dass Muslime den Islam in christliche Länder brachten.

Deshalb holten europäische Christen im 19. und 20. Jahrhundert schlicht zurück, was ihnen vor Jahrhunderten weggenommen wurde. Christen hätten damit das Recht gehabt, Moscheen ebenfalls in Kirchen umzuwidmen, was sie nicht taten. **Wer hat also in Libyen wen kolonisiert?"** Wird darüber berichtet?

8. Biblische Prophetien

- Die Zerstörung der antiken Stadt Tyrus, die durch den Propheten *Hesekiel (Kapitel 26-28)* schon 586 vor Christus in allen Einzelheiten als Gericht Gottes angekündigt wurde und sich ca. 250 Jahre später durch Alexander der Große restlos erfüllte.

- Die weltweite Zerstreuung und Sammlung der Juden *(Jesaja 56,8)*; das Wiederentstehen des Staates Israel, die im Jahre 1948 eingetroffen ist; *(Hesekiel 36-39; Jesaja 11:12, 43:5, 60:8; Sacharja 8:7; 12:1; 14:1; Daniel 9:27; Matthäus 24; Lukas 21:24; Römer 11:25)* und viele andere.

- Die ständigen Angriffe auf das Land Israel durch die Hamas und andere arabische Länder, obwohl das Land Palästina laut Bibel und Koran den Juden gehört, was leider ständig übergangen wird. Auch diese Kriege wurden prophetisch vorhergesagt.

Alle aufzuzählen, würde den Rahmen dieses Buches sprengen. Dafür gibt es aber auch ausreichend Sachbücher. Z.B.: »Der Islam – eine friedliche Religion? Antwort geben Fakten«, oder »Leben wir wirklich in der Endzeit? Mehr als 175 erfüllte Prophetien«, worin diese Thematik ausführlich beschrieben wird.

9. Muhammads Ideologie setzt bis heute die Welt in Brand

Zum Zeitpunkt seines Todes (632 n.Chr.) war der Islam bereits durch Kriegszüge über weite Teile der arabischen Halbinsel verbreitet, um seine Religion durchzusetzen. Diese Kriegszüge wurden fortgesetzt und verwandelten den gesamten Mittelmeerraum für Jahrhunderte in einen Schauplatz permanenter Kriege und Greueltaten. Ganz nach den Vorgaben des Koran (meinen radikale Muslime), wenn sie sich z.B. auf **Sure 61:11** beziehen: »*Ihr sollt an Allah glauben und an Seinen Gesandten und sollt streiten für Allahs Sache mit eurem Gut und eurem Blut. Das ist besser für euch, wenn ihr es nur wüsstet*«

Oder: »*Und wenn ihr die Ungläubigen trefft, dann herunter mit dem Haupt, bis ihr ein Gemetzel unter ihnen angerichtet habt; dann schnüret die Bande...Und diejenigen, die in Allahs Weg getötet werden...einführen wird er sie ins Paradies*« (**Sure 47:4¬7**)

Weitere Suren: 2:187; 2:189; 4:91; 8:12; 8:17; 8:40; 9:5; 9:14; 9:29,f; 9:74; 9:112; 9:124; 4:37; 48:16; 61:9; 48:28. Die Anzahl der kriegerischen Suren ist so umfangreich – mehr als 200 und mit oftmaliger Wiederholung

Ein Widerspruch zu »Kital«, dem erlaubten Defensivkrieg laut **Sure 22:39-40**: »Die Erlaubnis, sich zu verteidigen (Kital), ist denen gegeben, gegen die (grundlos) Krieg geführt wird, weil ihnen Unrecht angetan worden ist - wahrhaftig, Allah hat die Macht, ihnen beizustehen - all jenen, die ungerechterweise aus ihren Häusern vertrieben worden sind«.

Sure 2:216: »Der Verteidigungskampf (Kital) ist euch befohlen…«

Sure 2:191 wird häufig aus dem Zusammenhang gerissen und - bewusst oder unbewusst - falsch ausgelegt: »Verteidigt euch (Kital) für Allahs Sache gegen jene, die euch bekämpfen, aber überschreitet die Grenzen nicht, denn Allah liebt diejenigen nicht, die aggressiv handeln. Und tötet, wo immer ihr auf sie stoßt, und vertreibt sie, von wo sie euch vertrieben haben«.

Sure 5:8: »Die Feindseligkeit eines Volkes möge euch nicht dazu verleiten, anders als gerecht zu handeln«

Sind die moslemischen »Kreuzzüge« deshalb als »Vertreibung« oder Aggression anzusehen, um den Islam weltweit einzuführen?

Moslemische „Kreuzzüge"

Quelle: http://europenews.dk/de/node/455 (Ergänzungen durch: Der Prophet des Islam)
635 – 710 n.Chr.: Eroberung des zum christlichen byzantinischen Reich gehörenden Damaskus, die Hauptstadt des christlichen Syriens. Ob Jerusalem, Kairo, Alexandria, die Hauptstadt des christlichen Ägypten: (Vernichtung der Bibliothek - mehr als 4000 Jahre geschriebener Geschichte, früher Wissenschaft und Poesie gehen in Flammen auf), Nordafrika, eine bis dahin blühende christliche Welt, die bedeutende Theologen des christlichen Alter-

tums hervorgebracht hatte (Tertullian, Cyprian, Athanasius, Augustinus), alle fielen den muslimischen Aggressoren zum Opfer.

711 wurde die Meerenge von Gibraltar überschritten und der Einfall in Europa begann. Iberische Halbinsel (heute Spanien und Portugal). Gleichzeitig Entweihung der auf dem Tempelberg befindlichen Basilika Santa Maria zur al-Aqsa-Moschee.

712 – 750 n.Chr.: Islamische Eroberer erreichen China und Indien, erobern Südfrankreich.

Im Vorfeld des ersten Kreuzzuges gab es über 400 Jahre lang brutale moslemische Überfälle auf christliche Länder (635 bis 1099 n.Chr.) um sie religiös zu »säubern«. Dabei wurden christliche Bauwerke zerstört, wie die Jerusalemer Grabeskirche, eines der wichtigsten christlichen Heiligtümer, durch Kalif El-Hakim 1009 n.Chr. Er befahl die totale Zerstörung mit »allen ihren Anzeichen christlicher Pracht«. Das Innere der Kirche geplündert und gebrandschatzt, die Grabsteine umgeworfen und sogar versucht, das Heilige Grab herauszureißen, um »die letzte Spur davon vom Erdboden zu vertilgen«. So berichtet Yaha Ibn Saud, ein Chronist des 11. Jahrhunderts.

Viele Christen wurden ermordet, Frauen vergewaltigt oder zusammen mit den Kindern in die Sklaverei verkauft, oder zwangsislamisiert.

1099 bis 1293: Nach knapp 470 Jahren islamischer Expansion durch das Schwert beginnen zwei Jahrhunderte der christlichen Kreuzzüge, begleitet von immer wieder muslimischen Angriffen bis in die heutige Zeit, wobei die Ermordung von 150.000 armenischen Christen (1894 – 1896), der Genozid an 300.000 – 730.000 Griechen (1914-1923) sowie 1,5 – 2 Mio Armeniern und 750.000 christlichen Assyrern (1915 – 1918) durch Türken, herausragen.

Die heutige Gewalt und die damit verbundenen Grausamkeiten haben also nicht nur eine endlose Tradition sondern sind in der Brutalität mit dem Vorgehen in früheren Jahrhunderten absolut vergleichbar. (Versklavung, Folter, Brandschatzung, Raub, Mord, Landnahme, Terror). Festgeschrieben in der Charta der Hamas sowie den Greueltaten von IS, Al Kaida, afrikanische Terroreinheit Boko Haram oder Abu Sayyaf, Philippinen, um nur einige zu nennen, die ihr Vorgehen mit dem Koran begründen.

Nach einer Umfrage der saudi-arabischen Tageszeitung »al-Hayat« im August 2014 waren 92 Prozent der Befragten der Ansicht, dass der »Islamische Staat« mit den Werten des Islam und der Scharia übereinstimme, so wie es der Koran vorgibt.

Der Koran befiehlt den Muslimen, die Botschaft des Koran zu verbreiten, was als Ausweitung des islamischen Weltreiches interpretiert wird, was in Indien, Nordafrika und in westlichen Herrschaftsbereichen auf martialische Weise gelungen, oder auf dem besten Wege dazu ist.

Dieser Ausweitungsanspruch ist als eine »Fard« (religiöse Pflicht, göttliche Verordnung) festgelegt, eine für jeden Muslim und für jede muslimische Nation bindende

Pflicht! Je nach Stärke des Gegners kann ein Heer stellvertretend für die Umma (Gemeinschaft) den Kampf führen, mit dem Ziel, die Weltherrschaft zu erreichen. (Siehe IS)!

Der Djihad ist demzufolge keineswegs nur ein düsteres Kapitel der islamischen Frühzeit!

... und nur Allah kennt die Wahrheit

Sure 3:7: »*Er ist es, der das Buch zu dir herab gesandt hat; darin sind Verse von entscheidender Bedeutung - sie sind die Grundlage des Buches und andere, die verschiedener Deutung fähig sind. Die aber, in deren Herzen Verderbnis wohnt, suchen gerade jene heraus, die verschiedener Deutung fähig sind, im Trachten nach Zwiespalt und im Trachten nach Deutelei. Doch keiner kennt ihre Deutung als Allah...*«

Demzufolge scheint der Koran tatsächlich ein elastisches Dokument zu sein, mit dem man die eine oder die andere Seite rechtfertigen kann, denn es gibt keine zentrale Autorität.

Ein arabischer Gelehrter: »*Man müsse den Koran als einen Ozean, gewaltig und rätselhaft, verstehen*«.

Koran möglicherweise älter als Mohammed?

Die *Jerusalem Post* berichtet, dass Forscher der Universität Oxford Teile des Korans gefunden hätten, die älter als Mohammed selbst sein könnten. Dies würde die Sichtweise bestätigen, dass »Mohammed und seine frühen Nachfolger einen Text benutzt haben, der schon existierte, (vielleicht die Bibel, weil viele Übereinstimmungen mit dem alten Testament vorhanden sind, das die Geschichte der Juden erzählt) und dass sie diesen ihrer eigenen politischen und theologischen Agenda angepasst haben«. Mit anderen Worten: Mohammed hätte seine Offenbarungen nicht vom Himmel bekommen, wie im Islam behauptet wird.

Moderat oder Gewaltbereit?

Zaghafte erste Pflänzchen durch moderate muslimische Gelehrte sind gesetzt. Über Argumente verfügen sie:

Sure 2:256: »*Es gibt keinen Zwang in der Religion*«

Sure 4:59: »*Deshalb sollen auch religiöse Streitigkeiten, freundlich und friedlich ausgetragen, in ihrem Ausgang Gott überlassen werden*«

Sure 18:29: »*Es ist die Wahrheit, die von eurem Herrn kommt, wer nun will, möge glauben, und wer will, möge nicht glauben*« *Der Koran fragt auch rhetorisch:* »*Willst du nun die Menschen zwingen, dass sie glauben*« (**Sure 10:99**). Und weiter: »*Ihr habt eure Religion, und ich die meine*« (**Sure 109:6**).

Der Krieg, so lehrt der Koran, ist Ungehorsam gegenüber Gott und Gottes Friedensplan wenn er nicht zur Verteidigung der Freiheit geführt wird, und da macht es keinen Unterschied, welcher Religion man angehört: Christ, Jude oder Moslem!

„Allah lädt uns alle zu einem friedlichen Zusammenleben ein und leitet denjenigen, der es wünscht, auf den rechten Weg zum Ziel". **(Sure 10:25)**

Bleibt zu hoffen, dass sich die moderate Schiene durchsetzt, damit ein friedliches Zusammenleben möglich wird. Die Voraussetzungen dazu wären durch den Koran geschaffen.

10. Etwas zum Nachdenken: Gibt es Gott wirklich?

Da sind die Ansichten sehr gespalten. Über einige Generationen hin hat sich die Denkweise der Menschen schrittweise verändert, sodass eine christliche Grundhaltung immer mehr verdrängt wurde. Die Menschen gingen mit ganz anderen Vorannahmen und mit einer anderen Philosophie an das Leben heran. Das spiegelt sich auch in ihrem Handeln wider: Schwangerschaftsabbruch, Schulgewalt, Kindsmissbrauch, sexuelle Perversion und vieles mehr. Für viele Menschen von heute hat die Bibel wenig bis gar nichts mit der realen Welt zu tun – es besteht keine wirkliche Verbindung. Sie verstehen nicht, dass die Bibel grundlegend für all unser Denken sein kann und sollte, wenn die Bibel wirklich Gottes Wort als höchste Instanz ist.

Ein Thema, um das man nicht umhin kommt und das gerade in der heutigen Zeit für jeden Menschen jeder Nationalität von großer Bedeutung ist, denn wie schon bemerkt, ist jeder Mensch für sein Leben selbst verantwortlich. Gibt es einen Gott, müssen wir vor ihm einmal Rechenschaft ablegen und er wird uns fragen: Warum hast du mir nicht geglaubt, ich habe dir doch durch mein Wort (die Bibel) alle Wahrheit verkündet? Lautet darauf die Antwort, ich habe doch nur Gutes getan, nicht gestohlen oder getötet, wird Gott bibelgemäß antworten: Nicht durch Taten, sondern nur durch Glauben bist du errettet. Ich kenne dich nicht, hinfort mit dir. Und hin-

fort mit dir ist gleichzusetzen mit dem Feuersee (Hölle) aus der es keine Errettung mehr gibt. So lesen wir es sinngemäß in der Bibel.

Auch wenn deshalb die Chance nur 50:50 stehen würde, dass es Gott gibt, wäre es besser, sein Leben nach seinem Wort auszurichten, denn die Ewigkeit ist lang, das irdische Leben aber kurz. Und was versäumt man schon?

Dann: Wie schaut es mit den erfüllten Prophezeiungen der Bibel aus? Obwohl die Bibel aus 66 Büchern mit insgesamt 1.189 Kapiteln oder 31.176 Versen besteht und von mind. 40 Schreibern aus den unterschiedlichsten gesellschaftlichen und sozialen Verhältnissen in einem Zeitraum von etwa 1.600 Jahren verfasst wurde, ist alles stimmig und irrtumslos. Auch wenn das manche Leute nicht sehen wollen oder können. Wie kann das gehen, ohne eine höhere Instanz, die alles leitet?

Diese höhere Instanz weist in über 300 bis in Einzelheiten gehende Prophetien auf sich selbst hin. Im Alten Testament, das etwa 430 Jahre vor Christi Geburt abgeschlossen war und sogar vom Kreuzigungstod sprach, obwohl es diese Hinrichtungsart damals noch gar nicht gab!

Braucht es mehr Beweise? Anhang 8 zeigt noch einiges auf.

»Der Mensch denkt und Gott lenkt«

Gott hat uns schon alles gesagt. Er ist der Einzige, der das Kommende kennt und verkündet hat *(Jes 44,7; 45,21; 46,9-10)*. Was die Zukunft anbelangt, durch seine Offenbarung an den Apostel Johannes, der diese weissagte und während seines Exils auf der Insel Patmos niederschrieb. Da können Menschen planen, manipulieren und sich anstrengen, wie sie wollen. »Es gibt einen Weg, der dem Menschen richtig scheint; aber sein Ende ist der Weg zum Tod« *(Sprüche 14:12)*

Auch wenn Gott gütig und verzeihend ist und möchte, dass noch möglichst viele Menschen gerettet werden. Das Ende ist vorbestimmt und im Buch der Offenbarung zu lesen. Es enthüllt u.a. das Ende der Menschheitsgeschichte mit ihrer endgültigen weltpolitischen Konstellation. Und die Zeichen dafür verdichten sich immer mehr.

In Matthäus 24 lesen wir die genannten Zeichen der Zeit. Nöte und Verführungen, die der Wiederkunft Jesu vorausgehen werden und deren weltweite Zunahme besonders für unsere Zeit charakteristisch ist.
Dort heißt es:
Die globale Welt wird von heftigen Krisen geschüttelt

- Hungersnöte, Umweltzerstörung, Seuchen, Erdbeben u. andere Naturkatastrophen,
- schreckliche Terroranschläge, Unruhen in Israel
- moralischer Verfall mit Pornographie, Perversionen, Abtreibungen, Kinderschändungen, sexueller Gleichstellung (Genderismus)
- Korruption in allen Gesellschaftsbereichen u. auf allen Kontinenten.

- Religiöse Verführung durch Irrlehren (auch von Amtskirchen), Sekten, Okkultismus, Esoterik und vieles mehr.

Wer kann das noch ausblenden?

Printed in Poland
by Amazon Fulfillment
Poland Sp. z o.o., Wrocław